HISTOIRE DE BELGRADE

Du même auteur

en poche

Mihailović : héros trahi par les Alliés (1893-1946), Paris, Perrin, tempus n° 370, 2011.

collection tempus

Jean-Christophe BUISSON

HISTOIRE DE BELGRADE

PERRIN
www.editions-perrin.fr

Secrétaire générale de la collection :
Marguerite de Marcillac

ISBN : 978-2-262-03988-2

tempus est une collection des éditions Perrin.

NOTE SUR LES TRANSCRIPTIONS

Nous avons choisi de respecter l'orthographe des noms serbes, sauf ceux dont la traduction immédiate (phonétique ou lexicale) française nous a semblé indispensable à une meilleure compréhension du texte (dj pour đ, Yougoslave pour *Jugoslav*, Alexandre pour Aleksandar, Pierre pour Petar, tchetnik pour *četnik*, oustachi pour *ustaši*, etc.).

Pour le reste, l'orthographe serbe étant purement phonétique (à chaque caractère correspond un son unique et invariable), il suffit de garder en mémoire que les lettres serbes se lisent et se prononcent de la manière suivante :

c = ts	Milica (prononcer *Militsa*)
s = ss	Kosovo (prononcer *Kossovo*)
u = ou	Kusturica (prononcer *Koustouritsa*)
j = y ou ï	Jugo (prononcer *Yougo*) ou Vojvodine (prononcer *Voïvodine*)
e = é	Terazije (prononcer *Téraziyé*)
ž = j	Sandžak (prononcer *Sandjak*)
ć et č = tch	Fočić (prononcer *Fotchitch*)
š = ch	Skupština (prononcer *Skoupchtina*)

Les autres lettres de l'alphabet se prononcent comme en français.

« Le problème de la Serbie et surtout
ici, en son centre, à Belgrade,
c'est que pour l'Est, on est l'Ouest,
et que pour l'Ouest, on est l'Est. »
Emir Kusturica

PRÉFACE

> « Le Belgradois est dissident à tout,
> y compris à lui-même. »
>
> Patrick Besson

À la neuvième minute de la neuvième heure de l'après-midi du neuvième jour du neuvième mois de la neuvième année de ce siècle, soit le 09/09/09 à 09 h 09, une sévère secousse ébranla la ville de Belgrade. Pour une fois, il ne s'agissait pas d'un bombardement mais d'une explosion de joie : dans son stade en fusion baptisé le Marakana, en référence au temple footballistique brésilien, la Serbie venait d'inscrire le but qui la qualifiait pour la Coupe du monde de football 2010 en Afrique du Sud. Mieux : ce but était marqué contre la nation considérée comme une seconde mère-patrie par une immense majorité de la population serbe, la France. Incroyable symbole.

Pendant près d'un siècle, rares furent les dirigeants serbes qui ne signifièrent, à l'occasion d'un discours, d'une réception, d'une rencontre ou d'une inauguration, l'indéfectible attachement de leur pays pour la patrie des poètes Victor Hugo et Alphonse de Lamartine et des généraux Franchet d'Espèrey et de Gaulle. Le fruit de l'Histoire, du hasard, de la diplomatie, de l'esthétique. À la fin du Moyen Age et au début de la Renaissance, Paris voyait Belgrade comme un rempart contre le déferlement de l'islam en Europe chrétienne. Au XIXe siècle, la Serbie, souvent gouvernée par des princes ou des rois francophiles, faisait contrepoids à l'influence expansionniste germanique dans les Balkans. Puis il y eut la guerre de 1914-1918. Qui ignore que la France est entrée en guerre pour venir au secours de la petite Serbie agressée par l'Autriche-Hongrie ? À Belgrade comme dans le reste du pays, en 2009, personne. Comme personne n'a oublié que l'armée serbe, menacée d'anéantissement total, a pu se reconstituer en 1916 grâce au seul concours des Poilus d'Orient (et des infirmières françaises de Bizerte et de Corfou...). Deux ans plus tard, une fois les armées allemande et austro-hongroise chassées de Belgrade, la capitale serbe entreprit de manifester, dès qu'elle le pourrait, sa reconnaissance et son amitié à la France qui, en outre, avait favorisé, par le traité de Versailles, le rattachement de régions de la défunte Autriche-Hongrie au tout neuf royaume « yougoslave » – qui aurait pu alors penser que l'étreinte des Serbes serait un jour perçue comme une tentative d'étranglement ?

Au cœur du grand parc du Kalemegdan, le poumon vert de la ville, trône, depuis 1931, une sculpture invitant les flâneurs de passage à « aimer la France comme elle nous a aimés ». Durant les bombardements de Belgrade de mars à juin 1999, cette sculpture fut barbouillée et voilée. Aujourd'hui encore, on mesure mal le traumatisme provoqué entre Save et Danube par la participation de la France aux opérations militaires de l'Otan contre la Serbie lors de la guerre du Kosovo. Que les Anglais, les Américains ou les Allemands se déchaînassent contre Belgrade, passait encore : ils avaient déjà envoyé quelques tapis de bombes dans le passé (en 1914, 1915, 1941 et 1944) ! Mais la France, non. Impossible. Une mère ne frappe pas son enfant. « L'Amérique fait de la peine à la Serbie, c'est grave ; la France déçoit la Serbie, c'est pire », résumait à l'époque le ministre des Affaires étrangères Živadin Jovanović. Quoique insoupçonnable de toute sympathie pour le régime de Milošević, le maître de la bande dessinée Enki Bilal, dont le père fut le tailleur personnel de Tito et qui quitta la ville enfant pour s'installer à Paris, exprimait à l'époque le même sentiment.

Alors, ce soir du 9 septembre 2009, la liesse du stade mythique de l'Etoile rouge de Belgrade, le Marakana serbe, et, au-delà, de toute la ville, de toute la Serbie, de tous les Serbes installés à Chicago, à Hong Kong, à Londres, en Australie ou en France, se doublait aussi d'un petit sentiment de vengeance. Comme un enfant devenu majeur, la Serbie signifiait à la France qu'elle était désormais une grande jeune fille capable de se débrouiller toute seule. Fût-ce au détriment de sa mère. Las : quelques minutes après l'ouverture du score, Thierry Henry égalisait dans un silence de cathédrale orthodoxe. La Serbie se qualifierait pour la Coupe du monde mais pas ce soir-là. Pas lors d'un match contre la France…

À midi, ce jour-là, je déjeunais dans un restaurant du bord de la Save avec la directrice des programmes culturels de la chaîne de télévision serbe RTS, Neda Valčić-Lazović, tout au bonheur d'avoir décroché une interview exclusive, en sa demeure bretonne, du prix Nobel de littérature français Jean-Marie G. Le Clézio. Avec nous se trouvait aussi Dana Milošević, quatre-vingt et quelques printemps, figure belgradoise s'il en est et traductrice des meilleurs romanciers français, dont Patrick Besson avec qui elle partage un délicieux mauvais esprit et le sens de la formule (« il y a pire que perdre un ami, c'est perdre un ennemi »). Le quatrième convive était mon ami serbe le plus cher, Srdjan. C'est en grande partie grâce à lui que je connais aussi bien Belgrade. Né ici, il a grandi à Londres puis en France où nous avons fait connaissance à la fin des années 1990. Avec lui, j'ai arpenté la ville en tous sens, de la forteresse turque du Kalemegdan aux pentes de Dedinje, de l'ancien quartier juif de Dorćol aux allées sans âme de Novi Beograd, des pelouses du parc de Topčider aux trottoirs de la rue des bars branchés (baptisée « Silicone valley »...). Avec lui presque à chaque fois, j'ai rencontré le patriarche de l'Eglise serbe Pavle, le futur président Vojislav Koštunica, l'éminent historien Dušan T. Bataković, actuel ambassadeur de la Serbie en France, la chanteuse de turbo-folk Ceca (veuve du chef de guerre nationaliste Arkan), qui remplit quatre fois plus les stades où elle se produit que Madonna, des tenanciers de bars louches, des sportifs célèbres, des héros de la Résistance monarchiste antinazie, des joueurs de trompette tziganes, des cinéastes, des écrivains, des peintres, des professeurs, des voyous armés, des mannequins rêvant d'Occident, de maris riches et de contrats chez l'Oréal, des chefs d'entreprise, des médecins, des bimbos au teint pâle et aux jambes bronzées.

Avec lui, j'ai écumé les bars et les boîtes de nuit punk ou pop de la ville, expérimenté *kafanas* traditionnelles et restaurants postmodernes, visité musées, galeries et bâtiments historiques, navigué sur le Danube, nagé dans la Save, voyagé en bus, en vélo, en métro, en taxi Yugo ou en Zastava poussive, joué au tennis sur l'île d'Ada Ciganlija, chanté avec des supporters de l'Etoile rouge de Belgrade, dansé sur les péniches amarrées le long de la Save, bu des litres de rakia et de café turc le lendemain, prié dans la deuxième plus grande cathédrale orthodoxe du monde (Saint-Sava). Avec lui, j'ai aussi partagé à Belgrade les jours fébriles qui ont précédé le coup d'Etat contre Milošević le 5 octobre 2000 et qui ont valu à Noël Quidu, le photographe de l'agence Gamma qui m'accompagnait alors en reportage, le prestigieux World Press de la photo d'actualité.

Quelques mois après la chute du tyran communiste, événement qui donnait à la capitale de la Yougoslavie l'espoir de se débarrasser de son statut de ville infréquentable, Srdjan décidait d'abandonner son lucratif travail et sa confortable vie à Paris pour revenir à Belgrade et, par sa présence et ses compétences, aider humblement la ville et le pays à se reconstruire, se démocratiser. Des milliers de Serbes en firent autant et c'est à eux, autant qu'aux anonymes aides financières internationales, que la ville doit d'être redevenue en une dizaine d'années la capitale des Balkans. Moins belle que Vienne, moins chic que Prague, moins préservée que Budapest, moins spectaculaire que Bucarest, mais tellement vivante, tellement animée, tellement imprévisible. En tout cas autant que le ciel qui la coiffe et où se marient, dans une grise douleur, nuages et brouillard montant de l'embouchure du Danube et de la Save : ne dirait-on pas une scène de théâtre shakespearien ?

Belgrade, détruite une trentaine de fois au cours des siècles, n'impressionne pas par sa splendeur architecturale, loin s'en faut, mais on se lie à elle par des dizaines d'attaches invisibles. Jules Verne, Rebecca West, John Reed, John Irving, Albert Londres, Lawrence Durrell, Claudio Magris comme Gérard de Villiers, l'auteur de la série *SAS*, ont succombé à son pouvoir d'attraction et l'ont décrite dans leurs œuvres. André Malraux a offert à sa Bibliothèque le manuscrit de *La Tête d'obsidienne* (1974) ; Johnny Depp y a chanté « Johnny Be Goode » avec le groupe de rock d'Emir Kusturica qui venait de le diriger dans le film *Arizona Dream* ; le chanteur de Duran Duran, Simon Le Bon, le groupe Madredeus et Bryan Ferry n'ont pas hésité à braver l'embargo international et risquer leur carrière en venant s'y produire dans les années 1990.

Belgrade envoûte le visiteur sans qu'on en comprenne le code secret. Je m'y suis rendu plus de vingt fois, parfois à quelques semaines d'intervalle : de même qu'on ne se baigne jamais à deux reprises dans la même eau d'une rivière, je n'ai jamais eu l'impression de revenir dans la même ville. Elle peut se réveiller gaie comme le célèbre et fantasque baron de Münchhausen qui y séjourna au XVIIIe siècle ou comme un air de Luciano Pavarotti qui débuta ici sa carrière de ténor, et se coucher plus sombre qu'un vers du rabbin belgradois Jehuda Lerma qui pleurait le bon temps passé « telle une larme dans la pluie ». Les noms dont l'ont baptisée ses maîtres successifs disent bien sa diversité : la « Ville blanche » (son patronyme le plus fréquent, décliné en serbe, mais aussi en latin, en bulgare, en hongrois ou en allemand) s'est aussi appelée « la Bien-Aimée du Sultan », « Celle aux assises de pierre », « Le seuil de la Guerre sainte », « Le séjour de paradis », « La colline aux méditations », etc.

Cette échine tendue entre l'Europe et l'Asie est un endroit peu propice au développement de bonnes habitudes : les Belgradois ont pour sport quotidien la critique. Ils ont longtemps grommelé contre l'occupant, ils grommellent désormais les uns contre les autres. De vrais Gaulois ! Surtout, ils aiment la fête. Jusqu'à l'excès. Comme s'ils devaient mourir demain. Comme leurs ancêtres, à ceci près qu'eux mouraient réellement le lendemain ! Raison pour laquelle ils ne leur ont presque pas laissé de maisons où vivre ? Le plus ancien immeuble d'habitation de Belgrade, une grande maison baroque de 1724, est le seul vestige architectural de cette période : tous les autres édifices ont été écorchés, amputés, rasés, brûlés et recouverts de cendres par les multiples conquérants qui se sont pressés entre les murs de la ville martyre. Le plus ancien bâtiment « public » de cette ville dont les premières pierres remontent à l'Antiquité, date, lui, de 1823 seulement ! C'est un café et son nom étrange va comme un gant à Belgrade : le « ? ».

Oui, Belgrade est une interrogation, un mystère, et son histoire, un véritable roman qui vire tantôt à la farce, tantôt au drame. L'histoire de cette ville qui incarne plus que toute autre la magie des Balkans, la voici.

BELGRADE AVANT BELGRADE
(avant 827)

> « Heureux qui peut savoir l'origine des choses. »
>
> Virgile

Quelques années avant la Première Guerre mondiale, l'architecte français Le Corbusier (qui est alors suisse et porte son vrai nom : Charles-Edouard Jeanneret-Gris) sillonna pendant plusieurs mois la Serbie. Il y étudia icônes, fresques et monastères. De ce voyage, il a laissé au moins un dessin au fusain et à la craie du village de Knjaževac et un mot cruel sur la ville de Belgrade : « la plus laide des cités sur le plus beau des sites naturels ». Pas faux.

Il est de certaines villes comme de certains hommes : trop pressés pour soigner leur allure. Ainsi de la capitale de la Serbie dont l'emplacement géographique de rêve lui valut un destin de cauchemar : selon les historiens, le nombre de fois où elle fut détruite oscille entre 28 et 33. « Pleure, Ville blanche, le noir de tes deuils », chantait Constantin le Philosophe au XVe siècle.

Gépides, Goths, Huns, Sarmates, Hérules, Avars, Petchenègues : aux épiques temps antiques, toutes ces tribus aux noms barbares, à tour de rôle, s'emparèrent de Belgrade avant de céder à leur tour sous le feu ennemi. Après elles viendraient Bulgares et Magyars. Véritable carrefour entre l'est et l'ouest d'une part, entre le sud et le nord d'autre part, la ville fut le point de passage obligé des Croisés se rendant à Jérusalem comme celui des Ottomans à l'assaut de l'Occident chrétien. Bien malgré elle, Belgrade se retrouva dans la ligne de mire des quatre grands empires des ères moderne et contemporaine : autrichien, ottoman, nazi et soviétique – on pourrait même en ajouter un cinquième, avec le bombardement de mars 1999 par les troupes de l'Otan sous commandement américain. Chaque fois, telles de consciencieuses fourmis, ses habitants s'échinèrent à la rebâtir.

Belgrade, carrefour stratégique, certes, mais surtout emplacement topographique idéal. Porte nord de la péninsule balkanique, la ville se situe sur un promontoire rocheux, au confluent de la Save et du Danube, dominant la grande et morne plaine de Pannonie qui s'étend à travers la Hongrie jusqu'en Europe centrale. Dans son dos, une grande forêt protectrice (la Šumadija) et, à l'ouest – vers la Bosnie – comme à l'est – vers la Bulgarie –, des terrains accidentés. On comprend que l'homme songea à passer par là voire à s'y installer dès le néolithique (lors de la construction de la brasserie Baïloni, en centre-ville, on a découvert dix dents de mammouth et un crâne humain daté de 30 000 ans).

Comme toutes les grandes villes, des légendes courent sur la naissance de Belgrade et son premier peuplement humain. Les Argonautes ayant quitté le Pont-Euxin pour rejoindre l'Italie du nord-est à bord de « leur rapide navire », *Argo*, il leur fallut bien naviguer sur le Danube (qu'ils nommaient l'Istro), donc passer au pied du fameux promontoire devant lequel les eaux agitées de la Save et celles, majestueuses, du Danube, se marient. Certains en profitèrent-ils pour s'installer là ? On le dit, comme on dit que le Danube étant l'un des quatre fleuves s'écoulant directement du Paradis, Belgrade appartient à la famille des grandes cités européennes baignées par des ondes divines. On les reconnaît grâce à leur première lettre : un B. Bucarest et Braila en Roumanie, Budapest, Bratislava, Beč (Vienne en serbe).

On raconte aussi une histoire plus terrible sur la naissance de Belgrade[1].

À l'aube des temps vivaient des centaures sur le mont Avala situé à quinze kilomètres au sud de Belgrade. Furieux d'avoir été offensés par un homme, ils décident de le pourchasser, armés de leurs flèches. Pour leur échapper, l'homme se jette dans une rivière – la Save – et rejoint la rive d'en face, au pied d'une butte rocheuse. Assommé par la fatigue, il ferme les yeux et se met à rêver d'une ville. Une ville magnifique, avec de grandes rues bordées de théâtres, de librairies, de bibliothèques, de maisons de thé et d'auberges, de parcs peuplés de couples

1. Elle est racontée par le jeune écrivain serbe Vladimir Pištalo dans *Millénaire à Belgrade*, Phébus, 2008.

enivrés d'amour et de passants habillés avec goût. Une ville insouciante, sans aube ni crépuscule... Rouvrant les yeux, il aperçoit au-dessus de lui un ange qui l'exhorte à regarder en direction du promontoire le surplombant : « Vois ! » Et l'homme voit exactement ce dont il a rêvé : une ville aux épais murs blancs où tout semble luxe, calme et volupté. Il ne lui reste plus qu'à pousser la porte de la ville et y entrer. Ce qu'il ne fait pas, soudain effrayé d'avoir à assumer la responsabilité de son rêve : et si celui-ci disparaissait, une fois réalisé ? Après avoir reculé de quelques pas, il tourne le dos définitivement à la ville, à son rêve, à l'ange et ses hurlements de colère, et replonge dans la violence de son monde naturel, faisant à nouveau face aux centaures. À leur tour furieux d'avoir été offensés, les dieux qui avaient fait du rêve de l'homme une réalité lancent à la ville un châtiment : « Que ce lieu soit une plaie. Sitôt que sur cette plaie se formera une croûte, que des ongles sales l'arrachent. Que les générations des fils ne poursuivent jamais ce qu'ont entrepris les générations des pères. Que, dans cette ville, les gens moquent toujours ce qu'ils souhaitent le plus au monde. »

Pour ceux qui ne croient pas aux légendes et leur préfèrent la sage parole d'Hérodote, il semble que les premiers habitants de la région de Belgrade aient appartenu à une tribu thraco-illyrienne, les Sigines. Faisant commerce des célèbres lances illyriennes et des cimeterres de Thrace, juchés sur des chevaux de petite taille, ils ressemblaient, selon l'historien grec, aux Mèdes peuplant l'actuel espace iranien. Aux IVe et IIIe siècles avant Jésus-Christ, la tribu celte des Scordisques parvint au confluent du Danube et de la Save et donna à la ville au pied de laquelle habitaient les Sigines le nom de Singidunum (*dunum* signifie « ville » en langue celte). Rapidement, ils s'y installèrent afin d'en faire la forteresse-dépôt d'une région réputée fertile, un port fluvial d'envergure et un point d'appui dans la perspective d'actions vers le sud via la vallée de la Morava.

*

Au Ier siècle de notre ère, rien ne résiste aux légions de César. Malgré une farouche résistance, les peuples celtes, illyriens et daces de la péninsule balkanique s'inclinent les uns après les autres. Rome prend pied à Singidunum. L'occupation durera quatre cents ans et marquera si fort les esprits que le blason de la ville, aujourd'hui encore, en porte la trace : devant les murailles blanches d'une ville ouvrant grandes ses portes navigue une embarcation romaine à rames et à voiles…

Militairement, la ville est conçue par les Romains comme une base de défense contre les attaques des Barbares en provenance du cours moyen du Danube. Aussi partagent-ils la ville en deux entités : la forteresse – le *castrum* –, où campent les troupes, et la cité, habitée par les citoyens (entre le Kalemegdan et l'emplacement actuel du Théâtre national). Cette structure perdurera jusqu'au XXe siècle.

Deux légions stationnent à Singidunum : la Legio IV Flavia Felix (six mille hommes) et la Legio V Macedonia. Bientôt cité autonome, la ville est organisée à l'exemple de Rome, avec deux présidents municipaux. Et comme la Ville éternelle, elle est bâtie sur sept collines…

De nombreux vestiges de la présence romaine ont été mis au jour lors de fouilles archéologiques : tombeaux, sarcophages, céramiques, pièces de monnaie, monuments funéraires et même un cimetière dans le parc du Tamašjdan. En juin 2009, ce sont les fondations d'un camp de légionnaires du IVe siècle et une voie édifiée à l'intérieur de celui-ci qui ont été découvertes par des ouvriers lors des travaux d'aménagement du tramway de la ville. Des thermes ont également été trouvés près du lieu où s'élève aujourd'hui le patriarcat serbe orthodoxe. Ces thermes furent construits au IIIe siècle après Jésus-Christ par Aelius Tertius, un militaire, qui les destinait aux vétérans des armées romaines. En témoigne une inscription sur une tablette rédigée (en hexamètres !) par un poète anonyme. Les vapeurs et les années en ont effacé une grande partie mais le début est lisible, qui évoque une eau limpide tombant des rochers pour alimenter les bains, ainsi transformés en une magnifique piscine, donnant naissance à un lac[2]…

Si la notoriété de Singidunum, élevée au rang de colonie à la fin du IIIe siècle, n'atteint pas celle de Viminacium (Kostolac, aujourd'hui), capitale également danubienne de la Mésie supérieure – province à laquelle est intégrée Singidunum – ou celle de

2. « *Alma lavacrorum de saxis decido limpha/ Et sunt ex lapide perfectae piscinae pulchrae/ Laetis inque locis natus lacus.* »

Sirmium (Sremska Mitrovica), Rome attache une importance certaine à la ville. Pas moins de six empereurs y séjourneront ou y résideront : Tibère, Septime Sévère (qui y instaure en 202 une loi municipale), Claude II, Valérien, Dioclétien (il y fait publier la loi sur les interrogatoires des témoins devant les tribunaux) et Constantin (il y édicte en 351 l'ordonnance sur la procédure du droit de plainte contre les décisions se rapportant au paiement des impôts arriérés). Mieux : en 332 y naît le futur empereur Jovien (363-364). Doté d'une stature aussi impressionnante qu'inusuelle, il n'en faut pas plus pour qu'on lui trouve un père « belgradois » : un paysan répondant au nom de Veronius. Une légende, encore, bien sûr...

Dès la fin du IIe siècle, la ville devient le théâtre sanglant des tensions religieuses qui agitent l'empire romain. Trois cultes cohabitent sur les bords du Danube : le déclinant paganisme local, le solide polythéisme romain et le monothéisme chrétien au dynamisme de plus en plus affirmé. Inquiètes, les autorités locales prennent des mesures contre le « poison » distillé par les adeptes de « la secte christique ». Sous Dioclétien, la chasse aux adorateurs de Jésus est ouverte. Ses meneurs sont arrêtés puis exécutés avant d'être jetés dans le fleuve. Peine perdue : morts, les martyrs saint Donatus, son frère Venustus, le diacre Fortunatus, le sacristain Irgemon, Hermyle, Stratonice et les autres se révèlent encore plus dangereux que vivants. Ils accèdent au rang de symboles, d'icônes.

Au IVe siècle, l'empereur Constantin, né à Naissus (aujourd'hui, Niš, en Serbie, à deux cent vingt kilomètres au sud-est de Belgrade), rompt de manière spectaculaire avec la politique de persécution antichrétienne de son prédécesseur Dioclétien. Non seulement le christianisme, religion adoptée par 5 % uniquement des sujets de l'empire, est autorisé mais il est mis au même rang que les autres cultes avec l'édit de Milan (313). À Singidunum, on pavoise. La ville devient un siège épiscopal, à peine ébranlé par l'hérésie arienne vite condamnée à trouver des adeptes ailleurs. Courtes années de calme avant la tempête provoquée par le vaste mouvement de migrations des peuples de l'est.

*

En 395, l'empire romain est partagé en deux à la mort de Théodose. Singidunum est rattachée à l'empire romain d'Orient. Capitale : Byzance, rebaptisée Constantinople. L'événement est d'importance : il fait définitivement pencher la ville vers l'Orient. Donc, demain, vers l'orthodoxie plutôt que vers le catholicisme. Et dans l'empire ottoman plutôt que dans l'empire des Habsbourg. Ultime rempart nord du limes byzantin, vidée des légions en provenance de Rome, la ville subit les assauts répétés de tribus elles-mêmes chassées de leurs terres par des peuples d'Asie. Après les Vandales, les Goths se jettent sur la ville et la rasent (378). Puis les Huns (441). Puis les Sarmates (450). Puis d'autres Goths (470). Puis les Gépides (488). Puis les Goths de Théodoric le Grand (504). Puis les Avars (584) après que l'empereur

Justinien le Grand a fait restaurer et fortifier – en vain – la ville.

Au cœur des ténèbres dans lesquelles est engloutie Singidunum, une lueur : les Slaves. Eux aussi, pourtant, sont des envahisseurs et des pillards. Eux aussi, en provenance des lointaines Carpathes et des rives de la mer Noire, sont des conquérants aux mœurs sauvages et païennes, rendant leur culte aux divinités du soleil, du printemps ou de la mort. Mais c'est ainsi : les habitants de la ville danubienne vont les accepter, les adopter. En particulier, la tribu installée dès le VIIe siècle dans les vallées et les plaines de Dalmatie et de Pannonie : les Serbes. En 630, ils entrent pour la première fois dans cette ville qui deviendra un jour leur capitale.

Deux témoignages d'époque permettent peut-être de comprendre l'accueil réservé par Singidunum à ces Slaves à la réputation partout ailleurs désastreuse. Le premier provient de l'empereur byzantin Maurice Ier (539-602), resté célèbre dans l'Histoire pour avoir rédigé le *Strategikon*, un grand classique de la pensée militaire théorisant pour la première fois l'utilisation des armes combinées. « Les Slaves sont libres et ne souffrent aucune sorte d'esclavage, surtout dans leur pays, expose le Basileus. Nombreux et endurants, ils supportent facilement la chaleur, le froid, l'humidité et le manque de vêtements et de nourriture. Ils sont prévenants envers les étrangers. C'est très volontiers qu'ils les conduisent d'un endroit à un autre où ils ont besoin d'aller et qu'ils les protègent : si, par suite de la négligence d'un hôte, il arrive quelque malheur au voyageur, celui qui le lui avait confié attaque ce gardien négligent, selon une coutume obligatoire, pour venger l'étranger. » On est effectivement loin ici du cliché sur le Slave rustre assoiffé de sang…

Et que dire du rapport de ce commandant byzantin relatant une fête slave à laquelle il est convié ? Assistant aux préparatifs se déroulant la veille de la cérémonie, il est témoin d'une battue destinée à ramener de la forêt une victime animale à sacrifier le lendemain à un dieu local. Une biche est capturée. Tandis qu'on la tire vers le centre de la clairière où doit se dérouler la fête, s'élève des bois le brame éploré d'un faon. Aussitôt, le chef de la tribu s'approche de la statue de son dieu et se met à lui parler. Puis il ordonne à ses hommes de libérer la biche. « Pourquoi ? » l'interroge, surpris, l'officier byzantin. « J'ai consulté mon dieu, répond l'homme. Il m'a dit que demain, il pouvait se passer de sacrifices ; mais que le faon ne pouvait se passer de sa mère. » Et le vieux soldat byzantin de conclure son rapport par ces mots dont la justesse sera éprouvée à maintes reprises au cours des siècles suivants : « Ce peuple est terrible : il a une âme. »

En 827, Singidunum n'est plus. Conquise par les Bulgares, elle a été rebaptisée Alba Bulgarica. Un nom qu'elle ne gardera pas quoique l'idée de mentionner la blancheur de ses murailles perdurera : ne s'appellera-t-elle pas, dans les siècles futurs, Alba Greca, Bellegrada, Nandor Fehervar, Griechich Weissenburg ? Dans une épître envoyée au prince Boris Ier de Bulgarie, le pape Jean VIII évoque pour la première fois la ville par son nom slave : Beograd – *beo* : « blanche » ; *grad* : « ville ». Le texte est daté du 16 avril 878. Soit exactement mille ans avant que Belgrade ne devienne, au congrès de Berlin, la capitale d'un Etat indépendant moderne reconnu par tous, ennemis comme amis : la Serbie. Il y a, dans l'Histoire, des clins d'œil impossibles à négliger.

CAPITALE DES SERBES
(IXe-XVe siècle)

> « Nous autres, sur notre petit tas de boue, nous ne concevons rien au-delà de nos usages. »
>
> Voltaire

À partir du IXe siècle, Belgrade porte un nom serbe. Mais ses maîtres, eux, ne le sont pas : il faudra attendre 1284 pour voir pour la première fois un roi serbe, Dragutin Nemanjić, prendre possession de la forteresse blanche. Entre-temps, Bulgares et Magyars s'essaient à ravir la ville aux Byzantins. En 1125, le roi de Hongrie Etienne II rase Belgrade et fait transporter les pierres de la ville pour bâtir sur la rive gauche de la Save une nouvelle ville-forte : Zemun. Trente ans plus tard, l'empereur byzantin Manuel Comnène reprend Belgrade, détruit Zemun pierre par pierre et fait reconstruire Belgrade avec les matériaux récupérés ! L'histoire ne dit pas avec quelles pierres sera réédifiée Zemun quelques années plus tard…

Les Croisés ne sont pas en reste. En 1096, Pierre l'Ermite arrive aux alentours de la ville à la tête de milliers de pèlerins en route pour Jérusalem. Une dispute sur l'achat de vivres éclate devant les murs de Zemun où les troupes ont prévu de s'approvisionner : la ville est mise à sac, quatre mille de ses habitants passés par le fil de l'épée. Furieux, le roi Coloman de Hongrie envoie ses troupes châtier les coupables qui trouvent refuge de l'autre côté du Danube, en territoire byzantin. Les autorités de la ville sont incapables de canaliser les Croisés et font évacuer Belgrade, à son tour mise à sac.

Cette première confrontation entre chrétiens d'Occident et d'Orient marque les esprits locaux. Elle survient à peine un demi-siècle après le schisme de Constantinople. À la querelle religieuse entre catholiques romains et orthodoxes slaves s'ajoute désormais une hostilité militaire. Son ombre hantera jusqu'au XXe siècle les relations entre l'Europe orientale et l'Europe occidentale.

Fatigués par les batailles qu'ils doivent livrer à l'ouest contre les Magyars et au nord-est contre les Bulgares, les empereurs byzantins laissent peu à peu les tribus serbes gagner par la vallée de la Morava les forêts et les collines du sud de Belgrade. Ils voient en ce peuple christianisé depuis le VIIe siècle un moindre mal à leur frontière. Au IXe siècle, quand Byzance a envoyé Constantin le Philosophe (qui deviendra moine sous le nom de Cyrille) et Méthode en mission d'évangélisation en Moravie et en Pannonie, ce sont parmi les populations grecques et serbes qu'ils ont obtenu leurs plus grands succès. Malgré la décision du pape d'interdire l'usage des langues slaves à l'église, les élèves les plus brillants des deux frères ont poursuivi leur œuvre avec efficacité. En particulier Clément qui, trente ans durant, travaillera à l'établissement d'un nouvel alphabet compréhensible par les habitants de la région : le cyrillique, synthèse de l'alphabet grec et de l'alphabet glagolitique inventé par Cyrille et composé de graphies complexes (trapèzes, boucles, triangles). Grâce à lui, l'Evangile grec est traduit dans une langue parlée par le peuple. La protestation des évêques allemands, horrifiés que la messe puisse être dite avec d'autres mots que ceux appartenant aux trois langues sacrées (hébreu, grec et latin) n'y fera rien. Au contraire : elle ne fera que raffermir la singularité des ouailles slaves et leur méfiance à l'encontre de Rome.

*

De la deuxième moitié du XIIe siècle à la fin du XIVe siècle se développe et prospère un des empires européens les plus brillants du Moyen Age : la Serbie de la dynastie des Nemanjić, qui s'étendra bientôt des rives de l'Adriatique à celles de la mer Egée. Si Belgrade ne lui est associée que quelques années (de 1284 à 1309), sous le règne des rois Dragutin et Milutin, deux fils d'Hélène d'Anjou, rien de ce qui se déroule en son sein n'échappe à ses habitants : désormais, l'élément serbe est majoritaire au cœur de la population belgradoise. On vibre pour les exploits militaires de Stefan Nemanja, fondateur de la dynastie et vainqueur des Hongrois, des Byzantins, des Grecs et des habitants de Raguse. On applaudit à sa dextérité diplomatique qui le fait rencontrer d'égal à égal le grand empereur germanique Frédéric Barberousse en route pour Jérusalem (Niš, 1189) ou marier son fils Stefan (Etienne) le Premier-Couronné à la fille de l'empereur byzantin Eudoxie, accédant ainsi au rang de Sebastocrator. On prie pour le repos de ce grand roi qui, à quatre-vingts ans, renonce au pouvoir et rejoint le monastère de Vatopedi, sur le mont Athos, pour finir sa vie auprès de Dieu… et de son fils Sava.

Rastko Nemanjić, « branche délicate d'un arbre prestigieux » selon le théologien Nikolaj Velimirović, était destiné par son père à administrer l'Herzégovine. Il préfère se faire moine sous le nom de Sava et se retire sur la Sainte Montagne où, aidé de son père devenu, lui, le moine Siméon, il consacre sa vie à une intense activité spirituelle et à la construction. Leur devise : « Travailler comme si l'on devait vivre cent ans mais prier Dieu comme si l'on devait mourir demain. » Avec l'assentiment de Constantinople, les deux hommes font bâtir un monastère, Hilandar, foyer de l'orthodoxie serbe appelé à rayonner dans tous les Balkans. C'est en ses murs que meurt Stefan Nemanja, alias le moine Siméon, en 1199. Fondateur du premier Etat serbe constitué de l'histoire après Dioclée au Monténégro, son aura est immense et ses fils comprennent que sa canonisation renforcerait l'unité spirituelle du peuple serbe dispersé sur les territoires hongrois, bulgares, vénitiens, byzantins, grecs et serbes. Trois conditions sont nécessaires : que son corps reste incorruptible après sa mort, qu'il s'en écoule la sainte myrrhe et que la force qui s'en dégage provoque des guérisons. En 1207, le corps est transféré au monastère de Studenica : c'est là que s'en écoulera l'huile parfumée et que surviendront plusieurs miracles. Il est proclamé saint Siméon-Source-de-Myrrhe.

L'œuvre de son fils Sava n'est pas moins impressionnante. Après avoir obtenu au concile de Nicée (1219) l'autonomie de l'Eglise orthodoxe serbe dont il est proclamé le premier archevêque, il se réconcilie avec son frère Stefan Prvovenčani, couronné roi de Serbie par le pape de l'Eglise catholique Honorius III, prêche sur les routes peu sûres de Rascie entre deux retraites dignes des ermites des déserts, rend la santé aux moribonds, bâtit de ses propres mains des centres de prière, gagne Jérusalem où il arrache aux mains des Latins et des musulmans deux églises désormais administrées pas les Serbes. Il sera lui aussi canonisé. « C'est par lui, jugeait le patriarche de l'Eglise orthodoxe serbe récemment disparu, Pavle (Paul), que le peuple serbe a conscience de lui-même – car c'est par son intermédiaire qu'il a véritablement rencontré le Christ. »

Saint Siméon et saint Sava (patron des écoliers), deux hommes – un père et son fils –, une référence commune de l'Etat, de l'Eglise et de la culture serbes du Moyen Age.

En 1284, le roi Dragutin établit donc sa cour à Belgrade, après un accord conclu avec le roi de Hongrie dont il a épousé la fille. Il réside peu dans la ville-forteresse : fâché avec son frère Milutin sur le mode de succession au trône de Serbie, il part en campagne militaire contre lui. Après l'intervention de l'archevêque Danilo II, les deux hommes font la paix mais Dragutin, comme son grand-oncle saint Sava et son arrière-grand-père Stefan Nemanja, se retire dans un monastère pour finir sa vie auprès de Dieu. À sa mort, ses serviteurs découvriront qu'il portait sous sa chemise un tissu en lin et une ceinture de paille qui le meurtrissaient dans ses chairs.

Son fils Vladislav n'a guère le loisir de régner. À peine proclamé roi, il est jeté en prison par son oncle, le puissant roi Milutin, qui désigne son propre fils Constantin pour s'asseoir sur le trône de Serbie et s'empare de Belgrade à la fureur de ses voisins du nord liés à la famille de son frère disparu. Conséquence de cette guerre des Atrides balkanique : en 1319, la Hongrie reprend le contrôle de la ville… qui passera plusieurs fois des mains magyares aux mains serbes et réciproquement dans les décennies suivantes. Comme si Belgrade ne semblait trouver sa plénitude que dans la catastrophe.

On exagère. Les témoignages d'époque abondent, qui saluent l'activité ou le faste de la ville dans ses (provisoires) périodes de tranquillité. L'écrivain de voyages arabe Erdizi et d'autres décrivent une ville peuplée et commerçante où bouchers, boulangers et aubergistes prospèrent. Via Niš et Sofia, une route commerciale part de Belgrade pour rejoindre Byzance. Entre les deux villes sont échangés fourrures, peaux, cire, fromage, bétail, vins, armes, tissus, bijoux, épices, parfums et céréales. Des pièces de monnaie d'argent et de cuivre circulent en abondance. L'unité de paiement est le dinar, dont la qualité, le poids (deux grammes) et la finesse de fabrication se révèlent de qualité supérieure.

Grâce à une loi obligeant les nombreuses mines du sud du pays à donner au souverain un dixième des métaux produits, les rois serbes sont riches et ne s'en cachent pas. Le roi Milutin (1282-1321) porte des vêtements ornés de pierres précieuses, de perles et d'or, et sa femme Simonida des robes coûteuses et luxueuses. À la cour, on cherche à copier le goût byzantin pour le « bling-bling » : manteaux de fourrure épais fermés par des ceintures en or pour les hommes, diadèmes et couronnes en or ou en argent pour les femmes, bagues et croix autour du cou pour tous. Tandis que les princes d'Occident se servent encore de leurs doigts lors des repas, assiettes et couverts (en or ou en argent, bien entendu) sont de mise à la table des seigneurs serbes. Les murs de leurs châteaux sont souvent ornés de tableaux et de fresques somptueux. Visages pieux tournés vers le ciel, archanges en armes mais le visage apaisé, figures de mères douces appelant à la prière... Entre Save et Danube, la Renaissance a déjà commencé. Œuvres moins fines, plus naïves que celles qui couvriront bientôt les églises et les demeures italiennes mais harmonieuses et dotées de ce caractère propre à l'Orient : une indéfinissable retenue dans l'expression des sentiments qui fait que se lit de la tristesse dans un regard, mais du désespoir, jamais.

Entre 1331 et 1355, la Serbie vit son apogée. À sa tête règne l'empereur Stefan Dušan, qui, par sa politique d'alliances et de conquêtes digne des rois capétiens, a fait de son territoire un des plus grands Etats d'Europe. Le code de lois qu'il fait établir témoigne d'un esprit pétri de valeurs démocratiques et humanistes. L'un des articles prévoit par exemple que « si un document de l'empereur, écrit sous l'effet de la colère, de la passion ou d'un acte de faveur envers quelqu'un, contrevient au code, un tel document ne revêt aucune valeur ». Un autre établit que « tous les juges doivent rendre la justice conformément au code, selon les dispositions précises du code, et ne pas juger dans la crainte de l'empereur ». Le texte, rappelons-le, date du XIVe siècle. Etonnant, non ?

Reste que les plus démunis pensent d'abord à survivre aux maladies et aux pillages. Un quotidien éprouvant auxquels s'ajoutent les peurs qui hantent toute l'Europe au Moyen Age : peur des maladies, peur du Jugement dernier, peur de la nuit. Et, à partir de la fin du XIVe siècle, peur du Turc.

*

Depuis le 28 juin 1389, il n'existe pas un foyer serbe de Belgrade qui n'ait entendu le récit de la bataille qui a opposé, dans la plaine du Champ-des-Merles, les troupes du sultan Murad à celles du prince Lazare.

Dès la fin du règne de l'empereur Uroš (1355-1371), dernier des Nemanjić, le délitement de l'Etat serbe devient criant. Plusieurs grandes familles nobles contestent son autorité et agissent pour leur propre compte sur son territoire. À sa mort, en 1371, c'est l'éclatement et la fin du grand empire serbe médiéval. Naît une mosaïque de régions autonomes qui, pour certaines, basculent dans le giron de l'empire ottoman dont l'expansion vers le nord se fait irrésistible après sa victoire sur la rivière Maritsa en Macédoine, le 26 septembre 1371. Au terme de cette bataille où périt l'empereur serbe, son fils, Marko Mrnjavčević, reconnaît même la suzeraineté du sultan ; il va désormais combattre à ses côtés les Etats chrétiens de la région !

Lorsque les dizaines de milliers d'hommes du sultan Murad Ier s'approchent de la plaine du Champ-des-Merles (Kosovo Polje), près de Priština, trois grands seigneurs serbes leur font face : le prince Lazare Hrebeljanović, Vuk Branković, son gendre (« notre fils bien-aimé le seigneur Vuk », dit de lui son beau-père) et le voïvode Vlatko Vuković, premier lieutenant du roi de Bosnie serbe Tvrtko Ier Kotromanić et sous l'autorité duquel sont placées les troupes chrétiennes (trente mille hommes, soit un nombre équivalant à celui des armées ottomanes).

La bataille dure plusieurs jours, acharnée, confuse, épique. Les Serbes ont d'abord le dessus. Mieux : des chevaliers, parmi lesquels un certain Miloš Obilić, parviennent jusqu'à la tente du sultan qu'ils transpercent de leurs sabres. La nouvelle se répand très vite. Sûr de la victoire, Tvrtko retire ses troupes afin de les ménager dans les combats futurs et envoie ses émissaires chanter dans toute l'Europe l'exploit de Kosovo. Les sénats de Florence et de Venise applaudissent à cette victoire contre les Infidèles tandis que les cloches de Notre-Dame saluent l'événement à Paris en présence du roi Charles V qui fait célébrer un Te Deum après avoir pris connaissance de la nouvelle grâce à la chronique de Philippe de Maizières, *Le Songe du Vieil Pèlerin*.

Sur place, pourtant, le vent a tourné après le départ des hommes de Tvrtko. Plutôt que la trahison supposée de Vuk Branković et de ses « douze mille lances », la contre-offensive de l'héritier Bayezid (dit

Yildirim, « la Foudre ») bousculant la cavalerie serbe imprudemment avancée au-delà de la rivière Lab semble avoir été décisive. Fait prisonnier, le prince Lazare est exécuté avec l'élite de la noblesse serbe. Fin de la bataille, remportée aux points par les Ottomans ; début du mythe.

Très vite, la bataille de Kosovo entre dans l'imaginaire populaire serbe dont elle demeure, six cents ans plus tard, une clé de voûte. Réécrivant l'histoire, des chants épiques célèbrent la mémoire du chevalier Miloš Obilić qui aurait caché un poignard dans sa botte et assassiné seul Murad Ier alors qu'il avait été fait prisonnier. Un sort est fait à Vuk Branković dont la trahison aurait coûté la victoire aux troupes chrétiennes. Quant au prince Lazare, sa mort, disent les bardes, n'aurait été que le fruit de sa volonté. Au règne dans le royaume terrestre (victoire contre les Ottomans, gloire éphémère ici-bas), il préféra celui au sein du royaume céleste (mort, résurrection). Au triomphe des valeurs matérielles (les armes), il privilégia la victoire des vertus spirituelles (soumission à Dieu, esprit de sacrifice). Les Serbes ont désormais leur *Iliade* ou plutôt leur *Chanson de Roland* : Charlemagne s'y nomme Lazare, l'héroïque Roland, Miloš Obilić, le traître Ganelon, Vuk Branković. Dans l'un de ces chants (traduits par Adolphe d'Avril), un serviteur vient narrer la bataille à l'impératrice Milica, l'épouse de Lazare :

> Que parles-tu du maudit Brankovitch ?
> Il a trahi Lazare à Kosovo ;
> Il a trahi son seigneur et le tien.
> Milos ton gendre, maîtresse, a succombé

Après des eaux froides de Stinica.
C'est là qu'il a péri beaucoup de Turcs !
Milos a tué Mourad, le sultan turc,
Et douze mille de ses Turcs avec lui.
Dieu ait pitié de qui l'a engendré !
Il restera en souvenir aux Serbes
Pour être dit et chanté si longtemps
Que dureront Kosovo et les hommes.

L'écrivain Slobodan Selenić raconte que petit, une amie de ses parents venait lui conter chaque soir un récit de la bataille qu'il écoutait, la gorge serrée, luttant contre une irrésistible envie de pleurer[1].

Voyant la débâcle où allaient périr ses frères, Zeka Buljubaša fit, avec ses gueux, une chaîne humaine et adjura des Serbes qui battaient en retraite de reprendre le combat. Aussi longtemps qu'ils eurent de la poudre, s'abritant derrière quelques stères de bois, ils arrêtèrent les Turcs à coups de fusils ; mais, quand il n'y eut plus de poudre, lui et ses gueux dégainèrent leurs couteaux affûtés, levèrent une fois encore les yeux vers le ciel de Serbie où roulaient les nuées, se tournèrent pour contempler, une fois encore, la belle plaine de la Mačva, jetèrent un regard, par-delà la Drina, vers la fière Bosnie, puis, le nom de Dieu et de leur peuple aux lèvres, ils fondirent avec leurs couteaux sur les Turcs et, les taillant en pièces, furent eux-mêmes massacrés jusqu'au dernier.

*

1. Dans Slobodan Selenić, *L'Ombre des aïeux*, Gallimard, 1999.

Si les sultans de Constantinople raffermissent leur puissance au sud de la Serbie à l'issue de la bataille de Kosovo, Belgrade ne tombe pas immédiatement dans la nuit ottomane. Au contraire. L'héritier du prince Lazare, Stefan Lazarević, obtient habilement de l'empereur byzantin Jean VII Paléologue le statut de despote et reconstruit, sous le regard neutre sinon bienveillant des sultans occupés par leurs affaires d'Anatolie et d'Asie, un Etat serbe dont il déplace prudemment le centre plus au nord. Le roi de Hongrie Sigismond se dit persuadé que la Serbie constitue le seul rempart contre l'avancée ottomane au cœur de l'Europe. Il propose à Stefan Lazarević de lui donner Belgrade s'il devient son vassal. Le despote accepte et entre dans la ville en 1402. En un quart de siècle, il va faire d'une cité négligée par ses précédents maîtres magyars et abîmée par les destructions et les pillages des siècles précédents, la capitale éclatante d'un royaume serbe restauré. Souverain exceptionnel, chevalier élégant vainqueur de plusieurs tournois, homme d'Etat pétri d'humanisme, poète, traducteur de grec, ami et protecteur des écrivains, bâtisseur de châteaux, de bibliothèques et de cathédrales, il annonce avec plusieurs décennies d'avance les princes occidentaux de la Renaissance.

Pour le despote éclairé Stefan Lazarević, il n'est de richesse que d'hommes. Très vite, il prend des mesures énergiques pour repeupler Belgrade. Une charte est promulguée, qui exempte les habitants des droits de douane et favorise la liberté de commerce et de négoce. Attirées par la perspective d'obtenir cette carte d'identité belgradoise inédite qui procure avantages fiscaux, commerciaux et juridiques, de nombreuses familles commerçantes de Dubrovnik, le bijou portuaire de la côte adriatique, viennent s'installer sur les bords de la Save et du Danube. Protégé par deux tours reliées par une immense chaîne de fer, le port est agrandi et réaménagé : il peut désormais accueillir quinze à vingt galères. Boulangeries et moulins éclosent à proximité.

Sur le plan architectural, la ville est divisée en deux entités. D'abord, la forteresse surplombant le fleuve, elle-même constituée de deux parties : la ville basse et la ville haute, dont l'accès est défendu par une tour impressionnante de plusieurs étages et munie de dizaines de cloches (sur son emplacement sera bâtie plus tard la célèbre tour Nebojša *Noli Timere*). La ville haute abrite les plus belles demeures des familles nobles (le château du despote, le palais du comte Ulrich de Celje, etc.), les écoles, les édifices publics et religieux les plus importants : la cathédrale de la Dormition du métropolite consacrée à la Vierge, l'église des Trois-Patriarches, le monastère des franciscains, l'église de Sainte-Petka où sont pratiquées les prières destinées à guérir les femmes de la stérilité (tradition maintenue jusqu'à nos jours). Au-delà de la forteresse s'étendent les faubourgs de la ville. Ils sont entourés d'une double rangée de remparts munis de nombreuses pièces d'artillerie : canons et bouches à feu. « Une de ces bombardes est la plus grande qu'il m'ait été donné de voir jusqu'ici », s'émerveille Bertrandon de la Broquardière, un voyageur bourguignon chargé par le roi de France Philippe le Bon de se rendre en Orient pour espionner les Ottomans. « Le tube où l'on met les pierres est large de cinquante-deux pouces. »

La porte principale de Belgrade se situe à l'est : elle est surmontée d'une image de la Vierge, proclamée protectrice de la ville par le despote Stefan Lazarević qui n'a de cesse de favoriser le renouveau spirituel de la cité serbe. C'est que le danger ottoman se fait à nouveau pressant. L'homme d'Etat a bien compris que la foi chrétienne constituait un ciment déterminant dans l'union des populations européennes sous la menace musulmane. N'est-il pas lui-même, aux côtés de son suzerain Sigismond Ier de Hongrie, fondateur de l'Ordre du Dragon, dédié à la Défense de la Croix contre les Ottomans ? Les poèmes qu'il publie sous le titre *Le Dit d'amour* laissent transparaître cette foi profondément ancrée en lui :

> Le Seigneur a créé l'été et le printemps, comme le dit le Psalmiste, et a dispensé de grandes splendeurs : aux oiseaux le vol rapide et plein de joie, aux montagnes les arbres, aux forêts l'ampleur, aux champs l'étendue.

Dans la biographie hagiographique qu'il consacre au despote, son maître bien-aimé Constantin de Kostenec n'hésite pas à comparer Belgrade à la Ville sainte :

> La ville était, en vérité, bâtie sur sept collines, et, grande et belle cité, elle ressemblait à Sion de la sublime Jérusalem. Une autre ville est plus bas, sur les fleuves, où se trouve un port pour les bateaux, au nord de la grande ville, telle la ville basse de Jérusalem. En cette autre cité, tout ressemble à la ville sise au pied du mont Sion, où se trouve le sépulcre magnifique. Et une troisième ville est autour de l'embarcadère des bateaux du

seigneur, flanquée de nombreuses fortifications. La quatrième est une grande tour, ressemblant à la propre maison de David par ses fossés, par sa construction et par son emplacement. On arrive à la cinquième après avoir franchi celle-là, où sont gardés tous les trésors du seigneur. Et la sixième est une colonne à l'est de la ville entre les deux tours. Celle-ci, merveille unique, érigée sur la hauteur des remparts est visible de très loin. La septième est à l'ouest avec un second palais impérial. C'est par là que passait l'honorable seigneur en se rendant sur les quais, vers ses bateaux, comme par un chemin secret.

L'annonce de la mort soudaine du despote Stefan le 19 juillet 1427 provoque un traumatisme au sein de la population belgradoise. Majoritairement serbes, les habitants de la Ville blanche savent qu'une disposition testamentaire prévoit que son successeur, Djuradj Branković, qui est aussi son neveu (et fils de Vuk Branković), « rende » la ville au roi de Hongrie. Or, le souvenir des négligences des autorités hongroises à leur encontre dans les décennies passées est encore vif. Surtout, les Belgradois craignent de ne plus être désormais protégés avec toute la vigueur nécessaire contre les armées ottomanes qui approchent. Un sentiment d'inquiétude décrit par Constantin, témoin de la réaction des Serbes apprenant la disparition de leur souverain foudroyé par une crise cardiaque à cinquante-trois ans alors qu'il chevauchait paisiblement dans les rues de sa capitale :

Au moment où l'on descendit le despote de cheval, un orage épouvantable se déchaîna au-dessus de Belgrade.

À l'annonce de l'affreuse nouvelle, les hommes et les femmes se jetèrent à terre et versèrent des larmes de sang, portant le deuil, non seulement d'un maître, mais d'un père bien-aimé. Ils s'égratignèrent le visage et s'arrachèrent les cheveux ; ils quittèrent leurs habits de couleur claire pour se vêtir de toile de sac. Ses chevaliers hors d'eux-mêmes s'écrièrent : « À quel destin sommes-nous réservés ? » Et quand le chant du prêtre ou du diacre s'éleva dans l'église au milieu des prières pour l'âme du despote, tous les assistants tombèrent dans le plus profond désespoir.

L'esprit belgradois de résistance forgé dans l'âme serbe par le despote Stefan Lazarević survivra-t-il à sa mort ?

SOUS LE CROISSANT TURC
(1456-1788)

> « L'honneur d'un peuple appartient aux morts et les vivants n'en ont que l'usufruit. »
>
> Georges Bernanos

Lorsque l'aube se lève sur Belgrade, le 14 juillet 1456, les églises de la ville sont pleines. Trois ans après le traumatisme provoqué par l'annonce de la chute de Constantinople, la population serbe prie pour que la Ville blanche ne tombe pas, à son tour, aux mains des armées de Mehmed le Conquérant. Quinze ans plus tôt, unies sous la même bannière de la Chrétienté, les troupes du despote Djurdje Branković, du roi de Pologne et du roi de Hongrie avaient repoussé l'assaut des Ottomans après un siège de six mois. Mieux : à l'initiative du pape Eugène IV, les Croisés avaient poursuivi l'ennemi jusqu'à Sofia avant de revenir prendre leurs quartiers d'hiver sur les bords du Danube. Mais qu'en sera-t-il cette fois-ci ?

Le sultan a pris en personne la tête de ses cavaliers appuyés par une artillerie imposante et deux cents navires empêchant toute communication maritime entre Belgrade et la Hongrie, de l'autre côté du fleuve. Sûr de sa victoire, Mehmed II lance sa flotte sur les défenses de la ville. L'attaque est repoussée. Surgis de nulle part, les deux généralissimes hongrois Mihailo Szilagy et Janos Hunyadi – preux chevalier qui, en 1440, avait déjà sauvé la ville menacée par le sultan Murad II –, brisent le bel ordonnancement de la flotte turque. Harcelée dans son dos par de petites embarcations serbes, celle-ci doit abandonner la partie au terme d'une semaine de combats maritimes acharnés. Après un bombardement intensif, l'assaut terrestre est alors donné. À la fin de la journée, les janissaires entrent dans la forteresse. Ils en sont délogés la nuit même par les troupes serbo-hongroises qui, poussant leur avantage, se jettent sur le camp turc dressé près de Belgrade. Blessé, humilié, le sultan qui rêvait de remonter le Danube jusqu'à Buda, Pest et Vienne, ordonne le retrait de ses armées. Sursis.

« Belgrade, rempart inexpugnable du christianisme » : dans toute l'Europe occidentale, on célèbre la résistance victorieuse de la Ville blanche. Admiratif, le pape Calixte III ordonne que soit désormais célébrée chez les catholiques la fête orthodoxe de la Transfiguration, en hommage à la vaillance de ses frères en Christ d'Europe orientale. À Saint-Denis, l'historien officiel du royaume de France, Jean Chartier, narre dans sa *Chronique de Charles VII* que cent quinze mille Turcs ont péri lors de la bataille ! Il y a pourtant loin de la légende à la réalité. La ville a triomphé du péril ottoman, certes, mais à quel prix ? Ensevelis sous les bombes, des centaines de corps pourrissent sous le soleil d'un été brûlant. L'eau manque ou se révèle contaminée. Les maladies contagieuses se répandent dans toute la ville, n'épargnant ni les pauvres gens ni les héros : Hunyadi (chanté dans les poèmes serbes sous le nom de Sibinjanin Janko) et le prêtre Ivan Capistran meurent de la peste.

Affaiblie par les tragédies sanitaires, Belgrade est aussi le théâtre de règlements de compte sanglants entre vainqueurs. Conséquence : lorsque le nouveau maître de l'empire ottoman, Soliman le Magnifique, parvient à son tour devant les murs de la ville en 1521, l'âme de la résistance serbe s'est éteinte depuis bien longtemps. Sans compter que, comme aux siècles précédents, les frivoles et dilettantes rois de Hongrie ont de nouveau négligé le renforcement de leur frontière méridionale. Les catholiques princes magyars se sont délibérément désintéressés de Belgrade, cité peuplée dans son immense majorité de Slaves orthodoxes réfractaires à l'esprit Mittel Europa. Au point, c'est un comble, que certains officiers serbes préfèrent, depuis quelques années, rejoindre l'armée ottomane qui les considère et les paie mieux… Oui, il y a décidément quelque chose de pourri dans l'ex-royaume de Serbie. La chute de sa capitale n'en est que plus prévisible.

*

Belgrade ottomane. La croix orthodoxe serbe sous le croissant musulman. Le cauchemar durera un siècle et demi. De 1521 à 1688, la ville va vivre, ou plutôt survivre, sous administration ottomane.

Décidés à punir l'orgueilleuse cité qui leur a si longtemps résisté, les sultans ordonnent la déportation de milliers de jeunes Belgradois. Vendus comme esclaves sur les marchés de Constantinople ou d'Anatolie, ils se retrouvent affectés à l'entretien des conduites d'eau de la capitale turque. Sur les rives du Bosphore, entre les portes d'Or et de Sélymbrie, ils occupent bientôt un quartier entier… baptisé Belgrade. Dans leurs bagages, pour que demeure la mémoire de leur ville natale martyre, l'icône miraculeuse de la Vierge peinte, dit-on, par saint Luc, et les reliques de sainte Petka.

Dans *Il est un pont sur la Drina*, l'écrivain yougoslave Ivo Andrić narre les rafles de jeunes garçons destinés à devenir janissaires du sultan. Sous la plume du prix Nobel de littérature, ces scènes de gendarmes ottomans repoussant au fouet des mères à qui on arrache leurs enfants se déroulent dans les campagnes de Bosnie mais Belgrade n'est pas épargnée. Pour échapper à la déportation ou à la conscription obligatoire au sein de l'armée ottomane, de nombreux Serbes s'enfuient : vers l'ouest, en Croatie, à Dubrovnik et dans ses environs, ou vers le nord, dans les confins (*krajina*, en serbe) de l'empire autrichien. Pour ceux qui restent, le choix est simple : la conversion à l'islam, qui peut leur assurer des conditions d'existence acceptables, ou le statut de citoyens de seconde zone. Juifs et chrétiens doivent posséder une maison plus petite que celle de leur voisin si celui-ci est turc, descendre de cheval s'ils croisent un Turc, s'habiller d'une certaine manière, etc. La pratique religieuse est en théorie autorisée mais la plupart des églises ont été détruites ou transformées en mosquées (près d'une centaine) ou en magasins. En lieu et place des coupoles dorées surmontées d'une croix jaillissent de longilignes minarets ornés d'un croissant.

Que deviennent les enfants serbes envoyés à Constantinople au nom de l'impôt du sang ? Les plus capables physiquement et intellectuellement échappent au statut d'esclaves et deviennent pages dans les palais impériaux d'Edrine et de Constantinople. Convertis, ils reçoivent une éducation islamique et sont formés à l'art de la guerre. D'autres sont envoyés dans les campagnes d'Anatolie pour se familiariser avec la langue et le mode de vie turcs. À leur retour, ils sont versés dans le corps des janissaires qui constituent la véritable armée personnelle du sultan.

Agés de sept à vingt ans à leur arrivée, certains des enfants raflés en Serbie ou en Bosnie finissent par oublier leur origine et gravir les échelons du pouvoir ottoman jusqu'à son sommet. C'est le cas d'un des plus grands vizirs du XVIe siècle : Mehmed-pacha Sokolović. Né d'une famille serbe pieuse près de Rudo, à deux cents kilomètres au sud-est de Belgrade, il est emmené de force à Constantinople à l'âge de dix ans. Formé à l'Académie militaire ottomane, il se signale lors de la bataille de Mohacs et du siège de Vienne. À quarante ans, il est nommé amiral de la flotte impériale, puis vizir et enfin grand vizir. En visite un jour dans son village natal de Bosnie, sa mère le reconnaît et il en est bouleversé. Désormais, il prêtera la plus grande attention aux Serbes de l'empire, à qui il offre un pont à Višegrad (le fameux pont sur la Drina célébré par Ivo Andrić). En 1557, il obtient même de Soliman qu'il rétablisse le patriarcat de Peć, au Kosovo, permettant à l'Eglise orthodoxe serbe de recouvrir son statut autocéphale. C'est son propre cousin Makarije qui en est nommé le patriarche. Ainsi va le paradoxal empire ottoman : à la tête du gouvernement musulman et d'une église chrétienne locale, deux membres de la même famille…

À Belgrade, Mehmed-pacha Sokolović ménage la chèvre et le chou. Son administration est souple mais il n'hésite pas, par exemple, à ordonner la destruction d'églises catholiques et de synagogues pour bâtir, avec les pierres récupérées, un marché, un caravansérail et des appartements pour ses proches. Rien à voir, pourtant, avec ceux qui lui succéderont.

En 1595, le faible Mehmed III succède à son père Murad III sur le trône ottoman. Depuis plusieurs années, des mouvements de révolte et d'insurrection serbes menés par ceux que l'on appelle les *haïdouks* se multiplient dans les campagnes de Bosnie, du Kosovo et de Serbie. Pratiquant une politique de guérilla, ils harcèlent les caravanes turques (civiles ou militaires) sillonnant les routes de Belgrade à Constantinople. Leurs attaques ne prennent que quelques minutes, puis ils retournent dans leurs forêts. Ou dans leurs monastères, assurent les espions du sultan qui estiment, à juste titre, que la foi orthodoxe décuple les forces et le courage des insurgés.

Dès son arrivée sur le trône, Mehmed III ordonne au vizir Sinan Pacha de mettre fin à la résistance serbe en s'attaquant aux racines du mal. Ayant appris que le monastère de Mileševa où reposent les reliques de saint Sava est devenu un haut lieu de pèlerinage en raison de miracles signalés sur la tombe du père de l'Eglise et de l'Etat serbes, il décide de marquer les esprits en exécutant un geste spectaculaire.

Un matin du printemps 1594, une forte troupe encercle le monastère de Mileševa. Sous la menace des armes, les moines sortent du sarcophage le cercueil en bois contenant le corps de saint Sava puis l'accrochent à des chevaux. Le macabre cortège prend la route de Belgrade sur laquelle chaque Serbe croisé est tué ou fait prisonnier afin d'éviter que les *haïdouks* soient prévenus du sacrilège et ne tentent d'intervenir. Une fois à Belgrade, la procession rejoint la colline de Vračar où un bûcher a été préparé. Le cercueil est déposé au milieu des flammes sous les vivats des notables ottomans présents tandis que les prisonniers serbes baissent la tête et pleurent. Ce 27 avril 1594, tous les Serbes pleurent.

Une fois leur euphorie retombée, les Turcs retournent à leurs foyers tandis que le vent disperse les cendres du corps brûlé sur toute la ville, la sanctifiant symboliquement. Les moines agenouillés observent le feu diminuer peu à peu. Bientôt, ils recueilleront les dernières cendres pour les ramener à Mileševa en chantant des psaumes : « Le Seigneur est de mon côté ; je ne crains rien. Que peuvent me faire des hommes ? » Sur l'emplacement même où furent brûlées les saintes reliques s'élèvera un jour l'une des plus grandes églises orthodoxes du monde, consacrée à celui dont on fête le nom le 14 janvier, date anniversaire de sa « première » mort (en 1236).

La fureur du sultan n'est pas apaisée pour autant. Au lieu d'éteindre la volonté des Serbes, son acte a non seulement accru la gloire et l'influence spirituelle de saint Sava mais encore fouetté l'énergie combattante de ses fidèles. Les routes sont encore moins sûres qu'auparavant et les représailles s'intensifient. L'évêque de Vrsac est tué ; avec sa peau, ses assassins fabriquent un tambour. Le patriarche Jovan est arrêté, emmené la chaîne aux pieds à Constantinople et pendu à l'une des portes de la ville. Le martyrologe serbe grandit et, avec lui, la certitude, chez les Belgradois, que la fin de la nuit ottomane est proche. Erreur : elle durera encore plus d'un siècle.

La vie sous le joug turc est pénible mais n'empêche pas Belgrade de croître et même de s'embellir. En provenance de l'empire ottoman, mais aussi d'Allemagne, de France, d'Espagne, de Hongrie ou des Flandres, hauts fonctionnaires, commerçants, voyageurs, médecins, hommes de lettres, pèlerins, savants, experts militaires viennent fréquemment résider dans la Ville blanche. Leurs témoignages concordent. L'essentiel des habitations est constitué de bâtisses en cloisonnage ou en torchis. La forteresse, interdite d'accès mais que l'on sait peuplée de notables ottomans et abritant vivres, armes et munitions, est protégée par de hautes tours aux toits de plomb et une double haie de murailles en pierre. À proximité cohabitent, dans les faubourgs, des peuples de diverses origines (Hongrois, Ragusains, Grecs, Valaques, etc.).

Les plus modestes ont leur quartier au bord de la Save, près de la petite église Saint-Michel. Parmi eux, notamment, des Tziganes, spécialisés dans la confection de chaises de fer, d'étriers et de fers pour esclaves. Quant aux Juifs, ils se sont établis à Dorćol, au bord du Danube, d'où partent les gros bateaux pour Timişoara, en Roumanie. Ils contrôlent une grande partie du commerce, en particulier celui du grain, laissant aux Arméniens celui de l'or et des bijoux. Signe de leur dynamisme spirituel, l'un de leurs rabbins, Shlomo Shalem, est également celui d'Amsterdam ! La tolérance de la part des autorités ottomanes comme celle des populations locales chrétiennes est à cette époque, dans cette partie de l'Europe, suffisamment rare pour être soulignée. Surtout quand on sait que l'un des premiers gestes des Autrichiens, lorsqu'ils reprendront la ville à la fin du XVIIe siècle, sera d'ordonner le renvoi de nombreux Juifs à Mikulov, en Moravie (Nicolsbourg, en français)...

Beaucoup d'observateurs notent la beauté des jardins et des caravansérails (entre quatre et six, dont la fermeture est annoncée chaque soir par un roulement de tambour). Sur les marchés se bousculent des tailleurs, des menuisiers, des couteliers, des drapiers, des teinturiers, des chaudronniers. Des mosquées sont bâties, merveilles d'architecture dont il ne reste guère de trace aujourd'hui. À l'exception de la mosquée de Bajrakli, construite entre 1660 et 1688. Son nom provient du mot turc *bayrak*, qui signifie « drapeau ». Par sa taille et son emplacement (un point élevé de la ville), elle possède un minaret visible depuis tous les autres de la ville. Lorsque la plus haute autorité religieuse de Belgrade estime qu'il est l'heure de la prière, le muezzin de Bajrakli hisse un drapeau au sommet de sa mosquée avec la certitude que tous les autres muezzins de la ville le verront et débuteront en même temps la prière. Transformée plus tard en église jésuite, elle sera laissée à l'abandon après le départ définitif des Ottomans en 1867, puis rouverte à la fin du XIXe siècle et miraculeusement épargnée par les conflits des décennies suivantes. Le plus ancien édifice religieux de Belgrade se trouve en conséquence être une mosquée…

*

En 1688, les troupes ottomanes qui campaient aux abords de Vienne sont repoussées par une contre-offensive irrésistible des armées autrichiennes. Le duc Maximilien-Emmanuel de Bavière, jeune et valeureux soldat qui s'est déjà illustré cinq ans plus tôt, à vingt et un ans, sous les murs de la capitale des Habsbourg, entre dans Belgrade. Libération ? Oui et non. Deux ans après, la ville est reprise. Représailles. En 1717, le prince Eugène de Savoie entre à son tour victorieux dans la forteresse. Vingt ans plus tard, en 1739, le traité de Belgrade restitue la cité au sultan. Nouvelles représailles. On dirait une mauvaise plaisanterie : lors de la guerre austro-turque de 1788-1791, le maréchal Ernst Gideon von Laudon libère à son tour la Ville blanche… qui est rendue aux Ottomans par le traité de Sistova (1791) ! Troisième salve de destructions et d'exactions contre les civils. Ceux qui sont restés, tout du moins. Car, dès 1690, de vastes mouvements d'émigration ont débuté, initiés par les chefs militaires et religieux serbes.

Les succès militaires des Autrichiens ont donné des idées aux Serbes libérés du joug ottoman. Ils proposent leurs services aux Habsbourg, estimant naïvement que, une fois les Ottomans chassés loin de leurs terres, il leur sera plus facile d'envisager leur autonomie, voire leur indépendance. Habilement, Vienne fait mine de ne pas lire leur jeu et se garde bien de les décourager. Galvanisés par l'espoir de voir une nation serbe renaître comme au Moyen Age, les combattants serbes avancent en Serbie orientale, au Kosovo, en Macédoine. Cela ne dure pas. En 1690, les Ottomans se reprennent et regagnent les territoires perdus. Terrorisées, les populations civiles fuient dans le sillage des armées vers le nord. Vers Belgrade. Au printemps 1690, une immense assemblée populaire est convoquée par les autorités politiques et religieuses de la ville afin de discuter de la proposition de l'empereur autrichien Léopold Ier. En échange de l'octroi de privilèges (liberté confessionnelle, droit d'élection de leurs chefs – les voïvodes –, exemption d'impôts à l'Eglise catholique, usage de l'ancien calendrier, autonomie ecclésiastique, élargissement des pouvoirs de l'archevêque serbe aux affaires laïques), les Serbes sont invités à intégrer l'armée impériale afin de poursuivre la guerre contre les Turcs et à reconnaître Léopold comme souverain serbe. Ils acceptent.

Sous la conduite du patriarche Arsenije III Crnojević débute la Grande Migration. Plus de soixante mille Serbes prennent le chemin de l'empire autrichien. Parmi eux, des notables et des paysans, des ecclésiastiques et des soldats, des commerçants et des bandits. Les uns iront jusqu'au sud de la Hongrie (voire jusqu'à Buda) dont la population se montrera souvent hostile, jalouse des prérogatives sociales et religieuses dont jouissent les nouveaux arrivés. D'autres s'établiront à Novi Sad ou en Slavonie, dans les Confins militaires autrichiens. D'autres encore, contraints d'abandonner leurs privilèges après la décision de l'impératrice Marie-Thérèse de soumettre les *krajinas* au système administratif hongrois en 1749, reprendront la route jusqu'à la Russie, terre slave et orthodoxe où ils rêvent de refaire leur vie. Plus de trois mille familles s'installeront sur la rive droite du Dniestr et sur la rive gauche du Don, se fondant avec les siècles au sein de la population russe locale. Une incroyable épopée narrée dans le plus grand roman tolstoïen de la littérature serbe, *Migrations*, de Miloš Crnjanski :

> Ils ont vagabondé comme des mouches sans tête ; ils ont mangé ; ils ont bu ; ils ont dormi, pour finalement, enjambant le vide, courir à grands pas vers la mort, selon le bon vouloir et pour le compte des autres.

Le compte des autres ? En l'espèce, celui de la couronne autrichienne que des centaines de milliers de Serbes vont servir. Fidèlement. Aveuglément. Naïvement ? Quelques titres de noblesse ou des domaines fonciers seront attribués à certains officiers serbes, mais dans un nombre très limité. Pour Vienne, les Confins militaires représentent un rempart armé contre la montée des flots ottomans, une zone-tampon où il est aisé de mobiliser des troupes très rapidement en cas de danger. De son côté, le peuple serbe peut, dans ces régions, pratiquer sa religion avec ses évêques et ses prêtres, vivre sous le régime traditionnel des *zadruga*, élire ses voïvodes et ses représentants (*knez*) et surtout échapper, via le statut de soldat-paysan libre, au système féodal hongrois auquel sont astreintes les populations de Croatie et de Slavonie des environs. Une situation privilégiée que seigneurs hongrois et croates, secondés par l'Eglise catholique, ne cesseront de dénoncer au cours des siècles. Marie-Thérèse répondra aux critiques en institutionnalisant les Confins militaires : « Ils sont utiles non seulement à l'empire, mais à tout le monde chrétien. » La fermeté et le courage de l'impératrice autrichienne ne seront pas sans conséquence. L'immense rancœur des nobles croates vis-à-vis de Vienne et des populations serbes se perpétuera de génération en génération. Au XIXe siècle, les élites politiques et militaires de Croatie œuvreront pour détacher leur nation en gestation de l'empire austro-hongrois (quitte à se rapprocher alors des Serbes en envisageant de réunir leurs peuples dans un pays commun, la Yougoslavie) ; au XXe siècle, beaucoup de Croates se battront contre les Serbes sous bannière... autrichienne (en 1914-1918) ou nazie (en 1941-1945), avant de lutter derrière leur propre étendard blanc à damier rouge entre 1992 et 1995.

À plusieurs reprises, on l'a dit, le prix à payer se révélera très élevé pour Belgrade, rendue aux autorités ottomanes après des accords conclus entre Vienne et Constantinople. Une seule fois, pourtant, les Serbes s'aviseront de trahir leur parole. Pendant la guerre de 1788-1791, le prince Aleksa Nenadović parvient à libérer avec le seul concours des combattants locaux toute la Serbie occidentale. Pourtant, la paix de Sistova rend Belgrade et l'ouest du pays aux Ottomans. Amer, dépité, Nenadović annonce son intention de ne plus servir Vienne et de rentrer en Serbie mettre son bras au service de sa patrie une nouvelle fois sacrifiée sur l'autel de la Realpolitik.

À Vienne, on l'accuse de trahison. Il s'en moque et rejoint son pays, non sans avoir envoyé une lettre cinglante à ses anciens maîtres :

> Je ne renie pas mon engagement et je ne trahis pas l'empereur, mais l'empereur m'abandonne ainsi que tout le peuple serbe, tout comme ses ancêtres nous avaient abandonnés. C'est pourquoi je vais retraverser la Save, mais comme je ne dispose ni d'un secrétaire ni de collaborateurs instruits, j'irai d'un monastère à l'autre et demanderai à chaque moine et à chaque prêtre d'écrire dans chaque monastère que jamais plus un Serbe ne devra faire confiance à un Allemand.

LA VILLE RÉVOLTÉE
(au XVIIIe siècle, jusqu'en 1806)

« Le peuple serbe a un cœur fier qui a pu être déchiré, mais non plié, comme on ne peut plier le cœur du chêne dans la forêt. »

Lamartine

Durant le premier tiers du XVIIIe siècle, Belgrade se donne un aspect moins oriental. Ses nouveaux maîtres, autrichiens, veulent l'arrimer définitivement à l'Europe, l'Occident, la « civilisation ». Quand ils sont entrés dans la ville, qu'ont-ils vu ? Quelques milliers de maisons de bois et de torchis dont la surface excède rarement deux pièces ; des rues étroites et sans pavés ; des cimetières musulmans ; des terrains vagues où se battent quotidiennement des meutes de chiens enragés... Il est vrai que les chiens aiment Belgrade. Ils l'adorent, même. Jadis, leur nombre était si élevé que le commandement ottoman décida un jour d'en finir avec ces maudites bêtes qui avaient en outre le mauvais goût de s'attaquer aux passants et aux diplomates étrangers. On en chargea plusieurs centaines sur un bateau afin de les expédier de l'autre côté du

Danube, côté autrichien. À mi-course, un chien échappa à la surveillance des marins, sauta dans le fleuve et se mit à nager en direction de Belgrade ! Et comme dans une version inversée de la légende du joueur de flûte de Hamelin, ses congénères, à leur tour, se précipitèrent dans l'eau pour regagner leur ville chérie...

Les cinq mille habitants civils de Belgrade sont installés dans deux quartiers aux aspects radicalement différents. Leur coexistence résume parfaitement le dilemme qui demeurera longtemps celui d'une cité hésitant sans cesse entre son identité européenne et son identité orientale. Près du Danube s'élève la Belgrade allemande et catholique où viennent également s'installer Français, Hongrois, Tchèques, Croates, Slovènes, Arméniens et Juifs espagnols ou allemands ; près de la Save perdure la vieille Belgrade serbe et orthodoxe, où demeurent aussi les grands marchands grecs et les dynasties tziganes locales. Entre les deux villes n'existe aucune hostilité jusqu'à la décision autrichienne, en 1726, de chasser de la Belgrade allemande les rares familles serbes ou orthodoxes qui y habitent. Un geste brutal et inattendu qui correspond à la volonté des dirigeants autrichiens d'étendre durablement leur influence politique et religieuse dans les marches de l'empire. De nombreuses églises catholiques sont bâties sur les ruines des mosquées détruites et Vienne envoie des dizaines de prêtres, de moines et de missionnaires (bien payés) afin de convertir les ouailles orthodoxes de la ville. Dans le même temps, les impôts et les taxes pleuvent sur le clergé orthodoxe.

L'homme fort de Belgrade durant l'occupation autrichienne se nomme Charles-Alexandre de Wurtemberg. Ce prince catholique allemand est un ami d'Eugène de Savoie auprès de qui il a livré plusieurs batailles victorieuses durant la guerre de Succession d'Espagne et à Belgrade contre les Ottomans. Possédant le titre de général impérial, il dirige la ville d'une main de fer à partir de 1719. Il aime faire la fête, s'endette plus que de raison et se fait bien volontiers le relais du désir impérial de voir la ville s'européaniser. Il n'hésite pas à faire abattre des bâtiments insalubres et à ordonner la construction de demeures ou de palais dignes des grandes villes d'Europe centrale avec plusieurs étages, de grands escaliers intérieurs et une horloge à leur fronton.

C'est encore lui, Alexandre de Wurtemberg, qui demande à l'ingénieur militaire suisse, le colonel Nicolas Doxat de Demoret, de repenser la défense de Belgrade afin de résister à un éventuel nouvel assaut ottoman. L'officier vaudois propose un système de défense à la Vauban : le projet est accepté. Les travaux de fortification durent de 1723 à 1736. Des tonnes de pierre sont utilisées pour ériger des blocs entiers, des bastions et des petits abris, consolidés par d'épaisses murailles, des meurtrières, des tourelles. Trois immenses portes permettent d'accéder à la forteresse où vivent uniquement des militaires. En lieu et place de la vieille construction moyenâgeuse se dresse bientôt un système de fortifications conçues pour l'artillerie. Les Turcs n'ont qu'à bien se tenir.

Quelques mois après la fin des travaux, en septembre 1737, une terrible nouvelle se répand dans Belgrade : la ville de Niš, à deux cent vingt kilomètres au sud, vient de tomber à nouveau aux mains des Ottomans, menés par un certain Humaraci Ahmed Pacha. De son vrai nom Claude-Alexandre de Bonneval, cet officier français était passé au service de l'Autriche avant de prendre le turban pour se venger de la disgrâce où son amant, le prince Eugène de Savoie, l'avait jeté ! Mais le plus grave n'est pas là. La ville a été livrée sans bataille par le commandant de la ville. Son nom ? Le Feld-maréchal Nicolas Doxat ! On le convoque à Belgrade. Devant le conseil de guerre, il argue pour sa défense que face à soixante mille Ottomans, avoir sauvé une garnison de six mille hommes n'est pas une mauvaise opération : ce seront autant de forces utiles si l'ennemi parvient jusqu'à la Ville blanche. On laisse entendre qu'il se serait laissé acheter. Présidé par son vieil ennemi personnel, le comte de Seckendorf, le tribunal militaire le condamne à mort. Le 20 mars 1738, il est conduit à l'échafaud, installé devant les nouvelles fortifications de Belgrade – les siennes. Près de lui, son ami de Berne, le lieutenant d'artillerie de Tillier, dont il sèche les larmes en citant Corneille : « Le crime fait la honte et non pas l'échafaud. » Alors que le bourreau prépare la hache qui le décapitera, Doxat, les yeux bandés, lâche dans un dernier soupir : « Belgrade que j'ai voulu rendre inexpugnable, tu seras donc arrosée de mon sang. » Dont acte : son bourreau doit s'y prendre à plusieurs reprises pour exécuter l'officier suisse.

*

Dès l'année suivante, Doxat est – d'une certaine et cruelle manière – vengé. Une nouvelle fois, les Ottomans s'emparent de la ville à qui ils font payer le prix de sa résistance. La panique s'empare des Belgradois qui quittent en masse la cité livrée aux représailles. Les catholiques fuient à Zemun, de l'autre côté du fleuve, ou à Osijek, en territoire croate ; les Serbes riches et les Arméniens, à Novi Sad, dont ils feront en quelques années le plus florissant des centres commerciaux de Hongrie.

Pendant ce temps, Belgrade vit le martyr. Les exactions contre la population chrétienne de la ville sont quotidiennes. Chaque jour, dans les cachots sombres et humides de la tour Nebojša, on torture et on tue des patriotes qui ont osé défier le pouvoir ottoman. En 1798, c'est même le poète grec Rhigas Velestinlis (ou Phéréos) qui est écartelé en public à l'ombre de la sinistre tour. Héros du mouvement révolutionnaire hellène, il incarne la lutte des peuples chrétiens contre le joug de Constantinople qui craint l'effet de contagion. Par cette spectaculaire exécution, les autorités turques espèrent dissuader les candidats éventuels à un mouvement serbe d'insurrection. Mauvais calcul.

Les garants de l'ordre ottoman sont les terribles janissaires. En 1793, le sultan Selim III les a chassés du pouvoir à Belgrade au profit d'un pacha modéré et réformateur, Hadži Mustapha, qui cède de plus en plus de droits et de pouvoirs aux Serbes en échange d'une relative tranquillité sociale et politique. Les habitants l'ont même baptisé « la mère des Serbes ». Tout change après 1799. Au lendemain de la campagne d'Egypte contre Napoléon, le sultan de Constantinople est contraint d'accorder des concessions aux janissaires. Autorisés à revenir à Belgrade, ils font régner la terreur. En 1801, ils entrent dans la forteresse, étranglent le pacha et instaurent leur loi islamique. Devant la mollesse de la réaction de la Porte, ils invitent tous les janissaires de Bosnie, d'Albanie et de Roumélie à les rejoindre dans l'accueillante Belgrade. Vols, viols, pillages, enlèvements, meurtres se multiplient. Des scènes de pal envahissent les rues de la ville, pour le plus grand bonheur des chiens sauvages venant ronger les extrémités des victimes agonisant dans les plus atroces souffrances. Muette de peur, la ville est à feu et à sang, soumise à l'arbitraire des quatre chefs janissaires[1]. Accrochées aux portes de la ville pendent, pathétiques trophées, les têtes coupées des patriotes serbes. L'archimandrite du monastère de Bogovadja est arrêté. Avec des tenailles, on lui arrache la chair de la poitrine avant de le décapiter et d'exposer son corps sur une place publique.

Bientôt, toute la Serbie vit le même cauchemar. Mais s'ils paradent à Belgrade, qu'il est facile de tenir puisque c'est là que sont concentrés chefs et armes, les janissaires peinent à tenir les campagnes. Menés par d'excellents chefs de guerre[2], les paysans de Šumadija prennent les armes et en appellent au souvenir de Kosovo. De ville en ville, des émissaires de la rébellion serbe diffusent la bonne parole. Fini, le temps des plaintes et des lamentations, l'heure est à la vengeance, assurent-ils. Dans les auberges des

1. Les dahis Aganlija, Kučuk Alija, Fočić Mehmed-Aga et Mula Jusuf.

2. Les haïdouks Lazarević, Glavaš, Vuličević, Nedić, etc.

hameaux les plus reculés résonnent les chants épiques à la gloire du prince Lazare ou l'hymne écrit par Dositej Obradović, le Voltaire serbe :

> Lève-toi, Serbie, mère bien-aimée !
> Et redeviens ce que tu étais !
> Tes enfants se languissent de toi,
> Qui bravement combattent en ton nom.
> Lève-toi, Serbie !
> Tu dors depuis longtemps,
> Etendue dans le noir.
> Réveille-toi à présent,
> Et réveille les Serbes !
> La Bosnie, ta sœur, te regarde !
> Ainsi que la terre d'Herzégovine et le Monténégro…

Enhardis par leurs premiers « exploits » (l'assassinat de commerçants ou de fonctionnaires de police ottomans), les hérauts de la rébellion serbe envisagent de lancer une insurrection nationale. Pour ce, il manque encore deux conditions : un prétexte et un chef.

Le prétexte leur est fourni par l'ennemi. Conscientes de la menace qui gronde, les autorités ottomanes lancent des arrestations massives parmi les notables serbes à l'automne 1803. Privée de ses leaders, la révolte sera tuée dans l'œuf, pense-t-on à Constantinople et dans le pachalik de Belgrade. Soixante-dix responsables militaires et religieux, réels ou supposés, sont passés par les armes. L'effet sur la population est immédiat. Au lieu d'éteindre l'esprit de résistance serbe, ce geste décuple la détermination des insurgés. Réunis en assemblée à Orašac, le 2 février 1804, jour de la Sainte-Rencontre, ils décident de lancer l'insurrection dont ils élisent le jour même le chef : Djordje Petrović, dit Karadjordje, c'est-à-dire Georges le Noir (« noir » se dit *kara* en turc).

*

Djordje Petrović est né en 1752, à Viševac, en Šumadija (Serbie centrale), à une quarantaine de kilomètres de Belgrade, de parents pauvres, d'origine monténégrine. Petit, il ne va pas à l'école mais travaille aux champs – ceux des autres. Il restera illettré toute sa vie. Dès ses vingt ans, quand il ne s'occupe pas de ses troupeaux, il participe aux opérations de harcèlement contre les troupes ottomanes. Repéré, il est contraint de fuir au nord vers la frontière autrichienne, poussant devant lui ses bêtes. À ses côtés, son beau-père. En arrivant près de la Save, ce dernier sent ses forces l'abandonner et annonce à son gendre qu'il préfère retourner au pays et implorer le pardon turc. Sûr qu'en guise de pardon, ils réserveront le pire des supplices au vieil homme, Djordje l'abat d'un coup de pistolet, le fait enterrer dans le village voisin et reprend sa route. La frontière passée, il s'engage dans le Freikorps autrichien où il acquiert une expérience militaire de premier plan. Et la réputation d'un homme de caractère. Après une distribution de médailles qu'il estime injustement attribuées, il déserte et rejoint les *haïdouks* incontrôlables des montagnes de Bosnie pendant plusieurs mois avant de regagner son régiment. Séduit par sa personnalité, son colonel ne le punit pas et lui offre même un poste d'inspecteur des forêts. À l'époque de Hadži Mustapha, il revient s'installer dans le village de Topola comme éleveur et exportateur de porcs. Le coup d'Etat des janissaires à Belgrade le pousse à reprendre les armes. Rapidement, il devient un des chefs de la rébellion serbe. Traqué, il échappe plusieurs fois par miracle aux milices ottomanes.

De taille et de stature impressionnantes, violent, féroce, cruel, courageux, fantasque : tel est l'homme à qui les insurgés serbes proposent de devenir leur chef. Il refuse d'abord. « Je veux marcher avec vous, mais non pas devant vous. » On insiste. « Vous n'avez pas appris le métier de soldat, assène-t-il aux braves paysans qui ne comprennent pas ses réticences. Au bout de quelques jours, vous vous rendrez aux Turcs, et alors vous verrez ce qui arrivera ! Et puis, si j'acceptais, je ferais certainement beaucoup de choses qui vous déplairaient. Si l'un d'entre vous commettait la moindre trahison, la moindre défaillance, je le tuerais, je le pendrais, et je le punirais de la manière la plus effroyable. » Ceux qui ont appris ce qui s'est passé avec son beau-père savent qu'il dit vrai.

Et pourtant. Son charisme, son allure (deux pistolets à la ceinture, un fusil sur l'épaule), sa foi (avant chaque bataille, il ordonne que soient dites des prières dans les églises et les monastères environnants), son physique (yeux de braise, visage couvert de cicatrices, voix de stentor), la simplicité de ses mœurs paysannes (il porte le costume et les chaussures traditionnels de Šumadija), sa réputation (tout le monde connaît son goût pour les charges de cavalerie et les assauts à la baïonnette) font de lui l'homme providentiel qui manque au peuple serbe en armes.

Le 2 février (le 15 février selon le calendrier grégorien) 1804, donc, malgré ses propres réticences, l'assemblée de paysans, de popes et de chefs militaires réunie à Orašac se choisit Djordje Petrović pour commandant suprême. Homme du peuple sans instruction, il n'a certes pas le prestige d'autres voïvodes régionaux. Mais son aura et ses réelles qualités militaires vont rapidement provoquer le ralliement de tous les patriotes serbes.

En quelques mois, il constitue une armée structurée, obéissante. Ses dons de stratège font merveille contre les troupes ottomanes surprises de ne plus avoir affaire à des hordes de paysans en guenilles grossièrement équipés mais à des unités mobiles dotées de fusils, de mousquets, de lames et même de canons. Des armes échangées sur les marchés contre du bétail, récupérées sur l'ennemi vaincu, volées ou bien achetées aux Russes : Karadjordje a obtenu leur soutien diplomatique et militaire officieux. Furieux dans le combat, le chef slave se comporte souvent avec une bienveillante humanité. Un jour qu'il partage son dîner avec ses hommes au sommet de la colline surplombant la ville de Paračin qu'ils doivent attaquer le lendemain, son secrétaire, surnommé Stéphane le Scribe, le supplie de le laisser tirer un coup de canon sur la ville endormie à leurs pieds. Karadjordje le fusille gentiment du regard. « Juste un coup, contre le palais », insiste l'autre. « Mais tu pourrais tuer le pacha », s'emporte Karadjordje. « Et après ? » s'étonne Stéphane le Scribe. « Mais tu ne dois pas faire une chose pareille, énonce avec une soudaine douceur le chef serbe. Tu pourrais rendre ses enfants orphelins, et ils n'auraient personne pour leur acheter des souliers et ils pourraient prendre froid à courir pieds nus et mourir de la fièvre. »

*

Avec les premières victoires, même modestes, naît un fol espoir : et si la révolte contre l'injustice sociale, religieuse et politique pratiquée par la Porte se muait en révolution nationale ? Et si l'on chassait définitivement les Turcs du pays ? Et si la Serbie redevenait un Etat autonome, indépendant ? Et si Belgrade redevenait serbe ? À l'été 1806, une première grande bataille oppose les insurgés aux troupes régulières ottomanes, à Ivankovac. Victoire. Puis à Deligrad. Nouvelle victoire. La route de Belgrade est ouverte.

Mi-novembre 1806, vingt-cinq mille soldats serbes se présentent sous les murs de la Ville blanche défendue par quatre cents canons turcs. Grâce à des espions et des Belgradois ayant réussi à quitter la ville sans se faire repérer, Karadjordje et son état-major connaissent parfaitement les forces et les faiblesses de la cité. Ils savent que dans la ville basse se trouvent casernes, dépôts d'armes et de munitions, maisons privées ottomanes et mosquées. Ils savent que dans la ville haute, principalement occupée par la forteresse, vivent le vizir et sa cour. Ils savent aussi qu'un terrain vague sépare la forteresse de la Belgrade civile, intégralement entourée de remparts. Ils savent enfin que le commandement ottoman ne croit pas les Serbes capables d'oser s'attaquer à Belgrade. C'est pourtant ce qu'ils ont décidé de faire. La date a été fixée par Karadjordje lui-même : le 30 novembre 1806, jour de la Saint-André.

Le temps est couvert, le ciel bas et nuageux, la nuit très noire quand Konda et Uzun-Mirko se présentent à la garde ottomane devant la porte de la Save. Parlant couramment la langue de l'occupant, ils ne suscitent pas la méfiance des sentinelles qui les laissent passer. Les deux hommes éliminent aussitôt les gardes et ouvrent la porte à leurs compagnons qui attendaient à bonne distance. L'assaut est féroce. Bientôt, on se bat dans toute la ville. La porte de Stamboul, entrée principale de la forteresse, est prise par les Serbes après plusieurs heures de lutte sanglante. Devant l'ampleur de la résistance qui risque d'affaiblir la détermination de ses troupes, Karadjordje change de tactique : « Ce que ne guérit pas la parole est guéri par l'épée, et ce que ne guérit pas l'épée est guéri par le feu. » Ordre est donné de mettre le feu à la ville ! En quelques minutes, Belgrade devient un brasier géant où flambent les dernières illusions ottomanes.

Quand se lève l'aube, c'est un spectacle de désolation qui s'offre aux regards des vainqueurs. Un silence de mort règne sur la ville balayée par un vent froid. Vite, pour empêcher les épidémies, on ramasse les cadavres. Les corps des Turcs sont emmenés dans les mosquées, ceux des Serbes évacués vers l'arrière. Les plus vaillants des survivants se préparent à l'assaut de la forteresse. Pour éviter un nouveau bain de sang, Karadjordje ordonne un siège statique. Il sait que les ressources de la garnison ne lui permettront pas de tenir tout l'hiver : la faim, estime-t-il, aura raison de l'orgueil de ses chefs. Effectivement, le 27 décembre 1806, la forteresse ottomane de la ville dépose les armes. Belgrade est de nouveau serbe.

NAISSANCE D'UNE NATION
(1806-1830)

> « Je sais, quand il le faut, quitter la peau du lion pour prendre celle du renard. »
>
> Napoléon Ier

La prise de Belgrade par Karadjordje en 1806 décuple l'énergie combattante des Serbes dans toutes les régions occupées : celles au sud, par les Ottomans, comme celles à l'ouest et au nord, par les Autrichiens. « Les Balkans aux peuples balkaniques », proclament les chefs des insurrections locales qui, tous, reprennent les mots du voïvode :

> Quand la justice est exilée du monde, nous aimons mieux mourir que vivre. Plutôt mourir que porter les chaînes de l'esclavage, sans espoir de nous en délivrer jamais. La vie nous est un fardeau, et si nous sommes condamnés avec notre descendance à un esclavage éternel, nous voulons nous-mêmes sacrifier nos enfants plutôt que de les abandonner aux cruautés de nos oppresseurs. Il ne nous reste donc plus qu'à mourir, mais, ce faisant, nous gagnerons la gloire d'avoir préféré la mort à un esclavage honteux.

Unis dans leur détermination à chasser le Turc, les meneurs parviennent rarement à l'être politiquement. Brillants seigneurs de la guerre, ils peinent à accepter l'idée d'avoir à obéir à une autorité suprême et à partager le pouvoir conquis par les armes. Karadjordje est conscient que l'Etat qu'il est en train de constituer est fragile et que toute désunion lui serait fatale. Aussi instaure-t-il à Belgrade un parlement (la Skupština) au sein duquel, chaque premier de l'an, les autorités les plus compétentes sont invitées à venir régler les problèmes militaires, stratégiques, financiers, politiques et disciplinaires du pays. Une Constitution est même rédigée par un avocat de Novi Sad, Filipović. Il crée un conseil de douze ministres chargé de la conduite des affaires du pays. Il instaure un système fiscal et judiciaire, promulgue un code de lois basé sur le modèle napoléonien et jette les bases d'un véritable système éducatif. Ce sera l'une des plus grandes fiertés de l'illettré Karadjordje de pouvoir revendiquer, à l'issue de son règne, la fondation d'écoles primaires dans toutes les grandes villes de la Serbie libérée – et une école secondaire à Belgrade. Parmi les élèves, un certain Vuk Karadžić, futur réformateur de la langue serbe, et son propre fils, Aleksije.

Grand chef de guerre, fondateur de l'Etat moderne serbe dont il est proclamé le chef suprême et le prince héréditaire, Karadjordje est aussi un habile diplomate et un fin négociateur. Jusqu'en 1813, il multiplie les contacts avec les grandes nations européennes. Il invite le prince-évêque du Monténégro voisin à le rejoindre dans sa lutte, prend langue avec les Grecs et les princes valaques, propose ses services anti-autrichiens à Napoléon en échange de son aide militaire et, surtout, négocie une alliance militaire avec la Russie, elle-même entrée en guerre contre l'empire ottoman. Grâce à cette alliance, Karadjordje se permet de refuser la paix négociée à Constantinople par son émissaire Petar Ičko prévoyant pourtant de nombreux avantages pour Belgrade en échange du maintien de garnisons ottomanes dans les grandes villes. « La Serbie se considère comme un pays indépendant, n'accepte pas de payer de tribut ni d'utiliser des armes contre des alliés partageant la même foi », proclame fièrement le Conseil exécutif serbe après lecture des propositions de la Porte. Les Ottomans proposent alors au prince serbe de devenir vizir du pachalik de Belgrade s'il se convertit et avec lui toute la Serbie – comme jadis la Bosnie. « Plutôt mourir dans sa foi et dans sa patrie que de renier sa croyance, car il est écrit dans l'Evangile que seul celui qui aura la foi sera sauvé », répond-il, bravache.

Le 16 mai 1812, la Russie signe à Bucarest un traité de paix avec l'empire ottoman. Objectif du tsar : concentrer tous ses efforts militaires à la défense de Moscou convoitée par Napoléon. L'article VIII du traité prévoit que les Serbes doivent détruire les fortifications bâties durant l'insurrection et le rétablissement des garnisons militaires ottomanes de 1804 en échange d'une amnistie générale et d'une autonomie interne. À Belgrade, l'annonce de la nouvelle fait l'effet d'un coup de poignard dans le dos ! Et les promesses d'indépendance formulées jadis par le grand frère russe ? Voilà la Serbie abandonnée à son triste sort : celui d'une petite nation bientôt confrontée à une offensive d'envergure des Ottomans. Soulagés d'un front difficile, ceux-ci ne cachent rien de leur détermination à faire payer très cher à l'orgueilleuse capitale serbe une décennie d'humiliation.

Cent cinquante mille hommes contre cinquante mille : le rapport de force est inégal mais il l'est depuis le début de l'insurrection. À un détail d'importance près : Karadjordje, à cinquante et un ans, n'est plus le vaillant guerrier qu'il a été. Le vaste chantier politique qu'il a engagé depuis huit ans l'a épuisé, l'énergie lui manque. Fatigué, malade, il se rend même coupable du geste le plus improbable qu'on puisse imaginer de la part de ce héros : il fuit. Dans la nuit du 21 septembre 1813, sans un mot d'explication pour ses troupes, il quitte Belgrade en barque pour rejoindre la rive autrichienne de la Save en compagnie de l'envoyé russe et du métropolite. Quatre jours plus tard, les Ottomans pénètrent dans la ville sans combattre ou presque. Ivres de vengeance.

*

Pendant plusieurs mois, Belgrade vit une nouvelle apocalypse. Les Turcs incendient les maisons abandonnées par les notables serbes qui se sont enfuis en Autriche, détruisent les vivres des populations non musulmanes, ferment les cinquante petites écoles ouvertes par Karadjordje, raflent des centaines d'enfants pour les envoyer en esclavage sur les rives du Bosphore. Durant la seule journée du 17 octobre 1813, mille huit cents femmes et enfants sont rassemblés pour être vendus. Dans les rues principales de la ville, un spectacle identique de corps empalés, découpés, rongés par les chiens. Au milieu des jappements des bêtes rendues folles par l'odeur du sang, la voix d'ange du jeune diacre, Djakon Avakum, portant sur ses frêles épaules le pal qui servira à son supplice : « Il n'y a pas de foi meilleure que la foi chrétienne. Le Serbe est chrétien et se réjouit de la mort ! » Arrivé devant la porte de Stamboul où il doit être exécuté, les autorités ottomanes lui proposent la vie sauve s'il se convertit : n'est-il pas trop jeune pour mourir ? « Plus jeune je meurs, moins j'aurai commis de péchés », rétorque le futur saint.

Résister mais comment ? Une délégation est envoyée à Vienne afin de solliciter l'aide des grandes puissances réunies en Congrès. L'ordre du jour – liquider le régime napoléonien – est bien trop important pour que l'on s'intéresse au sort de Belgrade. Les Anglais, alliés des Ottomans, refusent de se mêler de « choses aussi délicates » ; les Autrichiens promettent vaguement de lancer une démarche auprès du sultan ; les Russes se font évasifs. Une fois de plus, les Serbes ne devront compter que sur eux-mêmes s'ils veulent recouvrer la liberté.

Cette liberté, cette indépendance nationale conquise de haute lutte voici dix ans, les Serbes en sont déjà orphelins. Malgré sa défection au cœur de la bataille, le souvenir de Karadjordje et de son épopée héroïque est dans toutes les mémoires. Mais pas seulement. Grâce à lui et la mise à bas du système ottoman, de nombreux paysans sont devenus propriétaires ; grâce à lui, une génération a pu accéder à un certain niveau d'instruction ; grâce à lui, la société agraire patriarcale s'est muée en société précapitaliste ; grâce à lui, un embryon d'Etat et un système politique permettant aux opposants de s'exprimer dans une assemblée ont vu le jour. Ces temps-là, les Serbes veulent les revivre. Et vite.

En 1804, parmi les chefs de l'insurrection qui accompagnaient Karadjordje dans ses premières campagnes, figurait Milan Obrenović, lui aussi marchand de porcs. Juste avant de mourir en 1810, il cède le commandement de la région qu'il contrôle à son jeune frère utérin, Miloš Teodorović qui prend alors le patronyme de son défunt aîné. Agé de trente ans, ses relations avec Karadjordje sont mauvaises : le prince serbe craint son ambition et cherche par tous les moyens à limiter ses pouvoirs. En 1813, Miloš Obrenović choisit de rester en Serbie plutôt que de s'exiler. Il profite de l'amnistie décrétée par le sultan après les semaines de représailles ayant accompagné le retour des Ottomans au pouvoir à Belgrade pour asseoir son influence dans la région de Rudnik. Habile, il tente de gagner les bonnes grâces du nouveau pacha, Soliman, qu'il avait eu le bon goût de blesser lors d'un combat (forçant ainsi son respect) et qui connaissait sa rivalité avec Karadjordje. Feignant une complète soumission, il obtient du maître ottoman d'être nommé gouverneur de plusieurs districts. Persuadé qu'il est trop tôt pour se lancer dans une nouvelle bataille perdue d'avance, il conjure ses administrés de ne rien tenter contre les Ottomans. Ayant appris qu'une révolte est sur le point d'éclore dans un des districts dont il a le contrôle, il convainc même les principaux responsables de renoncer en les assurant du pardon de Soliman. Erreur. Le pouvoir ignore totalement ses appels au calme et lance une vague d'arrestations à laquelle il n'échappe pas lui-même. Cent cinquante des hommes impliqués dans le complot sont décapités. Après avoir réussi à s'évader miraculeusement, il juge que le temps de la diplomatie a passé. L'heure est au combat. D'autant que plusieurs informateurs l'ont averti de l'imminence d'un nouveau massacre planifié par le pouvoir ottoman.

L'histoire se répète. Mi-avril 1815, le dimanche des Rameaux, plusieurs notables de la région de Rudnik se réunissent dans l'église de Takovo et font le serment de chasser l'ennemi de Serbie. Depuis plusieurs jours déjà, des attaques victorieuses ont eu lieu et il semble temps d'organiser militairement la révolte paysanne. Comme en 1804, le commandement est offert au voïvode le plus renommé pour son courage et sa sagesse. Cette fois, l'homme désigné n'hésite pas. « Me voici, vous voici, guerre aux Turcs ! » s'exclame Miloš Obrenović en acceptant de prendre la tête du mouvement.

La seconde insurrection sera infiniment moins longue et moins sanglante que celle de 1804-1805. Dès l'été 1815 et la prise de Belgrade par les troupes d'Obrenović, Serbes et Ottomans décident de négocier. Les seconds parce qu'ils comprennent très vite qu'il s'agit d'un mouvement d'ampleur nationale et craignent que la Russie finisse par aider ses frères slaves ; or, d'une nouvelle guerre avec Moscou, la Sublime Porte ne veut à aucun prix. Les Serbes parce qu'ils savent parfaitement qu'ils ne disposent pas des moyens techniques, militaires et humains de vaincre les Ottomans. Belgrade demande au sultan de remplacer Soliman-pacha : on nomme Marachli-Ali-pacha vizir de Belgrade. Tandis qu'une liste de revendications supplémentaires est envoyée à Constantinople (liberté de religion, interdiction pour les Ottomans d'habiter dans les villes de province, liberté de commerce, etc.), Obrenović conclut avec le nouveau vizir un accord verbal qui le reconnaît prince suprême et héréditaire de la Serbie (titre confirmé par la Skupština en 1817), instaurant ainsi une deuxième dynastie serbe en dix ans. L'accord de Bjelica garantit en outre aux Serbes une relative autonomie : droit de prélever eux-mêmes les impôts, création d'un conseil national de douze membres siégeant à Belgrade en tant qu'organe suprême administratif et judiciaire, possibilité de posséder dans chaque région un représentant aux côtés du fonctionnaire ottoman, etc. Si la deuxième insurrection serbe se conclut par un compromis avec l'occupant et un statut bien éloigné des rêves d'indépendance caressés par certains, elle scelle au moins de manière irréversible la fin du système féodal ottoman en Serbie.

*

Dès les mois qui suivent son installation au pouvoir, Miloš Obrenović s'applique à arracher chaque jour un peu plus de pouvoir à la Porte. Démarche qui s'avérera payante avec l'obtention, en 1830, d'un statut d'autonomie pour la Serbie. C'est pourquoi l'annonce du retour de Karadjordje en 1817 sur le sol serbe déplaît au plus haut point à celui qui s'apprête à endosser l'uniforme de « prince suprême et guide de la nation ». Venant de Russie avec le soutien des patriotes grecs de l'organisation secrète Philiki Hateria, Karadjordje souhaite lancer une nouvelle révolte populaire en Serbie, tandis que princes hellènes et roumains sont chargés d'en faire autant au sud et au sud-est des Balkans. Tous ont eu la promesse de la Russie qu'elle leur viendrait en aide dans leur action. Accueilli par le prince Vuličević, Karadjordje fait connaître ses intentions à Miloš, que l'idée ne réjouit guère, ayant opté pour la voie diplomatique avec Constantinople. Vuličević est retourné. Il profite du sommeil de son invité pour lui trancher la gorge. La tête de Karadjordje est envoyée au pacha de Belgrade puis à Constantinople comme gage de fidélité du prince serbe à l'égard du sultan.

Miloš Obrenović va régner jusqu'en 1839. Après le traité de paix d'Andrinople, l'autonomie de la Serbie – sous souveraineté ottomane et protection russe – est reconnue par les grandes puissances. Moyennant de confortables bakchichs au sultan (un demi-million de piastres), au vizir et à leurs sbires, il arrache l'hatti-chérif (décret impérial) tant espéré. Bien que Miloš ait installé sa capitale à Kragujevac, il est décidé que le décret signé par Mahmoud II sera lu dans la capitale historique de la Serbie. La date choisie est le 30 novembre, jour de la Saint-André, date anniversaire de la prise de la forteresse de Belgrade par les troupes de Karadjordje, vingt-quatre ans plus tôt… Désormais, Miloš Obrenović est reconnu prince héréditaire de Serbie, principauté autonome. Il est assisté d'un conseil composé de membres nommés à vie. Le pacha de Belgrade ne peut intervenir dans les affaires politiques ou judiciaires de la Serbie. Les Ottomans ne peuvent séjourner que dans les garnisons, les autres ont obligation de vendre leurs propriétés immobilières. Les frontières sont celles des territoires libérés entre 1806 et 1813, soit environ trente-sept mille kilomètres carrés.

Sur le plan intérieur, le prince serbe s'applique à doter son pays d'une organisation sociale et administrative moderne. Dès qu'il le peut, il réduit le rôle du pacha en s'octroyant le maximum de pouvoir. Et distribue au peuple les terres vendues ou données à la couronne par les Ottomans, faisant de la Serbie un Etat de petits propriétaires paysans. Surtout, il favorise le développement intellectuel et littéraire de son pays qui, bientôt, fait l'admiration des plus grands.

Sous le règne de l'illettré bouvier naissent la première imprimerie, le premier journal (*Srpske novine*), le premier théâtre, le premier lycée et la première faculté de Serbie. Pour la première fois est créé un ministère de l'Instruction publique. La poésie épique connaît ses heures de gloire. Depuis la nuit des temps, y compris sous occupation ottomane, des bardes circulent dans les Balkans de village en village en chantant des poèmes de milliers de vers comme les aèdes de l'Antiquité. Ils s'accompagnent d'un instrument qui tient du violon et de la lyre : la *gusla* (ou *guzla*), sorte de vielle à une corde décorée d'un aigle ou d'un cheval. Depuis la défaite de Kosovo, un genre particulier d'épopée épique se perpétue de génération en génération : la *pesma*, chant romantico-folklorique aux accents volontiers tragiques. Transmise au Moyen Age de châteaux en couvents par les troubadours et les moines, elle devient la mémoire, la fierté et la grammaire de la nation serbe décapitée, rappelant sa gloire et sa liberté passées quand les seigneurs serbes partaient combattre « cheval contre cheval, héros contre héros, lances de guerre drues comme la forêt et étendards aussi nombreux que les nuages ».

Lorsque les voyageurs étrangers entendent cette poésie qui mêle culte des mythologies nationales et surréalisme (genres si peu éloignés en Serbie qu'il se trouvera, au XXe siècle, un poète surréaliste pour finir chef d'Etat-major et ministre des Affaires étrangères !), tous sont unanimes pour en saluer la beauté et la portée universelle.

Alphonse de Lamartine :

> C'est une poésie équestre qui chante, le pistolet au poing et le pied sur l'étrier, l'amour et la guerre, le sang et la beauté, les vierges aux yeux noirs et les Turcs mordant la poussière. Son caractère est la grâce dans la force, et la volupté dans la mort. S'il me fallait trouver à ces chants une analogie ou une image, je les comparerais à ces sabres orientaux trempés à Damas, dont le fil coupe des têtes et dont la lame chatoie comme un miroir.

Jacques-Louis Grimm (qui les traduit en allemand et les compare au *Cantique des cantiques* de Salomon) :

> Depuis les chants d'Homère, il n'y a pas eu en Europe de phénomène qui ait pu, comme les chants nationaux de la Serbie, expliquer d'une façon aussi expressive l'essence et l'origine d'une époque.

Pouchkine les célèbre en Russie, le grand poète polonais Mickiewicz leur consacre des conférences à l'Université de Paris, Walter Scott les traduit en anglais. Suprême honneur, ils donnent même lieu à l'un des plus grands canulars littéraires du XIXe siècle signé Prosper Mérimée. En 1826, il publie *La Guzla*, un recueil de « chants illyriques » qu'il assure tenir du barde Hyacinthe Maglanovitch, « qui ne se sentait inspiré que lorsqu'il était à peu près ivre ». Le livre, qui, en vérité, doit tout à la seule imagination de l'auteur de *Colomba*, connaît un petit succès en librairie et le malentendu perdure quelques années…

Plusieurs écrivains serbes se font les hérauts de cette littérature qui enchante l'Europe[1]. Mais il en est un qui tient une place à part : Vuk Stefanović Karadžić. Né en 1787 dans un village de la Drina, ce fils de paysan suit ses études à la grande école de Belgrade et rejoint à dix-neuf ans le mouvement insurrectionnel serbe en devenant le secrétaire d'un de ses chefs, Jakov Nenadović. En 1813, il s'enfuit à Vienne, épouse une Allemande catholique et rencontre un Slovène, Bartholomeus (Jernej) Kopitar, censeur de la bibliothèque de Vienne. Philologue, savant et slavophile, celui-ci pousse Karadžić à faire connaître à l'Europe les chants nationaux serbes qu'il a gardés dans sa mémoire au point de pouvoir les réciter dans leur intégralité. Publiés à Vienne en quatre livres entre 1821 à 1836, les contes, dictons et chants nationaux de la Serbie sont rapidement traduits en français, en russe, en allemand, en anglais, en grec, en italien. Le succès de ces œuvres populaires auprès des élites européennes incite Karadžić à entreprendre une réforme d'envergure de la langue serbe. « Le peuple serbe, estime-t-il, parle d'une manière aussi correcte que Lessing écrit l'allemand. »

1. Ivan Majouranić Njegoš, Branko Radičević, Joakim Vujić, etc.

Aussi choisit-il comme modèle de la future langue littéraire nationale celle utilisée depuis des siècles dans les campagnes et préservée notamment grâce aux poésies épiques chantées par les bardes. Il publie la première grammaire et le premier dictionnaire serbes, rédigés selon un principe simple : « Ecris comme tu parles. » Toutes les lettres muettes sont éliminées, chaque son est symbolisé par un signe spécifique et l'orthographe phonétique est préférée à l'écriture étymologique.

Tout comme Karadjordje et Miloš Obrenović ont bâti l'Etat serbe en s'appuyant sur la paysannerie pour conquérir puis asseoir leur pouvoir politique, Vuk Karadžić fait de celle-ci le vecteur de diffusion et la source première de la vie intellectuelle nationale. Cette révolution de velours linguistique déplaira aux messieurs des villes, aux lettrés et aux instances religieuses, dépositaires d'une certaine langue depuis plusieurs siècles, mais finira par s'imposer : en 1868, la réforme de l'alphabet et de la grammaire serbes est finalement reconnue officiellement par l'Etat. Las, le grand homme est alors mort depuis quatre ans.

*

Quand Miloš Obrenović s'installe au pouvoir, la garnison ottomane demeurée dans la forteresse de Belgrade ne lui inspire pas confiance. Aussi décide-t-il de s'installer à Kragujevac. S'il ne fait de Belgrade la capitale de la Serbie autonome qu'en 1830, il se préoccupe dès ses premières années de règne de son réaménagement architectural. Au-delà des palissades reliant entre elles les portes de la cité s'étendent d'insalubres marécages, des fondrières et des broussailles. En ville, à l'écart de la rue principale, sur la rive de la Save, des petites maisons et des boutiques en bois ont poussé en l'absence de tout plan urbanistique. Partout où le regard du voyageur de passage se porte, se répète le même spectacle désolant et odorant de tas d'ordures pourrissantes et prises d'assaut par des groupes de chiens affamés. À l'ombre des onze mosquées que compte la Ville blanche, de sombres ruelles serpentent jusqu'au fleuve, le long duquel chemine parfois une caravane de chameaux ! Dans les auberges, les Turcs se retrouvent pour fumer le narguilé tandis que des Tziganes tentent de leur vendre leur ferraille. Cette ville à l'aspect si oriental, le prince Miloš compte bien lui donner un lustre nouveau et une apparence résolument européenne.

Après avoir ordonné que les cimetières musulmans du centre-ville soient déplacés dans les faubourgs, il prend des mesures énergiques pour faire de Belgrade une ville sûre. Non sans succès. À la fin de son règne, les commerçants quittant leur boutique à midi pour aller déjeuner ne ferment même plus à clef leurs magasins : ils posent un bâton en travers de l'entrée pour indiquer leur absence. Une sévère réglementation est mise en place contre le laisser-aller et le manque de respect à l'Eglise orthodoxe : désormais, il est défendu de « fumer dans la rue devant la cathédrale et même d'y passer avec une pipe vide ». Les environs de la cathédrale resteront longtemps sous la haute surveillance morale des autorités orthodoxes.

En 1892, ces dernières empêcheront le propriétaire d'une vieille taverne toute proche de baptiser son établissement « À la Cathédrale ». Le temps de trouver un autre nom, l'aubergiste laissera un panneau sur lequel a été dessiné un ironique et immense point d'interrogation. Au bout de quelques jours, les clients auront pris l'habitude d'évoquer le lieu par sa dénomination provisoire. Le « ? » (*Znak pitanja*) existe encore aujourd'hui et sa date de construction, 1823, en fait le plus vieil établissement d'origine de Belgrade.

Le pacha turc de la forteresse finit par s'inquiéter de l'européanisation (c'est-à-dire, en fait, d'une rechristianisation qui ne dit pas son nom) de Belgrade. Un jour, il convoque un des lieutenants de Miloš chargé d'installer les cloches dans la cathédrale et lui demande comment il réagirait si les Turcs s'en prenaient à lui à cette occasion. La réponse fuse :

> Cela m'est égal : je sais que si j'installe les cloches, je périrai des mains des Turcs et si je ne les installe pas, de celles du prince Miloš. Or j'aime mieux être mis à mort par les Turcs, en accomplissant mon devoir, que d'être exécuté par le prince Miloš, comme fonctionnaire indigne.

Que peut l'empire ottoman devant une telle détermination ?

Rapidement, les Serbes les plus riches sont encouragés à faire bâtir des maisons d'un ou deux étages dans un style qui tient à la fois du baroque profane et de l'imitation des demeures occidentales : toits en tuiles, sols recouverts de plancher et petits jardins fleuris. Plantés à l'arrière des maisons, ceux-ci sont entourés de palissades à l'intérieur desquelles sont aménagés des portillons. Les femmes peuvent ainsi se retrouver entre elles sans avoir à sortir dans la rue…

Miloš lui-même montre l'exemple en ordonnant à Hadži Nikola Živković, premier grand architecte de la Serbie libre, la construction d'un palais princier auquel il donne le nom de sa femme, la princesse Ljubica. Quelques années plus tôt, la courageuse jeune fille n'hésitait pas à accompagner son héros de mari dans ses campagnes guerrières. Excellente cuisinière, elle a la réputation de servir elle-même son mari à table et de veiller à ce qu'aucune femme ne s'aventure à s'intéresser à lui d'un peu trop près. Ses châtiments, murmure-t-on, peuvent s'avérer mortels.

À la fois simple et majestueux, bâti dans un grand souci d'équilibre symétrique, le palais du couple royal est flanqué d'un hammam réputé. Aux murs sont accrochés de vastes miroirs et des tableaux de maître. De Vienne, le prince fait venir des pendules, des lustres en verre taillé, de la vaisselle d'argent ou de porcelaine. Il fait fabriquer des verres émaillés portant son écusson pour accueillir ses invités comme le ferait un monarque européen. Au bout de quelques mois, jugeant le lieu trop proche de la forteresse ottomane du Kalemegdan, il part finalement habiter le quartier plus sûr de Topčider. Dix ans après la construction de son palais, bientôt rattaché aux bâtiments du patriarcat orthodoxe serbe tout proche, est édifiée à proximité une cathédrale orthodoxe (Saint-Michel) dont la tour surplombe le vieux quartier historique serbe qui s'étend le long de la Save. D'autres bâtiments officiels naissent sous l'impulsion de Miloš qui a compris combien ces initiatives architecturales peuvent renforcer symboliquement son pouvoir. Entre 1830 et 1840 voient le jour une immense caserne, un imposant bâtiment destiné à abriter le tout nouveau ministère des Finances, une bibliothèque municipale richement dotée, l'Imprimerie nationale, etc.

Tout comme Paris amorce son premier virage vers la modernité durant les années 1830, sous la monarchie de Juillet, Belgrade connaît ses premiers mouvements de révolution urbanistique avec le premier des Obrenović. Peu reconnaissant, le peuple de sa capitale lui signifiera pourtant bientôt qu'il est temps de partir. Les Gavroche de Paname ne feront pas autre chose avec Louis-Philippe…

DEUX FAMILLES POUR UN TRÔNE
(1830-1878)

> « Belgrade est nourrie d'une magie rustique. [...]
>
> On y imagine volontiers le diable sous les traits d'un maquignon cossu ou d'un sommelier à la veste râpée, s'épuisant à tisser des trames ou à tendre des pièges constamment déjoués par la formidable candeur yougoslave. »
>
> Nicolas Bouvier

S'il sert l'Etat et entraîne la Serbie vers la modernité, le prince Miloš Obrenović ne dédaigne pas se servir au passage. Il oblige ses sujets à payer l'impôt en monnaie autrichienne qu'il convertit en monnaie turque avant de le verser au Sultan... après avoir empoché la différence. Il instaure un monopole sur le sel (produit en grande partie importé) en investissant ses gains dans l'achat d'un domaine en Valachie où il envisage de se retirer si par malheur il devait quitter le pays. À ces turpitudes s'amplifiant avec l'âge s'ajoute un goût de plus en plus prononcé pour l'exercice solitaire du pouvoir. Il rechigne à former un conseil d'Etat comme il en a en théorie l'obligation, crée des ministères sans pouvoir réel, multiplie les décrets visant à une plus grande centralisation. La dérive autocratique agace jusqu'à sa propre épouse, la princesse Ljubica, et son frère, Jevrem. Tous deux vont même soutenir le mouvement de révolte des principaux notables serbes conduits par Mileta Radojković, qui, en 1835, marchent sur Kragujevac, la capitale. Des négociations sont engagées avec Toma Vučić-Perišić, commandant de la garde du prince Miloš. Un accord est trouvé et signé : amnistie pour les insurgés, baisse des impôts, convocation rapide de l'Assemblée nationale afin de promulguer une Constitution.

La Constitution serbe de 1835 est largement inspirée du modèle libéral français. Rédigée sans en avoir avisé la Russie, puissance protectrice, et l'empire ottoman, puissance suzeraine, elle prévoit un renforcement du pouvoir des ministres, un élargissement des droits des citoyens et une justice indépendante ! Elle donne également un drapeau à la Serbie : rouge-bleu-blanc, en référence au drapeau de la Révolution française. Son caractère incroyablement progressiste la rend inapplicable. Profitant de la fureur de Constantinople et de Moscou, le prince Miloš la suspend quelques semaines seulement après son adoption par le Parlement, achevant ainsi de se rendre détestable aux yeux des élites politiques serbes. De leur côté, le tsar Nicolas Ier et le sultan Mahomet ne lui savent même pas gré de son attitude et lui imposent en 1838 une nouvelle Constitution, fruit d'une entente entre les grandes puissances ottomane et autrichienne et l'opposition nationale : elle réduit son pouvoir, établit un Conseil d'Etat aux réels pouvoirs dont les membres sont nommés à vie. Mais après accord de la Sublime Porte.

« Inacceptable ! » juge Obrenović, qui tente de supprimer ce qu'il appelle « la Constitution turque ». Cette fois, c'en est trop. Emmenés par Vučić, plusieurs notables se rendent à la maison du prince, en chassent la garde d'honneur et s'invitent dans le salon du souverain. La princesse Ljubica se dirige vers son mari pour être à ses côtés mais celui-ci la repousse : « Tu vois, cela ne servait à rien de prendre le parti de mes ennemis, siffle-t-il, amer. Ils t'ont enlevé ta garde d'honneur, toi aussi. » Pendant plusieurs heures, les assaillants s'interrogent sur le sort à réserver au tyran Miloš séquestré. La mort ? La prison ? L'exil ? Compte tenu des services rendus au pays, c'est cette option qui est choisie. « S'ils ne veulent plus de moi, c'est très bien, je ne m'imposerai pas à eux », s'exclame-t-il crânement lorsqu'il apprend la décision des putschistes. Après avoir abdiqué en faveur de son fils Milan, il traverse la Save pour en gagner la rive autrichienne. Au moment où son bateau quitte le port de Belgrade, Vučić lance une pierre dans la rivière : « Quand cette pierre flottera, tu pourras revenir en Serbie », crie-t-il, rageur, en direction du prince déchu. Celui-ci feint de ne rien entendre mais on jurerait qu'un sourire a illuminé son visage un court instant. Il reviendra.

Le prince Milan ne régnera pas. De santé fragile, on ne lui a pas immédiatement annoncé la destitution de son père et un conseil de régence a été institué. Moins d'un mois après la chute de Miloš, il meurt sans même avoir su qu'il était prince ! Son jeune frère Michel (Mihailo, pour les Serbes) lui

« succède » en mars 1840. Il a dix-sept ans, peu d'expérience et beaucoup d'ennemis : le peuple serbe, que la présence à ses côtés de conseillers imposés par la Turquie (dont Vučić) exaspère, les deux frères de Miloš restés en Serbie et jaloux de voir sur le trône leur inexpérimenté neveu, la princesse Ljubica, qui préférerait que ce soit son mari plutôt que son fils qui vive sous la menace des uns et des autres... Michel chasse Vučić du pays qui s'empresse de quémander le soutien de Constantinople dans sa campagne de reconquête du pouvoir : Michel est aux ordres de Moscou, assure-t-il à ses interlocuteurs, soudain inquiets. Quelques mois plus tard, il soulève les paysans serbes écrasés par les taxes nouvellement imposées par Michel, convainc les notables qu'ils ne sauraient trouver meilleur défenseur de la Constitution que lui et s'empare de Kragujevac. Armé par les Ottomans, soutenu par la population, Vučić ne peut pas perdre. Il entre victorieux dans Belgrade, auréolé du statut de « chef de la nation ». Le jeune Michel quitte le pays pour rejoindre, comme ses prédécesseurs, l'« accueillante » Autriche.

*

Le coup d'Etat des constitutionnalistes (surnommés les « Parisiens », la plupart de leurs leaders ayant suivi leurs études dans la capitale française) ne va pas jusqu'à remettre en cause le régime monarchique. Les Obrenović ont failli ? On rappelle les Karadjordjević. En l'occurrence : Alexandre, trente-six ans, élu prince de Serbie par l'Assemblée nationale en septembre 1842. Malgré l'hostilité de la Russie, furieuse d'avoir été mise devant le fait accompli, il demeurera seize années sur le trône. Aidé d'Ilija Garašanin – efficace ministre de l'Intérieur et théoricien avisé de la politique étrangère de la Serbie qu'il poussera toute sa vie à s'allier avec la France, tout en pariant sur la désagrégation de l'empire ottoman et la nécessité d'un regroupement en un seul Etat de tous les Serbes éparpillés dans les Balkans –, le souverain serbe va poursuivre la modernisation de l'Etat. Le Code civil serbe (bâti sur le modèle napoléonien) est publié en 1844, plusieurs lois sur la justice sont promulguées, une politique d'industrialisation, ébauchée. Sous son règne voient le jour le Musée national et la Bibliothèque nationale, la future Académie des sciences, la poste publique (en lieu et place du système de distribution aléatoire des « Tartares », les cavaliers), le télégraphe, etc. Une intense vie intellectuelle se développe. Les poètes pullulent : la Serbie n'ayant pas connu de siècle d'or du classicisme, ses écrivains n'hésitent pas à puiser leur inspiration à la source populaire et à proposer une œuvre singulière mariant, on l'a dit, mythologie nationale et accents surréalistes, mélodie cadencée issue des campagnes et rythmes syncopés en provenance des villes modernes. Vuk Karadžić vit ses heures de gloire et traduit le Nouveau Testament ; le prince-évêque du Monténégro, Petar II Petrović-Njegoš, publie *Les Lauriers de la montagne*, œuvre versifiée considérée comme un classique de la littérature serbe ; on donne *Hernani* et *Les Fourberies de Scapin* au Théâtre national ; des journaux naissent et grandissent (*La Revue danubienne*, *Le Courrier serbe*).

Belgrade aussi s'agrandit. Son cœur se déplace des bords de la Save vers le haut de la ville. Un nouvel axe apparaît, autour duquel gravitent toutes les activités urbaines : il part du Kalemegdan et suit une ligne presque droite durant plusieurs kilomètres jusqu'à la place Slavija – c'est aujourd'hui encore l'artère principale de la Ville blanche. Entre ses deux extrémités figure un terrain marécageux : Terazije. On l'assèche et un palais style Renaissance est bâti sur cet emplacement : de 1845 à 1903, il servira de demeure pour les souverains serbes. On construit le premier grand hôtel de la ville, la cathédrale est enfin achevée, le bâtiment de l'Académie militaire et la résidence du métropolite orthodoxe sont inaugurés. Tous les étrangers de passage le disent : Belgrade change de visage.

Miloš Obrenović, lui, ne change pas. Depuis son exil autrichien, il prépare son retour. En 1848, la révolte des Hongrois contre Vienne se double d'un mouvement d'hostilité guerrière à l'encontre des Serbes de Voïvodine, de la Fruška Gora et des *krajinas*. Douze mille volontaires de Serbie se présentent à Belgrade pour venir en aide à leurs frères massacrés mais Alexandre les renvoie chez eux à la demande du protecteur russe. Quelques mois plus tard, le prince serbe retient à nouveau les ardeurs de ses sujets décidés à profiter de la guerre de Crimée pour s'engager avec les Russes contre les Turcs. L'attitude de Karadjordjević choque de nombreux Serbes et Obrenović, habilement, alimente ce sentiment de déception, voire de frustration. « Quel patriote est donc ce prince qui abandonne nos cousins au sanglant joug hongrois et semble se satisfaire de la présence ottomane en terre serbe ? » murmurent ses partisans dans tout le pays qui gronde.

C'est l'alliance contre-nature des conservateurs et des libéraux siégeant à la Skupština qui va précipiter la chute d'Alexandre Karadjordjević. Egalement mécontents pour des raisons souvent diamétralement opposées, les deux groupes parlementaires font convoquer une assemblée extraordinaire en décembre 1858 (assemblée de la Saint-André) et réclament la démission du prince. Celui-ci se réfugie dans la forteresse de Belgrade auprès du pacha tandis que Miloš Obrenović traverse la Save en canot, les Autrichiens ayant refusé de mettre un de leurs vapeurs à sa disposition. À soixante-dix-huit ans, il n'a rien perdu de son énergie et de sa propension à l'autoritarisme. À peine est-il remonté sur le trône qu'il fait arrêter son vieil ennemi Vučić (qui meurt quelques jours plus tard dans d'étranges circonstances), abolit la Constitution de 1838 et casse l'organisation bureaucratique de l'Etat patiemment établie par ses prédécesseurs. Moins de deux ans plus tard, il disparaît à son tour. Remonte alors sur le trône son fils Michel, que l'âge et les voyages durant son propre exil ont formé et éclairé.

*

Avec Pierre Ier de Serbie (le Libérateur) et Alexandre Ier de Yougoslavie (l'Unificateur) qui régneront au XXe siècle, Michel fut sans doute un des trois plus grands souverains serbes de l'ère contemporaine. Lors de son accession au pouvoir, il assure qu'avec lui, toujours « la loi constituera en Serbie la volonté suprême ». Il tiendra promesse. Michel renforce les assises démocratiques de la monarchie serbe : la justice n'est désormais plus le fait du prince mais une institution indépendante, les membres du Conseil d'Etat sont responsables devant la nation (et non plus devant le sultan) et subordonnés à la Skupština, l'armée, réorganisée dans le cadre d'un ministère de la Guerre nouvellement créé. Jusqu'alors juxtaposition de brigades constituées de centaines d'hommes obéissant à leurs seuls chefs locaux, elle prend le visage d'une troupe régulière de cent mille soldats à qui sont enseignées les techniques de la guerre moderne. Divisée en trois grands corps et en bataillons, encadrée par des officiers invités à suivre des formations en France, en Russie ou en Prusse, fondée sur la conscription (le service militaire s'effectue dans un bataillon localisé dans la région natale de l'appelé), bénéficiant de l'aide d'instructeurs français, elle est structurée par le lieutenant-colonel Hippolyte Mondain, nommé ministre de la Guerre : en 1866, elle comptera seize brigades et quatorze batteries d'artillerie faisant d'elle la première armée des Balkans. L'Autriche qui rêve d'annexer la Serbie enrage, le sultan de Constantinople qui voudrait la récupérer gronde, la Grande-Bretagne turcophile soupire. En vain.

Fort de cette nouvelle puissance militaire, Michel sait qu'il a désormais les moyens de ses ambitions : chasser définitivement de Serbie les Ottomans qui occupent encore sept forteresses dans le pays – dont celle de Belgrade. En 1862, un incident lui fournit le prétexte idéal. Près d'une fontaine du quartier de Dorćol, au bord du Danube, un jeune garçon serbe est tué par un soldat turc. Une bagarre éclate, au cours de laquelle le commandant de la gendarmerie serbe tombe à son tour. C'est l'émeute. Les magasins sont fermés, des barricades dressées. Achir-pacha, depuis la forteresse, fait donner le canon cinq heures durant. Des milliers de volontaires donnent l'assaut à la forteresse, démolissant la porte de la Ville et la porte de la Save. Les poètes s'enflamment : « En chacun, je vois un héros des luttes de Karadjordje et de Miloš, et dans les yeux de tous, brillent l'enthousiasme et le fougueux désir de se jeter le plus tôt possible sur le démon de Kosovo », écrit Milica Stojadinović-Srpkinja.

Michel n'est pas en reste, qui publie une proclamation lue aux combattants avant de se lancer dans la bataille :

> Serbes ! Après l'injustice qui nous est faite, le dommage qui nous est causé, la honte qui nous est infligée, il n'y a pour nous aucun salut tant que nous sommes à la merci des canons turcs, et pour la Serbie, pas de paix tant qu'un pouce de terre serbe restera encore au pouvoir des Turcs… Serbes ! Le pont que je franchis aujourd'hui avec vous, je le détruis derrière moi, pour que nous ne puissions plus y repasser !

La guerre est tout de même évitée grâce à l'intervention des grandes puissances. Mais Michel ne désarme pas. Pendant cinq ans, il œuvre pour convaincre les uns et les autres de la nécessité d'un départ des autorités ottomanes. Il obtient finalement gain de cause en 1867. Affaiblie face au péril russe et aux menaces de désintégration intérieure dont l'insurrection en Crète semble être un des signes avant-coureurs, la Porte ne peut prendre le risque d'un conflit au nord de son empire vacillant.

Le 24 avril 1867, le prince Michel Obrenović se rend à cheval à la forteresse du Kalemegdan, terre ottomane depuis plus de trois siècles. Son commandant turc, Ali-Riza-pacha, lui remet solennellement les clefs de toutes les garnisons turques du pays puis quitte la ville pour Constantinople. Les sentinelles serbes prennent place dans les forts au sommet desquels sont hissées les trois couleurs du drapeau national. C'en est (presque) fini de la menace turque. Désormais, le danger viendra du nord, du monde germanique.

Les ambitions nationales de Michel ne s'arrêtent pas là. Durant son exil, il a vécu plusieurs mois parmi les Serbes de Hongrie et étudié de près l'histoire de la Serbie. Il en a retenu que les peuples slaves peuvent et doivent s'entendre pour vivre libres. Pourquoi ne pas créer une Ligue balkanique qui regrouperait tous les Slaves de bonne volonté ? C'est-à-dire les Serbes du Monténégro, de Bosnie, d'Herzégovine, des Confins militaires ou de Hongrie, les Bulgares, les Roumains, les Macédoniens, voire les Grecs… Des émissaires sont envoyés aux quatre coins des Balkans mais l'opération fait long feu. Avertie, l'Autriche-Hongrie a fait savoir sa colère. Pire : Anglais et Français ont dit la partager.

Dépité, le prince doit se contenter des nombreuses lettres de soutien en provenance de Serbes mais aussi de Croates et de Slovènes animés par l'espoir d'échapper un jour au joug austro-hongrois grâce à la création d'un Etat réunissant les peuples slaves du sud – d'une Jugo-slavie, donc (*jug* signifie « sud », en serbe). Mélancolique, il multiplie les promenades à pied dans les parcs de Belgrade au bras de sa cousine, Anka Konstantinović et de la fille de celle-ci, Katarina, une jeune infirme dont il est tombé amoureux depuis son divorce avec son épouse hongroise.

*

Le 28 mai 1868, à Užice, une ville au sud de Belgrade, un paysan du nom de Mata arpente les rues en hurlant : « Frères ! Frères ! Soulevons-nous et sauvons notre prince ! Des hommes sont en train de l'assassiner cruellement ! Voyez, ils sont en train de le frapper avec des yatagans ! Regardez, regardez, le sang coule ! Sauvez-le, sauvez-le ! » Le fou est arrêté.

Le 29 mai 1868, à Belgrade, trois hommes se jettent sur Michel, sa cousine et sa fille dans le parc de Topčider, au sud-ouest de la vieille ville. Katarina est grièvement blessée, sa mère et le souverain poignardés à mort. On accuse (sans preuve) les Karadjordjević d'être à l'origine de l'assassinat de Michel : Alexandre est même condamné par un tribunal *in absentia*. Procès sans doute injuste : il n'essaie même pas de profiter de l'absence d'héritier en âge de régner pour tenter de remonter sur le trône. Qui, alors ? Les Turcs ? L'Autriche ? Aujourd'hui encore, le mystère demeure.

Lorsque la nouvelle parvient à Užice, on interroge le paysan arrêté la veille. Etait-il au courant du complot ? Non, Mata, comme le confirment de nombreux habitants, est voyant et prédit souvent avec justesse l'avenir. Soit, convient le maire, qui interroge alors l'homme sur ce qu'il « voit » dans les jours ou les mois qui viennent. Les réponses de Mata sont consignées dans un carnet et rapportées à Belgrade. Mises au secret, elles seront finalement dévoilées au peuple serbe quelques années plus tard. Aujourd'hui encore, on reste abasourdi à leur lecture. Mata avait deviné dans ses grandes lignes rien de moins que l'histoire de la nation serbe de 1868 à la Première Guerre mondiale !

Le 10 juin 1868, lors de son interrogatoire, Mata énonçait que Michel aurait pour successeur un enfant et que le pays serait gouverné par trois régents. Qu'il finirait par – mal – régner, ferait un mauvais mariage, susciterait des troubles, entreprendrait des guerres, agrandirait les frontières de la Serbie, deviendrait roi, abdiquerait, mourrait en exil avant d'atteindre la vieillesse, laisserait un fils qui, à son tour, plongerait la Serbie dans le chaos et mourrait avant trente ans sans héritier, ce qui signifierait la fin de la dynastie des Obrenović. Une autre famille monterait sur le trône, qui causerait aussi des malheurs à son peuple et devrait subir l'invasion d'une puissance étrangère, prélude d'une ère de souffrance inouïe. Toutes choses qui se révéleront tristement exactes…

Conformément aux prédictions de Mata, c'est bien un enfant, le jeune Milan, petit-fils du frère de Miloš, Jevrem, qui succède à Miloš. Agé de quatorze ans, il suit alors ses études à Paris. Une régence de trois hommes est installée jusqu'à ses dix-huit ans. Ils dirigeront le pays avec intelligence et pondération. Priorité est donnée à l'enseignement et l'éducation ; une Ecole normale est créée, la loi sur les librairies promulguée, la suppression des droits de douane sur les livres, ordonnée. La presse se développe : journaux politiques (*Radenik*, « L'Ouvrier », est le premier journal socialiste des Balkans), commerciaux, humoristiques, militaires, etc. Les premières banques privées et caisses d'épargne voient le jour. Au Théâtre national, on joue les drames de Djura Jakšić et les comédies de Kosta Trifković, mais aussi les pièces de Shakespeare, Schiller, Goethe, Hugo. Les comédiens viennent s'installer dans le quartier tzigane tout proche de Skadarska (plus connu sous le nom populaire de Skadarlija). Les loyers y sont modestes, tout comme les consommations dans les cafés (« Les Trois Chapeaux », « Les Deux Cerfs », etc.). Grâce à eux, le quartier change peu à peu de visage et se transforme en foyer artistique et intellectuel. Une sorte de Montmartre belgradois…

En fait, tout est mis en œuvre pour donner à la ville un aspect définitivement européen. *Fez* et *opanci* disparaissent peu à peu au profit des chapeaux et des souliers aux formes occidentales. Les lits chassent les divans, poêles et fourneaux s'invitent dans les foyers, des brasseries façon grands boulevards parisiens ou artères de Mitteleuropa ouvrent en centre-ville. De nouvelles rues sont percées, dont celle qui demeure un siècle et demi plus tard le poumon de Belgrade : Knez Mihailova (baptisée ainsi en l'honneur du prince Michel), qui relie le Kalemegdan (aménagé en parc de loisirs) à Terazije.

*

Cette stabilité intérieure n'a qu'un temps. En 1872, Milan Obrenović prend le pouvoir en main. Comme l'avait prédit Mata, il fait un mariage catastrophique. Au lieu de convoler avec une princesse russe que ses ministres s'apprêtent à lui présenter, il choisit une fille de militaire de petite noblesse russo-moldave. Dotée de formes voluptueuses, elle se révèle bien vite d'une sécheresse d'âme désespérante. Le jour de leur mariage, un ouragan éclate sur Belgrade et les chevaux qui tirent le carrosse du couple s'emballent furieusement. Mauvais présage... Désagréable, mal élevée, elle ne manque pas une occasion de décrier Milan. En privé mais aussi en public, à la grande fureur de la cour. De cette union hasardeuse naîtra néanmoins un enfant, Alexandre, avant que l'imprudent monarque se décide à prendre une maîtresse – grecque, intelligente, laide et de dix ans son aînée.

En 1875, Milan est confronté à sa première grande crise diplomatique. Au mois d'août ont lieu en Bosnie et Herzégovine des élections sous haute tension. Depuis 1463, les deux régions à majorité démographique serbe sont réunies en une seule entité gouvernée par un vizir. Nobles chrétiens et bogomiles passés à l'islam maintiennent sous leur joug une population paysanne plus pauvre que le dernier des éleveurs albanais. Souvent plus turcs que les Turcs, les beys font preuve d'un fanatisme religieux et d'un conservatisme social qui agacent jusqu'au sultan lui-même. Celui-ci, en 1850, a tenté d'adoucir les conditions de vie de ses sujets de Bosnie-Herzégovine mais ses consignes ont rapidement été oubliées. Après une mauvaise récolte en 1874, l'insurrection des populations chrétiennes gronde. À Belgrade comme au Monténégro voisin, on encourage le mouvement, prélude, espère-t-on, à une réunion des minorités serbes des Balkans en une seule nation. Empêtrée dans des révolutions de palais, Constantinople laisse les empereurs allemand, russe et autrichien proposer leurs services pour régler la crise entre les autorités ottomanes locales et leurs sujets chrétiens.

À Belgrade, Milan hésite. L'Autriche et la Russie l'incitent à rester neutre, les slavophiles à s'engager aux côtés de ses frères orthodoxes. Pressé par le général russe Tchernaiev, héros des guerres d'Asie centrale, il opte pour la guerre dont il fixe des objectifs précis : annexion de la Bosnie et du *sandžak* de Novi Pazar et partage de l'Herzégovine avec le Monténégro du prince Nikola. En juillet 1876, le territoire ottoman est envahi. C'est un désastre. Tandis que les Monténégrins volent de victoire en victoire, les troupes serbes commandées par Tchernaiev sont rapidement stoppées. Une contre-attaque des forces ottomanes est lancée et Belgrade se met à nouveau à trembler devant l'avancée rapide des bachi-bouzouks et des janissaires albanais. Une trêve est finalement signée et la Ville blanche échappe, pour cette fois, à un nouveau pillage. Entre-temps, Victor Hugo en personne a tenté – en vain – de mobiliser les capitales occidentales :

> Il devient nécessaire d'appeler l'attention des gouvernements européens sur un fait tellement petit, à ce qu'il paraît, que les gouvernements ne semblent point l'apercevoir. Ce fait, le voici : on assassine un peuple. Où ? En Europe. Ce fait a-t-il des témoins ? Un témoin, le monde entier. Les gouvernements le voient-ils ? Non. De là les choses qui se font en Serbie.

Un an plus tard, la Serbie profite de la guerre russo-ottomane pour repartir à l'assaut des régions du sud occupées par les Turcs. Niš et Pirot sont conquises mais les troupes de Milan ne parviennent pas à reprendre pied au Kosovo, comme en rêvent toutes les familles serbes depuis près de cinq siècles. Chaque nouveau-né n'est-il pas accueilli dans son foyer familial par la même formule : « Salut, petit vengeur du Kosovo » ?

Le règlement de la crise bosniaque au congrès de Berlin par les grandes puissances ressemble à une victoire à la Pyrrhus pour Belgrade. Sans doute son indépendance est-elle désormais reconnue sur le plan international. Sans doute son territoire s'est-il agrandi de quelques centaines de kilomètres carrés (ainsi que l'avait annoncé, là encore, Mata...). Mais les objectifs de Milan étaient autres. La libération puis la réunion de la Bosnie, de l'Herzégovine et de la Vieille Serbie sous l'étendard serbe n'ont pas eu lieu. Pire : l'Autriche occupe une partie de la Bosnie et le Sandžak, qui sépare la Serbie de la Bosnie. Selon un protocole secret, Vienne dispose même de la possibilité d'annexer Sarajevo et ses environs, même s'ils restent, pour l'heure, sous souveraineté ottomane. Sarajevo, ville ottomane, peuplée de Serbes et sous influence autrichienne... Cela ressemble fort à une bombe à retardement. Elle mettra trente-six ans avant d'exploser. Mais sa déflagration, tel le battement d'ailes du papillon, se répercutera jusqu'aux confins de la planète...

LA REINE DES BALKANS
(1878-1901)

« Belgrade se refuse au portrait, ses métamorphoses se laissent vivre ou raconter plutôt que décrire. »

Claudio Magris

En 1875, quand éclate l'insurrection serbe de Bosnie et d'Herzégovine, Milan Obrenović reçoit une lettre d'un des chefs de l'insurrection, un certain Petar Mrkonjić – un pseudonyme, adopté par l'auteur de la missive parce qu'il souhaitait entrer dans la région, quelques semaines plus tôt, sans éveiller les soupçons des autorités locales ottomanes. Le vrai nom de l'homme ? Pierre Karadjordjević. Soit le petit-fils du fondateur de la dynastie serbe rivale des Obrenović. Il a trente-quatre ans et une vie déjà bien remplie.

Après des études à Londres, Paris et Genève, il a suivi une formation militaire à l'école de Saint-Cyr de 1862 à 1864 puis à celle de Metz. En 1870, il s'engage au sein de la Légion étrangère sous le nom de Pierre Kara (premier pseudonyme !) pour aider la France à combattre la Prusse – son frère Arsène, lui, fera carrière comme officier dans l'armée du tsar.

Blessé à Orléans, il est fait prisonnier, s'évade en traversant en plein hiver la Loire – fleuve à peine moins large que son cher Danube (il y gagnera un rhumatisme qui le paralysera à la fin de sa vie) – et rejoint l'armée de Chanzy. Ses actes de bravoure lui valent d'être décoré de la médaille d'Honneur. Les années suivantes, il les passe en France, où il se familiarise avec les sciences sociales et économiques, puis en Suisse où il étudie de près la pensée libérale britannique, en particulier l'œuvre de John Stuart Mill qu'il admire et dont il traduit en serbe le fameux *Essai sur la liberté*. Averti par ses partisans qu'une révolte soutenue par les souverains serbe et monténégrin se prépare, il décide donc de se rendre clandestinement en Bosnie pour prendre la tête d'une compagnie de *comitadjis*. Et il choisit de le faire savoir à Milan Obrenović.

> Dans les circonstances présentes, le devoir de chaque fils de ce pays est d'être avec le peuple sur le champ de bataille et de partager avec lui le bon ou le mauvais sort de la lutte entreprise… Pénétré par la pensée que ce serait un péché si un intérêt personnel quelconque commandait maintenant notre action, je considère que les souverains serbes ont le devoir de sacrifier leurs intérêts personnels aux intérêts de la nation, payant ainsi jusqu'à un certain point la dette qu'ils ont contractée envers le peuple pour tous les bienfaits dont ils ont joui jusqu'à présent. Si le succès couronne notre lutte, ce qu'il faut désirer, nous ne sommes pas alors en mesure de déterminer la forme du nouvel Etat. Telle est ma pensée sur le devoir de souverains serbes et sur la situation en général. En la communiquant sincèrement à Votre Altesse, j'aspire à atteindre des résultats qui

seraient pour nous un honneur et pour le peuple un bienfait. De nombreuses passions mesquines d'hommes égoïstes ont divisé nos familles et ont fait d'elles deux camps dont la haine réciproque ne profite qu'aux spéculateurs. Cette haine a dévoré Karageorges, cette haine a fauché le prince Michel[1]. Si Votre Altesse le trouve à propos, je me sentirai heureux de travailler à la faire disparaître. Permettez qu'en ces temps si graves, aux yeux de tous les ennemis de notre peuple, nous nous tenions l'un près de l'autre, comme des frères et des amis, ayant uniquement au cœur le bonheur et le progrès du peuple qui les a élevés à la hauteur où ils se trouvent.

Mots admirables d'un cœur noble dont l'attitude sur le champ de bataille bosniaque se révèle, une fois encore, héroïque. Après la fin des hostilités, il s'installe à Cetinje, capitale montagnarde du Monténégro où il se marie avec Zorka, fille du prince Nikola Petrović. Il aide ce dernier à réorganiser son armée. En 1889, sa femme meurt d'une tuberculose en lui laissant trois enfants. Il repart s'installer à Genève avec eux et le fils de son frère Arsène, le petit Paul, futur régent. Il envoie les trois enfants plusieurs années en Russie parfaire leur éducation mais les élève dans la plus pure tradition serbe. S'il a donné tous les gages de dévouement à la dynastie des Obrenović et ne cherche pas à intriguer pour la renverser, il ne se tient pas moins prêt (et ses enfants avec lui) à incarner un recours si l'occasion se présente. Elle se présentera.

---

1. Par cette formule, Pierre reconnaît implicitement la responsabilité de son père dans l'assassinat de Michel Obrenović.

*

Après la redistribution des cartes diplomatiques effectuée au congrès de Berlin, Milan Obrenović affermit la monarchie serbe. En 1882, le royaume est proclamé. Même si moins de 30 % de la population serbe vit au sein de ses frontières, le lien symbolique avec le glorieux Etat royal serbe de Dušan, au Moyen Age, est restauré. Pour un peuple asservi et privé de souveraineté nationale des siècles durant, ce n'est pas rien.

Avec ses cinquante mille habitants, Belgrade accède en cette fin de XIXe siècle au statut de capitale des Balkans. Des lignes de chemin de fer flambant neuves relient la Ville blanche à l'Europe occidentale et à l'Asie. Bientôt le prestigieux Orient-Express y fera escale. En attendant l'aménagement de la grande gare de chemin de fer dont Hercule Poirot arpentera un jour les quais glacés, le « Marais de Venise » est un champ (souvent inondé en raison de sa proximité avec la Save) aux nombreuses utilisations. L'été, il sert de terrain de jeux pour les enfants ; l'hiver, le voilà transformé en patinoire réservée aux familles bourgeoises ; le reste de l'année, au gré des semaines, il fait office de champ de manœuvre pour les soldats, d'hippodrome, etc.

Dans le centre, les rues sont pavées et aménagées afin que le tramway – à chevaux puis électrique en 1894 – puisse circuler. Sur le Danube, un bateau à vapeur est mis en service. Belgrade est un immense chantier de construction : partout jaillissent du sol des bâtiments industriels ou commerciaux (scieries, abattoirs, sucreries, moulins, brasseries, filatures, fonderies, etc.). Des coopératives ouvrières sont créées, ainsi que de nouvelles banques, et une Bourse en 1895. Sculpteurs, peintres et musiciens en herbe de tout le pays viennent étudier à l'Ecole des Beaux-Arts ou au Conservatoire fraîchement créés. Près d'un millier d'écoles primaires et vingt-six lycées accueillent les jeunes Belgradois.

En 1894, afin de marquer le trois centième anniversaire du jour funeste où les Ottomans apportèrent les reliques de saint Sava afin de les brûler en place publique, il est décidé de bâtir, sur la colline de Vračar, à l'emplacement même où fut commis le crime, le plus grand édifice religieux du monde orthodoxe. Mais la cathédrale Saint-Sava mettra plus d'un siècle à voir le jour ! Si le premier – et le plus petit – des deux « temples » prévus sera terminé en 1935, le second peinera à être construit en raison de querelles entre ses architectes. Quand éclatera la Seconde Guerre mondiale, alors qu'un accord venait tout juste d'être trouvé, les travaux seront suspendus. L'instauration d'un régime communiste en 1945 repoussera le moment de leur reprise jusqu'en 1985, après la mort de Tito. Mais une dispute éclatera alors entre Branko Pešić, l'architecte désigné, et ses concurrents, lui reprochant de vouloir faire une copie de Sainte-Sophie alors que le style de la cathédrale d'Istanbul n'a rien à voir avec celui propre à la Serbie. En 1989, enfin, sa structure extérieure sera achevée et la croix orthodoxe en or de douze mètres de haut posée au sommet de sa plus haute coupole. En 2003, l'ensemble de l'édifice sera recouvert de marbre blanc en attendant que l'intérieur de la cathédrale, qui peut accueillir quinze mille fidèles, soit enfin terminé.

En cette fin de XIXe siècle, le foisonnement intellectuel ne se dément pas. Malgré Lamartine (dont une statue sera érigée à Belgrade en 1933, tout juste un siècle après son voyage en Serbie) et Victor Hugo, objets de toutes les admirations, on délaisse le romantisme. Les écrivains locaux, comme en France, se mettent au réalisme. Sous les balcons des jeunes filles, on déclame les vers de Vojislav Ilić. Au Théâtre, on sort les mouchoirs à la fin des représentations de *La Dame aux Camélias* de Dumas fils. À l'époque engagé comme précepteur d'Alexandre, le jeune fils du roi Milan, l'historien français Albert Malet, coauteur des célèbres volumes pédagogiques « Malet et Isaac », affirme même que la pièce est mieux jouée à Belgrade qu'à Paris ! Dans le quartier juif de Dorćol, on suit avec passion les activités journalistiques et politiques, à Paris et à Vienne, du fils d'un couple dont l'union fut bénie dans une synagogue toute proche par le rabbin et grammairien Judah ben Solomon Chai Alkalai. Le petit Theodor Herzl, de l'avis de tous, y compris ceux qui ne partagent pas ses thèses sionistes, ira loin…

*

Les dernières années de règne de Milan Obrenović sont un chemin de croix. Sa vie privée exaspère. Il est buveur, dépensier et son mariage tourne aux règlements de compte quotidiens et publics. Par journaux interposés, Milan et Natalie se jettent reproches et insultes au visage. Leur haine grossière, digne d'une pièce de Strindberg, fait une victime : leur fils, Alexandre, pris en otage – parfois au sens propre : ainsi quand Natalie le kidnappe et l'emmène à Wiesbaden où la police allemande, à la demande de son père, procède à son tour à son enlèvement ! Pour en finir, Milan exige le divorce. N'ayant aucun motif digne de ce nom à faire valoir, il demande au patriarche de Serbie de le prononcer par simple édit, ainsi que le pratiquaient certains tsars russes au Moyen Age…

Le geste choque profondément le peuple, dont la méfiance à l'encontre du souverain s'est muée en véritable défiance. En cause : l'ambiguïté de ses liens avec l'Autriche. Une rumeur court dans les rues de Belgrade, détestable mais exacte : Milan aurait négocié avec Vienne une convention secrète en 1881. Ni ses ministres ni la Skupština n'en auraient été informés. En échange de l'autorisation de faire de la Serbie un royaume, de lui assurer sa protection, de favoriser l'indépendance de son Eglise vis-à-vis du patriarcat de Constantinople et de faciliter son expansion vers le sud-est (la Macédoine et les terres de l'arrogante Bulgarie qui a remplacé la Serbie dans le cœur des tsars russes), la Double Monarchie aurait obtenu d'Obrenović l'abandon de toute activité anti-autrichienne en Bosnie-Herzégovine. C'est ce que répète – sans preuve mais avec conviction – le chef du jeune parti radical national, Nikola Pašić. Figure historique d'un mouvement appelé à dominer la vie politique serbe jusqu'à la Seconde Guerre mondiale, le jeune tribun appelle à une démocratisation des institutions et à l'union de tous les Serbes éparpillés dans les Balkans. Russophile, il déteste l'orientation de Milan en faveur de « la prison des nations » et ne cesse de dénoncer les visites quotidiennes au palais royal de l'attaché militaire autrichien.

En 1882, un scandale financier digne de l'affaire Panama, à Paris, lui donne l'occasion de durcir son discours contre le monarque. Le grand projet de construction d'une ligne de chemin de fer vers Salonique est soudain remis en cause. L'Union générale de Bontoux, la société française qui s'est engagée à la financer, est mise en faillite. Coût pour Belgrade : trente-cinq millions de francs. Pašić exige des explications. En réponse, Milan dissout l'Assemblée. Pendant ce temps, la presse dévoile que derrière l'Union générale se tient une banque autrichienne, la Länderbank, et que certains ministres auraient touché des pots-de-vin. « Trahison ! Trahison ! » hurlent les radicaux qui envisagent sérieusement un coup d'Etat. En 1883, ils poussent la région du Timok, à l'est du pays, à prendre les armes contre Belgrade. La révolte est sévèrement réprimée et les responsables radicaux emprisonnés. Pašić échappe de peu à une arrestation et part en exil d'où il apprend qu'il a été condamné à mort par contumace. Privé de son chef, son parti s'allie aux libéraux dans leurs campagnes contre la politique du gouvernement. Notamment après la pitoyable guerre contre la Bulgarie.

Sous prétexte que l'équilibre balkanique garanti par le congrès de Berlin a été remis en cause avec l'annexion de la Roumélie par la Bulgarie, Milan déclare sottement la guerre à Sofia en 1885. Son armée, moyennement motivée, se fait étriller à Slivnica et le pays échappe à une invasion par la seule grâce de la diplomatie autrichienne. De quoi alimenter un peu plus le sentiment général de soumission à l'empire austro-hongrois…

Abandonné par l'opinion publique qui lui reproche son divorce et son austrophilie – les deux étant liés pour certains : la reine Natalie n'a-t-elle pas souvent témoigné, elle, de ses sentiments pro-russes ? –, contesté par l'ensemble des partis siégeant à la Skupština, Milan Ier comprend qu'il doit lâcher du lest. En 1888, il accepte l'idée d'une réforme des institutions. Une nouvelle Constitution est adoptée. Inspirée du modèle belge et du programme du parti radical, elle ouvre la voie à l'instauration d'une véritable démocratie parlementaire dans le cadre monarchique. Gouvernement formé en fonction des rapports de force politiques au sein de l'Assemblée, élections à bulletins secrets sur un modèle direct, libre et faiblement censitaire, responsabilité politique et pénale des ministres, garantie des droits civils et des libertés politiques, autonomie des municipalités et des régions, suppression de la peine de mort pour des motifs politiques, etc.

La Constitution de décembre 1888 signe l'arrêt de mort de l'autoritarisme et de l'absolutisme Obrenović. Il aurait pu marquer le début d'une réconciliation entre le roi et son peuple. Il n'en sera rien. Sans explication, sans raison, Milan Ier abdique début 1889 et quitte la Serbie pour Paris où il s'installe, provisoirement.

Son fils Alexandre n'a que douze ans. Une régence est à nouveau instituée. Deux généraux et un politicien très proche de Milan sont désignés : Kosta

Protić, Jovan Belimarković et Jovan Ristić. Après avoir autorisé Pašić à rentrer d'exil – il sera même Premier ministre dès 1891 après le triomphe du parti radical aux élections législatives –, les trois hommes font voter une loi interdisant à Milan comme à Natalie de séjourner en Serbie : seul moyen, à leurs yeux, d'éviter quelque accusation de partialité dans leur éducation du jeune prince. La reine déchue refuse, se barricade chez elle et force la police à faire le siège de sa maison belgradoise. Elle est finalement arrêtée mais une escouade de ses partisans tente de la délivrer. Des coups de feu sont échangés, plusieurs personnes tuées. Elle quitte Belgrade dans la plus grande confusion.

*

À dix-sept ans, Alexandre est un garçon au physique disgracieux dont personne ne soupçonne la force de caractère. Les jeux de pouvoir ne semblent guère l'intéresser. Ni la prise en main de tout l'appareil d'Etat par les radicaux ni leur récente défaite et la constitution d'une majorité libérale à l'Assemblée n'ont suscité chez lui la moindre réaction, le moindre commentaire. Il n'a pas plus manifesté de sentiment lorsque Pašić l'a emmené avec lui en Russie en 1891, indiquant par ce geste l'orientation qu'il comptait donner à la politique étrangère de la Serbie (et ce, malgré la fameuse convention secrète avec Vienne). Pour les régents et les ministres, ce jeune homme qui multiplie les voyages à l'étranger pour y retrouver sa mère n'est pas près de leur faire de l'ombre.

Mais il faut se méfier d'un prince qui dort. Le 13 avril 1893, Alexandre invite les trois régents et plusieurs ministres à venir dîner au palais. Au moment du dessert, le prince se lève et, d'une voix étonnamment sûre, annonce à ses interlocuteurs éberlués que la régence est terminée :

> Messieurs, en ce moment même, je fais annoncer à toutes les garnisons de Serbie, à toutes les autorités et au peuple tout entier, ainsi que je vous le déclare ici de vive voix, qu'à partir de ce jour, je prends en main les rênes du gouvernement. Je vous remercie, Messieurs les régents, de vos services, dont je vous décharge dorénavant. Je vous remercie également, Messieurs du Cabinet, de vos services, dont je vous décharge par la même occasion. Vous ne pourrez pas quitter ce palais ce soir. Vous pourrez y rester à titre d'invités, sinon de prisonniers.

Après quelques secondes d'un silence sépulcral, protestations et menaces fusent, bientôt stoppées par l'épée que l'aide du camp du roi a sortie de son fourreau. Alexandre, de son côté, quitte la pièce non sans y avoir laissé entrer une compagnie de soldats, baïonnette au fusil : « Je vous laisse entre les mains du lieutenant-colonel Čirić aux ordres duquel vous devez obéir pendant que je vais prêter serment de fidélité devant l'armée », glisse l'adolescent, tout content de son coup. Son coup d'Etat.

Le geste spectaculaire fait de nombreux heureux : le parti radical, rappelé au pouvoir (avant d'en être chassé un an plus tard de manière tout aussi arbitraire), le peuple, soudain persuadé d'avoir sur le trône un homme à poigne digne de lui, la reine Natalie, si fière de son rejeton, le roi Milan, à qui son fils demande de revenir pour prendre le commandement en chef de l'armée serbe. Quelques mois plus tard, tous déchantent. La Constitution de 1888 a été suspendue au profit de celle de 1869, plus autoritaire. Libertés de presse et d'opinion ont été mises sous le boisseau. Ultraminoritaire à l'Assemblée, le parti progressiste, qui n'a jamais caché ses sympathies pour Vienne, dirige le pays à la demande d'Alexandre. Mais celui-ci est-il réellement le roi ? Depuis le retour de Milan se diffuse au sein du peuple serbe le curieux sentiment d'avoir à la tête de la Serbie non pas un mais deux souverains.

L'irritation des Belgradois atteint de nouveaux sommets avec la comédie sentimentale dans laquelle plonge Alexandre dans les dernières années du siècle. Lorsqu'il rendait visite à sa mère exilée à Biarritz, il croisait souvent une de ses dames d'honneur, Draga Mašin. À cette veuve d'un ingénieur d'origine tchèque, de quinze ans son aînée, il ne manquait pas une occasion de manifester sa flamme. À l'automne 1897, la reine Natalie surprend une lettre enamourée de son fils et, folle de rage, congédie sur-le-champ la « traîtresse ». Un geste qui marque la fin des relations cordiales entre Alexandre et sa mère : ils ne se reverront plus jamais.

Logée dans une maisonnette près du palais, Draga Mašin est l'objet d'une haine populaire féroce alimentée par la presse. On lui prête une vie dissolue en s'appuyant sur les photographies d'elle qui la mettent rarement à son avantage – visage bouffi et menton proéminent. On rappelle sans cesse que son premier mari était alcoolique, son père fou, son grand-père éleveur de bétail. D'aucuns assurent qu'elle a été la maîtresse de Milan, d'autres dénoncent sa mauvaise influence sur la famille royale : elle aurait offert à un de ses membres l'ouvrage d'un nihiliste russe (en fait, le *Journal* de Marie Bashkirtseff). Même son beau-frère, colonel réputé de l'armée serbe (favorable au retour de la dynastie des Karadjordjević), répand volontiers le bruit que Draga Mašin est une femme de mauvaise vie. Quant au lobby autrichien de la cour, il voit lui aussi cette relation d'un très mauvais œil : comme son ancienne maîtresse, la reine Natalie, son cœur penche résolument du côté de Moscou.

En juillet 1899, le jour de la Saint-Jean, alors qu'il se rend en voiture à la forteresse de Belgrade, Milan est la cible d'un attentat. Un jeune homme tire maladroitement un coup de revolver dans sa direction. Arrêté, il se dit révolutionnaire et russophile. Milan en profite pour embastiller quelques dizaines de ses ennemis personnels ou politiques tout en se disant persuadé que son propre fils est derrière l'attentat. À Vienne, l'événement est perçu comme un avertissement sans frais. Avec la disparition de Milan, c'est le meilleur agent d'influence autrichien qui eût été éliminé… Le ministre des Affaires étrangères, le comte Goluchowsky, estime urgent d'opérer un resserrement institutionnel des liens entre la Serbie et la Double Monarchie. Vite, il faut marier le jeune souverain à une princesse germanique, conclut-on au Belvédère. Alexandre n'a que vingt-quatre ans et paraît désespérément amoureux de sa maîtresse, répond-on diplomatiquement au comte. Celui-ci insiste et la suite semble lui donner raison : Alexandre promet qu'il se mariera avant la fin de l'année. Soulagement de tous, sauf du chef de la police de Belgrade qui, depuis des mois, assure à qui veut l'entendre que Draga est une sorcière adepte des potions magiques : « Qu'est-ce que c'est que ça ? Nous savons tous que cette créature a si bien ensorcelé le roi qu'il est fermement convaincu qu'il ne pourrait jamais épouser une autre femme. S'il vous a promis de se marier dans le courant de l'année, c'est bien entendu avec Draga Mašin. »

*

Le 8 juillet 1900, tandis que son père et le Premier ministre sont en voyage officiel à l'étranger, le Palais royal de Belgrade annonce l'heureuse et terrible nouvelle : le roi Alexandre épousera bientôt Draga Mašin, veuve de Svetozar Mašin. Stupeur dans toute la ville. Démission immédiate du Cabinet, qui fait envoyer un mot sans équivoque à Draga : si elle ne quitte pas immédiatement Belgrade par sa propre volonté, on l'y obligera. Terrorisée, elle accepte mais Alexandre, informé, se précipite dans la maison où elle s'est provisoirement installée pour lui passer sa bague de fiançailles au doigt ! On se croirait dans une comédie italienne ou une tragicomédie de Molière...

Le mariage a finalement bien lieu. Sans Natalie et Milan Ier, chassés du pays – le vieux roi mourra un an plus tard en exil à Vienne. Mais en présence du chargé d'affaires du tsar Nicolas II, qui a accepté d'être le *kum* d'Alexandre – c'est-à-dire le témoin du mariage en même temps que le parrain spirituel du lien matrimonial ainsi célébré.

La dimension diplomatique du mariage est anecdotique dans la décision d'Alexandre Obrenović. La vraie raison de son entêtement est ailleurs : dans sa vérité d'homme. Il faut écouter ce qu'il finit par déclarer un jour à l'un de ses ministres lui ayant manifesté sa réprobation à l'idée de son union avec cette femme divorcée ayant collectionné les amants. Ce sont des paroles nobles d'un homme éperdu d'amour. Mais aucunement celles d'un homme d'Etat. Encore moins d'un roi.

> Vous savez bien, Vukašin, que je n'ai pas eu d'enfance ni de jeunesse comme les autres hommes. Je n'ai par ailleurs jamais eu d'ambition, pas même celle de régner. Je porte la couronne, non parce que ça me plaît, mais parce que c'est mon devoir. Vous avez sûrement dû le remarquer vous-même. Il existe maintenant une femme que j'aime plus que tout au monde, c'est la seule femme avec laquelle je puisse être parfaitement heureux, et ce n'est que si elle devient mon épouse que je pourrai consacrer ma vie entière aux intérêts de notre peuple. Il n'y a qu'une seule femme au monde capable de me faire oublier l'amertume de ma vie passée et de me faire connaître le bonheur. Cette femme a été jusqu'ici mon bon ange, c'est elle qui m'a donné la force de supporter patiemment tout ce que j'ai dû endurer. Cette femme est Madame Draga, la fille de Panta Lunjevica. Et je suis irrévocablement résolu à l'épouser. Ne m'outragez pas en l'insultant. C'est une femme pure et honorable, et seuls ses ennemis en disent du mal. Ce n'est qu'après avoir reçu la preuve que sans elle et son amour je ne pourrais vivre, qu'elle s'est sacrifiée à moi. Oui, je suis passionnément amoureux d'elle, et sans elle, je ne puis vivre. Il n'existe aujourd'hui aucune puissance terrestre capable de m'empêcher d'épouser Draga, quelles qu'en

soient les conséquences. Je préfère renoncer à la couronne et vivre avec Draga d'un revenu de trois cent soixante livres par an que de rester roi et de jouir d'un revenu de quarante-huit mille livres par an. Je savais que mon mariage avec elle soulèverait d'extraordinaires difficultés, c'est pourquoi je me suis livré à elle corps et âme, afin qu'elle se sentît liée à moi indissolublement et qu'elle ne pût plus me quitter. Sachez qu'elle a obstinément refusé de devenir reine. Moi seul connais les difficultés que j'ai eues à surmonter pour obtenir son consentement. Et maintenant que j'ai réussi à vaincre sa résistance, vous voudriez me mettre les bâtons dans les roues ! N'avez-vous donc aucune pitié de moi ? Désirez-vous m'obliger à m'en aller pour toujours ? Parce qu'il faut que vous réalisiez que si je ne puis pas épouser Draga comme roi, je quitterai à tout jamais la Serbie et je l'épouserai comme simple particulier.

Les mois qui suivent l'union d'Alexandre et Draga se déroulent comme l'avait prédit le paysan-prophète Mata : ils sont catastrophiques. La couronne de Serbie devient même la risée de l'Europe après l'affaire de la fausse grossesse de la reine…

Quelques semaines après le mariage, l'épouse d'Alexandre fait savoir qu'elle est enceinte. Stupeur générale dans Belgrade, où la nouvelle est abondamment commentée : depuis des années, on croyait Draga stérile à la suite d'une opération chirurgicale qu'elle aurait subie en France. Un gynécologue français, justement, est appelé : il confirme. Puis deux médecins russes : ils dévoilent la supercherie. L'une de ses sœurs étant, elle, réellement enceinte, un affreux soupçon naît : ne s'apprêtait-elle pas à tenter une substitution et à duper le peuple, la cour, voire le roi lui-même ? Quelques semaines après cette mascarade, nouvelle colère des Serbes : on dit que Draga envisagerait de faire désigner un de ses deux frères comme héritier du trône. Or, Nikola et Nikodije Lunjevica sont considérés comme passablement dérangés : ils n'aiment rien tant que tirer des coups de feu en l'air pour manifester leur joie (et ce plusieurs fois par jour) et exigent que soit joué l'hymne national dès qu'ils entrent dans un café où se trouve un orchestre (plusieurs fois par jour, là encore).

À la fin du printemps 1903, l'exaspération et la honte ont fait place chez certains à la détermination et la haine. Le peuple est las des frasques de la famille royale. Les fonctionnaires sont las de ne plus être payés parce que les caisses de l'Etat sont vides. Les radicaux sont las de remporter les élections puis d'être empêchés de gouverner, pour des raisons qui leur échappent, au profit d'un général (Cincar-Marković). Les diplomates sont las de constater que le renversement d'alliance en faveur de la Russie n'a strictement rien changé au statut international de la petite Serbie, dont la dépendance vis-à-vis du géant autrichien demeure. Tout le pays est las du niveau élevé de corruption et de la réduction progressive des libertés individuelles.

Pierre Karadjordjević, lui aussi, est las de vivre à Genève, loin de son pays. Mais il a juré de ne jamais intriguer pour conquérir le trône, quoiqu'il s'en considère l'héritier légitime.

Reste l'armée.

PAIX ET GUERRE
(1903-1914)

> « La grande illusion, c'est la guerre.
> La grande désillusion, c'est la paix. »
> Marcel Achard

Le mois de juin est souvent délicieux à Belgrade. Les terrasses des auberges sont pleines, les rues, bondées de couples qui flânent en direction d'un avenir radieux. Souvent, au coin des rues, un orchestre tzigane s'époumone sous les réverbères encerclés par les papillons de nuit. On attend l'été et des lendemains qui chantent.

Ce 10 juin 1903, dans la douceur d'une nouvelle soirée printanière, le roi et la reine de Serbie se sont confortablement installés sur le balcon du palais. Dans les jardins, à leurs pieds, une fanfare militaire joue en leur honneur. Plus loin, dans la rue, les badauds, eux, ne s'attardent pas devant les grilles du parc. Dans la ville, plus personne n'accorde le moindre regard, le moindre intérêt au couple, jugé indigne.

Le général Cincar-Marković lui-même a fini par jeter l'éponge. Il y a quelques minutes, il est venu annoncer à Alexandre Obrenović qu'il démissionnait.

Avec le fol espoir que son geste provoquerait un électrochoc chez le souverain, manifestement peu conscient de l'ampleur du mécontentement qui croît dans tout le pays. Alexandre n'a pas compris sa décision. Après l'avoir copieusement insulté, il a exigé qu'il conserve sa fonction le temps de lui trouver un successeur. Puis il a rejoint sa bien-aimée, presque comme si de rien n'était.

Le futur ex-chef du gouvernement est rentré chez lui mais ne s'est pas couché. Mariée à un officier de garde au palais ce soir-là – un certain Miljković –, sa fille, qui habite tout près, risque d'accoucher dans la nuit et il se tient prêt à l'emmener à l'hôpital. Mais une autre raison le tient éveillé. La tournure de son entretien avec Alexandre l'a jeté dans la plus grande inquiétude. Le ton menaçant employé par le roi laisse augurer d'une disgrâce. Mais quelle forme prendra-t-elle ?

*

L'hôtel de la Couronne serbe se situe près du parc du Kalemegdan. Sous la véranda prolongeant le bâtiment en pierre qui compte plusieurs chambres, des tables ont été dressées. Autour d'elles sont réunis des officiers de l'armée serbe qui ont déjà fait un sort à de nombreuses bouteilles de šlivovic, l'alcool de prune local – « La šlivovic n'est pas un alcool, c'est une coutume ! » dit-on dans les cafés de Belgrade. Vers onze heures, tous se lèvent et se dirigent vers le palais royal, bientôt rejoints en chemin par d'autres officiers. Leur démarche, comme leur regard, dans lequel se lit une détermination à peine voilée par les vapeurs de l'alcool, ne laisse aucun doute sur la nature de leur réunion. Ils sont le bras armé d'un complot.

Parmi les vingt-huit hommes qui approchent des grilles du palais, désormais plongé dans la nuit noire et déserté par les musiciens, figurent des soldats décidés à exiger l'abdication d'Alexandre et à restaurer la dynastie des Karadjordjević. D'autres assurent qu'ils ne repartiront pas sans lui avoir fait la peau. D'autres encore se disent déterminés à se payer sur la bête après des mois sans solde. Outre le colonel Mašin, dont on sait ce qu'il pense de sa propre belle-sœur, le plus déterminé de la troupe se nomme Dragutin Dimitrijević, dit Apis en référence à son cou de taureau. Un colonel, lui aussi, habité par un engagement nationaliste sans limite. En 1911, il fondera une organisation secrète, la Main noire, chargée de fournir en armes les jeunes Serbes de Bosnie hostiles à la présence austro-hongroise sur leur terre. À Sarajevo, notamment…

Au sein du palais, les conjurés se sont assurés de la complicité de l'écuyer du roi. Il doit venir leur ouvrir les grilles et les conduire vers les appartements d'Alexandre et Draga. Mais l'homme se fait attendre. Pétri de remords, celui-ci a décidé de ne pas aider ses camarades à réaliser leur plan. En parfait héros dostoïevskien, il a aussi décidé de ne pas les dénoncer. Il a bu plus que de raison et s'est endormi dans le vestibule, sourd et aveugle à la tragédie qui s'annonce.

Contraints de faire sauter les verrous des portes avec une cartouche de dynamite, Apis et ses amis pénètrent enfin à l'intérieur du palais. Sans guide, sans lumière, ils avancent à tâtons dans la demeure royale à la recherche du couple maudit. La moindre silhouette croisée est abattue sans sommation. Ainsi le gouverneur et Miljković, le gendre du général Cincar-Marković.

Une compagnie de soldats a été dépêchée chez ce dernier. Persuadé qu'on vient lui annoncer que sa fille est prête à accoucher, il ouvre sa porte sans méfiance. Deux officiers entrent et lui annoncent qu'il est mis en état d'arrestation. En attendant que de bonnes nouvelles arrivent du palais, il est maintenu en détention dans sa propre demeure, lui précise-t-on. L'un des deux soldats manifeste une grande nervosité, que ne comprend pas son subalterne. Au moment où celui-ci se lève pour aller chercher du café, l'officier supérieur sort son pistolet et tire à trois reprises sur le général : missionné pour abattre Cincar-Marković, il avait préféré ne pas en informer son cadet qui se précipite pour recueillir les derniers mots du mourant. « Votre Majesté, Votre Majesté, je vous suis resté fidèle, gémit le blessé. Je ne méritais pas d'être traité ainsi. » Et le fidèle soldat de rendre son dernier souffle dans l'erreur, convaincu que son assassinat était le fruit de la colère royale.

Au palais, au même moment, la traque se poursuit. Parvenus enfin dans la chambre à coucher d'Alexandre, ils n'y ont trouvé qu'un lit encore tiède et un roman français ouvert sur la table de nuit. La pièce est mise sens dessus dessous, les rideaux, éventrés à coups de sabre, le mobilier, détruit, les murs, sondés dans l'espoir d'y trouver quelque porte dérobée. Après des heures de vaine recherche, Alexandre et Draga sont enfin découverts dans un étroit cagibi attenant à leur chambre. Fermée à clé, la porte en est détruite à grands coups de hache. Lui porte un pantalon et une cravate de soie rouge, elle, un corset blanc, un jupon et des bas jaunes. Un accoutrement ridicule qui ne fait que renforcer le mépris et la haine des soldats menaçants qui leur font soudain face. C'est Mašin en personne qui prend la parole et interroge le roi. « Acceptez-vous d'abdiquer ? » La réponse d'Alexandre siffle dans l'air : « Non, je ne suis pas le roi Milan, je ne me laisserai pas intimider par un quarteron d'officiers factieux. » Il est abattu sans sommation. Draga aussi.

Ivres d'une rage digne des révolutionnaires français de 1793, les régicides ne s'arrêtent pas là. Ils dénudent les deux victimes et s'acharnent sur elles comme des déments à coups de pied, de poing, de botte, de sabre. Défigurés, éventrés, on se saisit de leurs corps de marionnettes qui sont jetés depuis le balcon dans le jardin du palais arrosé d'une petite pluie fine matinale. Vers quatre heures du matin, l'ambassadeur de Russie, mis au courant du coup d'Etat, découvre le spectacle effroyable. « Pour l'amour de Dieu, emportez-les au palais, ordonne-t-il aux soldats dégrisés qui entourent les cadavres. Ne les laissez pas là sous la pluie, exposés au regard du public. »

Pour parachever leur putsch, Apis et ses hommes font également fusiller les deux frères de Draga Mašin et le ministre de la Guerre. Enivrés par leur coup, vont-ils résister à la tentation de la dictature militaire ? Oui. Un gouvernement de coalition est constitué. Tous les partis politiques sont invités à y participer. L'Assemblée élue avant les élections de mai 1903 où avaient triomphé les seuls partis soutenant Alexandre est convoquée. Rejoints par les trente-neuf sénateurs, les cent cinquante-huit députés de la Skupština votent unanimement en session extraordinaire le 15 juin 1903 le retour sur le trône de la dynastie des Karadjordjević.

Vingt-quatre délégués de l'Assemblée nationale serbe se rendent à Genève pour rendre compte de la décision du Parlement et offrir la couronne du royaume de Serbie à Pierre Karadjordjević. Celui-ci accepte et prend immédiatement le train pour Belgrade. Sa priorité, il le sait, est de rassurer les chancelleries occidentales horrifiées par les circonstances de l'assassinat du couple royal. Abattre et défenestrer son roi, il n'y avait guère que les Tchèques au Moyen Age pour accomplir de pareils forfaits !

Le communiqué officiel rédigé le lendemain du double meurtre par les nouvelles autorités serbes – « Le roi, dans un accès de colère ou de démence, prétend-on, a tué deux de ses aides de camp, puis la reine, avant de se suicider » – n'a trompé personne. Hormis la Russie et l'Autriche, tous les ambassadeurs étrangers ont été rappelés. Il n'y a guère que certains journalistes, comme le français Gustave Babin, pour défendre Dimitrijević-Apis et ses complices :

> On nous a appris, jadis, à honorer des meurtres héroïques qui étaient moins justifiés que celui-ci. C'est essentiellement le meurtre patriotique. Sans parler des holocaustes qui se préparaient au palais, la Serbie ago-

nisait, la Serbie était condamnée, comme les proscrits dont on a trouvé les listes dans les papiers royaux, si ce qui vient de s'accomplir n'avait pas été.

Pour autant, Pierre Karadjordjević ne souhaite pas que son nom soit associé au massacre et courir le soupçon de l'avoir désiré, voire commandité. L'une de ses premières mesures, outre la levée de la censure sur la presse étrangère – « La Serbie saura désormais ce que les autres pays pensent d'elle » –, est de sanctionner les conjurés dont le comportement a dépassé le noble dessein. Par ces deux gestes, il ne tarde pas à reconquérir les faveurs de la diplomatie internationale. Avant même son couronnement, son attitude rassure aussi bien le peuple serbe que les observateurs étrangers. Il rétablit en la modifiant à peine la Constitution de 1888 et témoigne en toute occasion de son attachement aux lois démocratiques : fidèle aux principes de son maître Stuart Mill, il cultive le principe selon lequel « le roi règne mais ne gouverne pas ». Il se promène dans les rues de Belgrade seul, en costume civil, à pied ; s'enquiert de l'humeur et du moral des ouvriers et des artisans qu'il rencontre sans cérémonie dans leurs ateliers de travail ; visite les hôpitaux et les écoles, laissant sur les livres des visiteurs ou les tableaux noirs la même phrase confondante d'humilité : « Le roi Pierre est passé. » Dans les *kafanas* du centre-ville, on se délecte de sa réponse au majordome qui l'a accueilli le jour de son arrivée au palais royal en lui demandant ce qu'il affectionnait comme type de menus : « Des menus ! Des menus ! Je n'ai pas de temps à perdre avec ces choses ! Ne me parlez plus jamais de cela. »

*

Vient le grand jour. Le 22 septembre 1904, Pierre Karadjordjević est couronné roi de Serbie. Dès l'aube sont tirés à Belgrade et dans toutes les villes de garnison du pays vingt et un coups de canon. Monté sur son cheval, le souverain sort du palais royal et rejoint le cortège qui l'attend pour se rendre à la cathédrale. Devant lui, une troupe de cavaliers et des voitures où ont pris place les membres de la famille royale – serbes et monténégrins. Ses deux fils, Georges et Alexandre, chevauchent aux côtés de leur père.

Vers huit heures, tête nue, Pierre pénètre dans la cathédrale Saint-Michel où l'accueille le métropolite orthodoxe qui dira la liturgie. Aux premiers rangs sont assis les représentants des grandes comme des petites nations européennes. Et plusieurs figures des communautés slaves vivant sous les jougs ottoman ou austro-hongrois. Ce sont eux les plus heureux : si une Serbie hier soumise peut accéder au rang de nation souveraine respectée, qui les empêchera demain d'en faire autant ? Ou de rejoindre la mère-patrie ?

Pierre est placé sous un dais, entouré d'évêques et de prêtres. Après la cérémonie religieuse, qui dure près de trois heures, le Premier ministre et son cabinet lui remettent la couronne, forgée dans le fer du canon de son ancêtre Karadjordje, et les insignes de la royauté serbe. Il baise la couronne puis la place lui-même sur sa tête. Dehors tonnent à nouveau les canons pour annoncer la nouvelle à la ville, au pays, à l'Europe, au monde.

Sur le trajet du retour au palais, alors qu'une pluie fine commence à tomber sur la ville pavoisée aux couleurs de la Serbie, une foule immense, retenue à grand-peine par les soldats, acclame le monarque. Des « Vive le roi yougoslave ! » se mêlent aux « Vive le roi de Serbie, vive l'héritier de Dušan ! ». L'ambassadeur d'Autriche-Hongrie serre les dents. On le comprend. Dès les jours suivants, une grande excitation s'empare des populations vivant aux marches de l'empire. Le récit du couronnement par les journaux croates et slovènes ne laisse pas d'inquiéter Vienne. Dans *Srpsko Kolo*, journal paraissant à Zagreb, l'enthousiasme confine à l'appel au soulèvement :

> Les ennemis froncent le sourcil et se fâchent car ils voient, dans l'accord des Serbes, Croates, Slovènes et Bulgares [sic], la barrière qui pourrait bien faire échouer leurs plans dans le sud-est de l'Europe. Permets, ô mon Dieu ! que cette fraternité et cette entente, dont les fondements viennent d'être posés à l'occasion du couronnement du grand souverain serbe, Pierre Ier, et de la célébration de l'anniversaire de l'insurrection de Karadjordje, s'affermissent de plus en plus, pour qu'enfin se lève pour tous les Slaves du sud le soleil d'une vie meilleure et du progrès.

Des paroles aux actes, le pas est franchi dès les semaines suivantes. Reconnaissables à leurs bonnets de fourrure sur lesquels brille une arrogante plaque en métal (« La Liberté ou la Mort »), des jeunes gens rejoignent par dizaines le Comité serbe, qui regroupe tous ceux prêts à aller en découdre en Vieille Serbie occupée. Ils ont entre dix-huit et vingt-cinq ans, sont étudiants, soldats, boulangers, gargotiers, marchands de limonade ou maçons, et ont tous choisi d'abandonner leur université, leur usine ou leur caserne pour partir libérer leurs frères opprimés. Avant de quitter Belgrade, les *comitadjis* prêtent un serment sans équivoque :

> Je jure sur Dieu, Jésus-Christ et le Saint-Esprit ; je jure sur le pain, je jure sur la Croix, je jure sur le couteau et le revolver, que j'accomplirai fidèlement, consciencieusement et sans condition tous les ordres du Comité qui me seront donnés en vue de notre libération et union avec la mère Serbie et sous la direction du Comité. Si, intentionnellement, je violais le serment donné, que Dieu, la Croix, le nom, la slave (sic) et le pain me punissent, et que le couteau et le revolver exécutent la sentence. Amen !

Tous vénèrent le nom d'Andjelko Aleksić, un aubergiste belgradois qui, quelques mois plus tôt, à Suplji Kamen, seul survivant d'un groupe de vingt-quatre combattants serbes, s'est levé au-dessus de ses camarades tués et, devant l'ennemi médusé n'en pouvant mais, s'est fiché un coup de poignard dans le cœur en lançant un fier : « Voilà comment un *comitadji* serbe se rend ! » Rapidement, le récit de son exploit et ceux d'autres héros serbes se diffusent dans tous les Balkans. De Vieille Serbie (Kosovo et Metojie, Rascie, Macédoine du nord) affluent les volontaires venant chercher auprès du Comité serbe les armes et la foi qui leur permettront de combattre efficacement le Turc. Bientôt, ils viendront aussi de Bosnie, de

Sarajevo, où l'Autriche ne cesse de renforcer sa puissance et son influence.

*

La Bosnie… François-Joseph veut faire de ce territoire bordant l'ouest de la Serbie un rempart infranchissable à l'expansion du panslavisme dans la région. Impuissant à empêcher un resserrement des relations entre le Monténégro et la Serbie – le prince-évêque de l'Etat montagnard est le beau-père du nouveau souverain serbe, rappelons-le –, il n'a pas réagi à la signature d'un accord entre les deux pays en 1904, malgré les hurlements du comte Goluchowski, son ministre des Affaires étrangères. Mais l'année suivante, les choses vont changer. Pierre Ier le répète partout : le temps de la dépendance serbe vis-à-vis de Vienne est bel et bien révolu. Il multiplie les initiatives destinées à prouver qu'il ne s'agit pas là d'un vœu d'intention ou de creuses rodomontades.

Après avoir ordonné une réorganisation de l'armée désormais commandée par son frère Arsène, il entame des pourparlers avec la France pour se procurer des fusils Lebel en grande quantité. Puis il signe en juin 1906 un accord douanier avec la Bulgarie. C'est le geste de trop. Tandis que la presse autrichienne appelle à punir Belgrade par l'épée – rien de moins ! –, le gouvernement autrichien exige l'annulation de l'accord sous peine de sanctions économiques très lourdes. Sofia cède, mais non Belgrade : le Premier ministre, Nikola Pašić, rétorque, magnifique, que « les Obrenović sont partis, les Karadjordjević sont là, nous ne sommes plus esclaves ». Ce sera donc la guerre… économique. En augmentant dans des proportions gigantesques les taxes sur l'importation des porcs (principale richesse agricole serbe), Vienne prive la Serbie d'un débouché qui représente les neuf dixièmes de son commerce. Qu'à cela ne tienne, les cochons seront désormais exportés en Italie, en France, en Angleterre, en Egypte. Belgrade plie, mais ne rompt pas.

La « guerre des cochons » ayant échoué, l'Autriche franchit un cap supérieur en annexant purement et simplement la Bosnie en octobre 1908. Profitant de la désorganisation de l'empire ottoman provoquée par la révolution des Jeunes Turcs, Vienne obtient de Constantinople la concession d'une ligne de chemin de fer reliant la Bosnie à Salonique via la Macédoine et en profite pour envoyer plusieurs centaines de milliers d'hommes sur place. Trop préoccupées par le délitement de « l'homme malade de l'Europe », les grandes puissances se taisent et laissent faire, comme l'avait deviné le comte d'Aehrental, le nouveau ministre des Affaires étrangères autrichien.

À Belgrade, la fureur est immense. Le prince héritier Georges brûle en place publique le drapeau austro-hongrois[1]. Vingt mille manifestants se rassemblent devant le palais en hurlant : « À la Drina[2] ! Guerre à l'Autriche ! » Sous l'autorité de l'écrivain

1. Geste belliciste apprécié des nationalistes serbes mais non de Pierre Ier qui sait son fils un peu dérangé : dès l'année suivante, après que Georges eut tué par accident son valet de chambre, il le poussera à renoncer à lui succéder à sa mort au profit de son frère cadet Alexandre.

2. Rivière qui sépare la Bosnie autrichienne de la Serbie.

Branislav Nušić, une association patriotique de volontaires est créée : Défense nationale. Vaine agitation. Sans soutien diplomatique extérieur – la Russie, une fois de plus, ne s'est guère manifestée en faveur de son alliée slave –, affaiblie par le conflit douanier, la Serbie finit par reconnaître, en mars 1909, que « le fait accompli en Bosnie et en Herzégovine n'avait pas porté atteinte à ses droits ». Le communiqué a été rédigé la mort dans l'âme par une plume trempée dans l'encre aigre de l'impuissance et de la colère. L'empereur et sa famille ne perdent rien pour attendre, murmure-t-on entre Save et Danube !

*

Il était pourtant écrit que l'enthousiasme patriotique généré par l'arrivée au pouvoir du roi Pierre ne resterait pas sans effet. À défaut de voir leurs frères de Bosnie rejoindre le royaume, les Serbes tournent leur regard et leur énergie guerrière vers le sud : le Kosovo et la Macédoine chrétienne encore occupée par les Ottomans. Après l'arrivée au pouvoir des Jeunes Turcs à Constantinople, tout change, rien ne change : la fin du sultanat et la proclamation d'une Constitution n'ont en rien entamé la détermination des Ottomans à maintenir, avec l'aide de conseillers militaires prussiens, leur présence entre Priština, Bitola et Uškub. Fait intolérable en soi pour Belgrade, nostalgique de l'empire de Dušan, mais qui se double d'une inquiétude supplémentaire, d'ordre géopolitique : si l'Autriche-Hongrie envisageait d'étendre son empire vers la Méditerranée, la Serbie serait prise en tenaille entre les deux nations « germanisées »…

Une nouvelle alliance est signée avec Sofia en février 1912 : elle prévoit un partage de la Macédoine après la victoire. Tandis que le Monténégro assure la capitale serbe de sa totale solidarité, les Grecs annoncent qu'ils appuieront leurs frères bulgares. Toutes les nations chrétiennes des Balkans sont l'arme au pied, prêtes à chasser définitivement le Turc de leurs terres. Soit près de six cent mille hommes.

À Belgrade, l'ordre de mobilisation est proclamé le matin du 17 septembre 1912. Le soir même, tous les appelés ont rejoint les casernes. Les trois armées qui gagnent la frontière sud sont commandées par le général Stepanović, le général Janković et le prince héritier Alexandre lui-même. Sûr de son effet galvanisant, il publie, la veille de la bataille de Kumanovo, un ordre du jour que les écoliers serbes apprendront par cœur les décennies suivantes :

> Le moment est venu de reprendre et de terminer la grande œuvre lumineuse de libération et d'union des Serbes, commencée par mon aïeul, l'éternel Karageorges, avec vos arrière-grands-pères, et qui fut reprise et poursuivie par le prince Miloš le Grand, puis par le roi Milan, avec vos pères. Il nous revient donc à nous, leurs descendants, l'honneur et le bonheur de mener à bout cette œuvre magnifique. Nos frères encore sous l'esclavage nous attendent avec impatience et les larmes aux yeux, pour se jeter dans nos bras et nous saluer comme leurs libérateurs.
>
> Si vous avez ceci présent à la mémoire et si vous vous en souvenez en tout temps et surtout dans les moments difficiles lorsque, par la force des circonstances, vous

> serez trempés jusqu'aux os, refroidis, fatigués, souffrant du manque de sommeil et peut-être même de la faim et de la soif, dans ces luttes si longues contre un ennemi puissant, tenace et courageux qu'il faut déloger des positions par la force des baïonnettes, je suis persuadé que, même alors, aucun de vous ne faiblira, ne tiendra à sa tête et ne pensera à sa vie. Car nous ne délivrons pas seulement nos frères, nous vengeons aussi Kosovo. Celui qui se décide résolument à la victoire ou à la mort est aidé par Dieu et remporte toujours la victoire [...].
>
> Soyez humains et pitoyables envers l'ennemi vaincu et celui qui dépose les armes, car il cesse alors d'être un ennemi et n'est plus qu'un homme. Epargnez et protégez les maisons, les biens, l'honneur et la dignité de l'ennemi vaincu et de sa famille, ainsi que les maisons, les biens et l'honneur de votre propre peuple, car non seulement cela est exigé par le sentiment d'humanité et notre religion orthodoxe, mais encore cela sied à des héros.

Irrésistible, la première armée d'Alexandre qui regroupe les régiments belgradois remporte en trois jours la bataille de Kumanovo, libère le Kosovo et toute la Vieille Serbie puis, après sa jonction avec l'armée monténégrine, fond sur la Macédoine et s'empare d'Uškub et Monastir, rebaptisées Skoplje et Bitola. Emportée par son élan, l'armée serbe pénètre même en Albanie et atteint l'Adriatique en quelques jours. C'est le moment que choisissent les grandes puissances pour intervenir. Le Royaume-Uni, la France, l'Allemagne et la Russie n'avaient pas cru à l'effondrement de l'armée ottomane sous les coups de boutoir des petites puissances balkaniques : désormais, il leur faut réagir pour prévenir un probable chaos. Réunies à Londres, elles proclament l'indépendance de l'Albanie, provoquant *de facto* le retrait des armées serbes du pays. En mai 1913, Constantinople signe le traité lui ôtant toutes ses provinces européennes jusqu'à la ligne Enos-Midia.

Succès total, la Première Guerre balkanique a mis fin à cinq cents ans d'occupation ottomane dans le sud-est de l'Europe et permis à la Serbie d'élargir considérablement ses frontières. Au point d'agacer l'allié bulgare. Mécontente de l'attribution des terres de Macédoine, la Bulgarie attaque la Serbie et la Grèce le 30 juin. Huit jours plus tard, les Serbes écrasent les troupes de Ferdinand à Bregalnica et les Ottomans profitent de l'occasion pour reprendre Andrinople ! La Deuxième Guerre balkanique s'achève avec la paix de Bucarest : Belgrade sort à nouveau victorieuse mais la rancœur de Sofia est immense. Et sa proximité avec les puissances germaniques, lourde de sombres et tragiques promesses...

Mais l'heure est aux réjouissances. Pour marquer dans le bronze les heureux événements des derniers mois, on commande à Belgrade une statue au sculpteur – croate – Ivan Meštrović. Le déclenchement de la Première Guerre mondiale reportera le moment où elle sera dévoilée. Quand il arrivera, après-guerre, ce sera un scandale. La statue, baptisée Pobednik (« Le Vainqueur »), représente, portant un message de paix, un homme... nu ! Même si son entrejambe est caché par une épée (« pour défendre la paix »), les prudes autorités municipales refusent qu'elle soit installée à Terazije, en plein centre-ville. On l'exile dans un coin du Kalemegdan, ce dont tout le monde finira par se féliciter : ne fait-elle pas exactement face à Zemun, la jumelle austro-hongroise de Belgrade pendant plusieurs siècles et désormais serbe ?

*

Belgrade en 1914 compte près de cent mille habitants dont un tiers sont des commerçants et des artisans. L'industrie y est en plein développement et l'université fondée en 1905 compte cinq facultés dont celle des sciences, qui jouit d'une réputation mondiale grâce à l'aura de deux savants serbes exilés aux Etats-Unis : Nikola Tesla et Mihailo Pupin. Leurs découvertes respectives dans le domaine de l'électricité, de la télégraphie ou de la radiotechnique les feront accéder au rang de « génies scientifiques du XXe siècle ». De même l'œuvre de Milutin Milanković, théoricien de la mécanique céleste, historien de l'astronomie et auteur d'une théorie mathématique sur le climat terrestre, permet-elle à l'université de Belgrade, où il enseigne, de gagner ses lettres de noblesse dans la communauté scientifique internationale. Les écrivains, eux, se retrouvent autour de la revue du *Messager littéraire serbe* qui en appelle à l'instauration d'un nouveau style, débarrassé des rigidités linguistiques importées d'Allemagne, au profit d'une fluidité comme on en trouve dans la langue française. Les journaux fleurissent. On en compte plus d'une centaine, parmi lesquels l'indépendant et prestigieux *Politika*. Depuis bientôt vingt ans, une salle projette des images du monde : elle a été inaugurée, rare privilège, par les inventeurs même du cinématographe, les Français Louis et Auguste Lumière.

Bref, depuis 1903 et le retour d'un Karadjordjević sur le trône, le pays vit un véritable âge d'or politique, économique, scientifique et culturel. Le danger ottoman semble définitivement écarté et l'Autriche-Hongrie au bord de l'implosion : de Croatie comme de Slovénie affluent les témoignages d'espoir des populations serbes, persuadées que bientôt, très bientôt, elles rejoindront cette nation en formation rassemblant les Slaves du sud de l'Europe. Seule inconnue : à quel prix ?

L'HEURE DES HÉROS
(1914-1915)

> « Quant à moi, je n'ai jamais fait que pousser à l'extrême, dans ma vie, ce que vous n'osiez pousser vous-mêmes qu'à moitié. »
>
> Fédor Dostoïevski

Le 13 juillet 1894, dans un petit village de Bosnie, Maria Princip met au monde son second enfant. En l'absence du père, qui se trouve alors aux champs, c'est le pope accouru au moment de la naissance qui choisit son prénom, en l'honneur du saint du jour : Gavrilo (Gabriel). En hébreu : « l'annonciateur »...

De faible constitution, tuberculeux, Gavrilo Princip est orienté vers des études de commerce alors qu'il rêve de devenir un guerrier. Il dévore les poèmes épiques serbes chantant l'héroïsme de ses ancêtres, apprend par cœur des passages de romans batailleurs signés Walter Scott, se rêve en Gavroche hugolien. Au printemps 1912, il est renvoyé du lycée de Sarajevo pour avoir manifesté contre les autorités de la ville. Sans prévenir ses proches, il décide de quitter la ville et de rejoindre Belgrade. À pied. Il y a plus de deux cents kilomètres à parcourir. Il n'a pas dix-huit ans.

Lors du passage de la frontière, il s'agenouille et baise la terre serbe. Elle n'est pourtant guère hospitalière. Pendant des mois, il tire le diable par la queue. Il n'est pas rare qu'il passe plusieurs jours sans rien avaler : puisqu'il a quitté Sarajevo sans le prévenir, son frère refuse de l'aider. Pour survivre, il fait l'aumône ou l'hospitalité aux monastères de la ville. Il fréquente les cafés de l'ouest de la vieille ville comme « La Couronne verte », « L'Esturgeon d'or » ou « La Couronne de glands » : dans ces fiefs nationalistes anti-turcs et anti-autrichiens, on refait le monde et on considère la Serbie comme le Piémont yougoslave.

En octobre 1912, il propose à plusieurs unités militaires ses services pour aller combattre les Ottomans. Partout, on le rejette : « Trop petit, trop faible » – il mesure un mètre soixante. Il enrage.

En mars 1914, il apprend que François-Ferdinand, héritier du trône impérial austro-hongrois, projette de se rendre à Sarajevo au début de l'été. Le 28 juin exactement, soit la date anniversaire de la bataille de Kosovo. Moins d'un an après la libération du berceau de la nation serbe occupé durant cinq siècles par les Ottomans. Une provocation intolérable, estime-t-il, à l'instar de l'immense majorité du peuple serbe. Avec deux camarades âgés, comme lui, de dix-neuf ans, il décide d'assassiner l'archiduc et de venger l'affront. Dans tout le pays, ils sont des centaines à caresser le même rêve.

Les trois jeunes gens entrent en contact avec les animateurs d'une société secrète fondée en 1911 sur le modèle des Carbonari italiens, La Main noire. À sa tête, des civils et des militaires, parmi lesquels le fameux colonel Dimitrijević : après avoir participé au complot meurtrier contre les Obrenović en 1903, il dirige désormais les services de renseignement de l'état-major de l'armée serbe. Et fournit, à l'occasion, conseils, papiers et armes aux patriotes serbes qui fréquentent les locaux de La Main noire.

Gavrilo Princip apprend à tirer au revolver, immobile ou en courant, dans le parc de Košutnjak en prenant pour cible le tronc d'un vieux chêne. Il se débrouille mieux que ses camarades, particulièrement malhabiles. Le 28 mai 1914, après de nouvelles séances de tir concluantes dans le parc de Topčider, les trois garçons se voient remettre par La Main noire plusieurs bombes, des revolvers, un peu d'argent et du cyanure. « Je me suiciderai après l'attentat », affirme fièrement Princip. Dimitrijević-Apis est persuadé qu'ils échoueront mais ne veut pas décourager de si bonnes volontés anti-autrichiennes. Au pied du Kalemegdan, ils embarquent sur un bateau qui remontera la Save jusqu'à Šabac. Ils rejoindront ensuite la capitale de la Bosnie où les attend leur destin et une seconde troïka de conjurés.

*

Le 28 juin 1914, comme il l'avait prévu et promis, un jeune homme de moins de vingt ans au visage émacié et au regard bleu sombre et inquiétant, s'avance vers la voiture impériale où ont pris place l'archiduc François-Ferdinand, sa femme Sophie Chotek, duchesse de Hohenberg, et le général Potiorek, administrateur de la Bosnie-Herzégovine. Arrivé à moins de deux mètres du véhicule ralenti par une manœuvre à proximité du pont Latin, il sort son revolver et tire en direction du couple impérial. « Ce n'est rien, ce n'est rien », souffle l'archiduc avant de s'évanouir. Il expire quelques minutes plus tard, un peu après sa femme, touchée par erreur.

Lorsqu'il apprendra la nouvelle de l'attentat le lendemain à Paris, Francis Carco ironisera : « C'est un fait divers. » Un fait divers qui fera plusieurs millions de morts…

L'annonce de l'événement plonge la population de l'empire austro-hongrois dans une profonde tristesse. Mais au sein de l'état-major, l'émotion cède vite le pas à une certaine excitation. N'est-ce pas là l'occasion rêvée d'en finir avec l'insolente Serbie ? Depuis plusieurs décennies, un certain racisme antislave hérité du voisin et allié allemand anime une partie de l'armée – « Parmi les peuples, on peut distinguer, comme dans la nature, des mâles et des femelles. Les Germains sont des mâles, les Slaves sont féminins », disait Bismarck. L'aile pangermaniste de l'armée autrichienne fait pression sur François-Joseph pour punir sans tarder Belgrade. D'aucuns rappellent au vieil homme la phrase du prince germanique de la Realpolitik au XIXe siècle, l'Autrichien Metternich : « La Serbie doit être turque ou autrichienne. » Justement. Fort du soutien tacite de Berlin en cas de crise militaire, le chef de l'état-major, Conrad von Hötzendorf – celui-là même qui, un an plus tôt, affirmait que « seul un succès militaire remporté sur la Serbie et le

Monténégro pourra résoudre dans un sens favorable pour la monarchie la question vitale des Balkans » –, propose d'adresser au gouvernement serbe un ultimatum impossible à accepter. Ne disposant que d'une alliance défensive avec la Grèce (et seulement en cas d'attaque bulgare), la Serbie ne possède comme allié théorique que le Monténégro : elle cédera ou périra, estime-t-il.

Le 23 juillet parvient sur le bureau du roi Pierre le fameux ultimatum. Il a quarante-huit heures pour y répondre. Tous les points sont acceptés à l'exception du sixième, qui signifierait pour la Serbie l'abandon de sa souveraineté si chèrement conquise : laisser la police autrichienne enquêter sur son territoire afin de mettre au jour d'éventuelles ramifications locales du complot meurtrier de Sarajevo. Le tsar russe Nicolas II a fait savoir qu'il soutenait la position de Belgrade.

Le 28 juillet, Nikola Pašić, chef du gouvernement serbe, reçoit un télégramme de Vienne :

> Puisque le gouvernement royal serbe n'a pas donné de réponse satisfaisante à la note qui lui avait été remise par le ministre plénipotentiaire austro-hongrois à Belgrade le 23 juillet 1914, le gouvernement impérial et royal est contraint de prendre lui-même soin de la défense de ses droits et intérêts et d'avoir, dans ce but, recours à la force des armes.

C'est la guerre. « Notre cause est juste, Dieu nous donnera la victoire », assure et se rassure Pašić, néanmoins conscient que les deux guerres balkaniques ont laissé son armée épuisée. De son côté, le prince héritier Alexandre publie une proclamation le 29 juillet. Adressée à ses « chers et héroïques Serbes », elle se termine par des mots où se lit moins la détermination guerrière qu'un profond fatalisme :

> Ayant foi dans le Seigneur Tout-Puissant et confiants dans les sympathies du monde civilisé et la victoire finale de notre juste cause ainsi que dans le soutien de notre grande famille et de nos amis éprouvés [la Russie], nous acceptons, en compagnie de nos héroïques frères serbes du Monténégro, le combat qui nous est imposé. Au cours de notre glorieuse histoire, jadis comme hier, il existe suffisamment de témoignages qui prouvent que les Serbes, quand ils sont unis, peuvent vaincre des ennemis beaucoup plus puissants... Serbes, défendez de toutes vos forces vos foyers et la nation serbe [...].

Le soir même, les premiers obus s'abattent sur Belgrade, tirés depuis l'autre côté de la Save. Le commandement militaire austro-hongrois envoie sur le front serbe sept cent mille hommes parmi lesquels de nombreux soldats d'origine bosniaque, slovène ou croate (parmi eux, le futur Tito). Persuadés que la capitale serbe ne pourra pas résister à l'assaut ennemi, le gouvernement et l'état-major serbes se replient à Niš, déplacent le gros des troupes vers l'ouest et ne laissent qu'une division pour défendre la Ville blanche. Son commandant, le colonel Milivoje Andjelković, fait sauter le pont de fer international qui enjambe la Save afin d'empêcher la flotte autrichienne de rejoindre la Drina et de faire la jonction avec les divisions stationnées en Bosnie. Il ordonne aux civils de s'habiller d'uniformes improvisés afin de faire croire aux espions étrangers que plusieurs garnisons sont restées sur place. Son seul objectif : gagner du temps avant l'offensive terrestre.

Tandis que la deuxième armée serbe commandée par le général Stepa Stepanović repousse victorieusement les Autrichiens, mi-août, lors de la bataille de Cer (première victoire alliée de la Première Guerre mondiale), Belgrade voit quotidiennement un déluge de feu s'abattre sur ses murs. Au fil des jours, la ville s'est vidée, les magasins et les administrations ont fermé. Au milieu des chaussées, des cratères de cinq ou six mètres de diamètre empêchent toute circulation. Des dizaines de bâtiments sont éventrés, les immeubles sont sans toit, les maisons sans fenêtre, les murs grêlés d'éclats de shrapnells. Hanté par un paon déplumé, le palais royal a des allures de ruine médiévale. Lycées, collèges, usines, bibliothèques, hôtels, restaurants, écuries : les obus de 305 n'épargnent rien ni personne. Une ambiance d'apocalypse imprègne ce qui reste de Belgrade. Mais pour l'instant, la ville meurt mais ne se rend pas. Mieux : fin août, une audacieuse contre-attaque est lancée vers Zemun, d'où partent depuis un mois les tirs d'obus meurtriers. Pendant deux semaines, la cité austro-hongroise passe sous autorité serbe ! Rédigée par Nikolaj Velimirović, une proclamation est affichée sur tous les murs de la ville, faisant du major Svetomir Djukić le commandant provisoire de la ville.

En septembre 1914, une deuxième attaque de grande envergure est lancée contre la Serbie. Agacé par la résistance locale, le général Potiorek (d'origine slovène !) donne des instructions très claires pour faire de ce qui était conçu à l'origine comme une « expédition punitive » une véritable guerre à outrance :

> Cette guerre nous amène dans un pays dont les habitants sont animés d'une haine fanatique à notre égard. Quant à l'attitude à l'égard d'une telle population, toute trace d'humanité et de magnanimité est inconcevable, voire nuisible, car de tels comportements mettraient nos troupes en danger. C'est pourquoi je donne l'ordre que, tout au long de cette guerre, l'on se comporte envers chacun de manière extrêmement dure, brutale et avec méfiance.

Il sera écouté. Pillages, viols, incendies et meurtres de civils émaillent l'avancée des troupes de la Double Monarchie sur le territoire serbe. Les populations fuient vers le sud dans un paysage désolé. L'armée repousse à nouveau le danger. Des unités franchissent même la Save et atteignent Pale, à quelques kilomètres de Sarajevo. Depuis son cul-de-basse-fosse où il croupit en attendant son procès en octobre, Gavrilo Princip peut entendre pendant quelques jours les canons serbes tonner.

Quelques jours avant la troisième et décisive attaque des Impériaux sur le pays, le général Goglia adresse un message au commandant de la garnison de Belgrade. Si celui-ci hisse d'ici la fin de l'après-midi un drapeau blanc à la place du drapeau serbe, il lui promet d'épargner la ville et de lui laisser son sabre après sa reddition. En guise de réponse, le commandant de la forteresse fait hisser deux nouveaux drapeaux serbes au sommet du Kalemegdan, ordonne à l'artillerie d'arroser les rives de la Save et envoie la nuit suivante un commando semer la panique à Zemun ! Une opération aux allures de baroud d'honneur. Quelques jours plus tard, un retrait tactique de

Belgrade est ordonné, la mort dans l'âme. Il permettra à l'armée serbe d'écrire une des plus belles pages de son histoire militaire avec la victoire de Kolubara. Le prix de ce retrait est élevé : des pertes immenses et la chute de Belgrade.

*

À Vienne comme à Berlin, l'annonce de la prise de Belgrade est célébrée comme il se doit. L'idée de proposer une paix séparée avec la Serbie est lancée. On nomme un général autrichien d'origine croate comme futur gouverneur général de la Serbie et déjà on réfléchit à la manière de reconstruire la ville dans un esprit Mitteleuropa. Mais les Serbes ne l'entendent pas de cette oreille. Mille trois cents élèves officiers en provenance de l'école de Skoplje sont intégrés à l'armée, apportant un sang neuf à un encadrement épuisé et découragé. Surtout, Pierre Ier de Serbie choisit ce moment décisif de la guerre pour prononcer devant ses troupes un discours aux accents dignes d'un roi grec de l'*Iliade :*

> Mes enfants ! Pendant ces deux dernières années, surmontant des difficultés sans nombre, vous vous êtes héroïquement battus contre les Turcs, les Bulgares et les Albanais. Et maintenant il y a déjà quatre mois que vous vous battez contre un nouvel adversaire, plus puissant et beaucoup mieux armé. Héros ! Après tant d'efforts surhumains déployés dans cette lutte, vous êtes fatigués, vous désirez rentrer dans vos foyers, revoir vos enfants et vos femmes qui, eux aussi, tremblent pour votre sort et vous attendent les larmes aux yeux. Cependant, la patrie a besoin de votre protection, vous lui avez juré,

ainsi qu'à moi-même de vous battre jusqu'à la dernière goutte de sang. Mais je vous comprends, et vos désirs et ceux de vos familles sont parfaitement justifiés. Aussi, que celui qui désire rentrer à la maison soit par moi délivré de tout serment – que Dieu lui pardonne ! Retournez à vos foyers, et je vous donne ma parole d'honneur que personne n'aura à en souffrir. Quant à moi, votre vieux roi, je reste ici avec mes enfants pour mourir sur ces positions, car l'ennemi ne pourra se rendre maître de la Serbie que par-dessus les corps de votre roi et de ses fils !

Le discours du souverain galvanise l'armée. Début décembre, le général Mišić, commandant de la première armée serbe, lance une contre-offensive triomphale. Cent trente canons, deux cent soixante-dix officiers et quarante mille soldats ennemis sont capturés. Le 15 décembre, le drapeau autrichien est descendu du mât du palais royal et déposé sur les marches de la cathédrale de la ville où une messe d'action de grâce doit être dite en présence du roi. Durant la cérémonie, le Seigneur est loué d'avoir permis cette étrange entorse aux lois naturelles : depuis le départ des troupes austro-hongroises de la terre serbe, il y a plus de prisonniers de guerre autrichiens que de soldats serbes !

Pendant neuf mois, Belgrade est relativement épargnée par les combats. Quelques sporadiques bombardements mais rien à voir avec l'enfer de l'été 1914. La journée, la ville est souvent plongée dans un étrange silence. Faute d'arbres, pour la plupart décapités par les obus, les oiseaux ont fui. Les habitants qui ont choisi de rester dans la capitale ou d'y revenir se claquemurent en feuilletant les rares journaux qui continuent à paraître. Le *Mali Journal*, par exemple, dont le rédacteur en chef, désespéré par la faillite qui pointe, publie pendant plusieurs semaines des photographies de son frère cycliste – jambes et bras nus, la poitrine couverte de médailles – dans l'espoir qu'une riche Belgradoise en tombe amoureuse et remette sa gazette à flot ! Ou encore *La Dépêche* qui, au plus fort des bombardements de l'année précédente, a continué à paraître quotidiennement. Son patron, depuis, se prend pour un héros ; les Belgradois, qui en ont vu d'autres, ricanent. Dès qu'ils le voient passer, ils chantonnent :

Un obus autrichien arrivait en volant.
Il disait : « Je vais détruire Belgrade, la Ville blanche. »
Mais quand il a vu qu'il allait tomber sur M. R…
Il s'est pincé le nez en criant : « Pouah ! »
Et il a pris une autre direction !

La relative tranquillité dans laquelle baigne Belgrade ne fait néanmoins pas illusion. La capitale serbe, comme tout le pays, est victime d'une épidémie de typhus sans précédent. La moitié des médecins sollicités périssent. On appelle une mission française à la rescousse : trois mille quatre cents volontaires accompagnent le lieutenant-colonel Bertrand en Serbie. La plupart ont servi dans les colonies. Tous les jours, racontent-ils, retentit *La Marche funèbre* de Chopin : la fanfare militaire qui accompagne un cortège mortuaire au cimetière.

La présence autour de la ville de batteries prêtes à entrer en action rappelle que la guerre est toujours là, toute proche. Des Russes, des Français et des Anglais envoyés auprès de leurs alliés tiennent des positions dans les quartiers périphériques. Surplombant les tranchées hâtivement creusées le long de la Save, des canons de campagne français en provenance du Creusot côtoient des pièces de bronze antiques et des canons légers allemands ornés de symboles turcs récupérés sur l'ennemi. Une poignée d'avions pilotés par les hommes du capitaine de Rochefort survolent la ville. « Où vas-tu, Serbie, ô ma mère chérie ? » fredonnent les sentinelles hagardes.

La situation sanitaire et militaire de la Serbie, son courage, son héroïsme de David balkanique face au Goliath germanique, ont provoqué un élan de solidarité inédit en Europe. Une « journée serbe » est instituée dans toutes les écoles françaises en 1915. L'argent, la nourriture, les médicaments et les vêtements récoltés sont envoyés via des associations humanitaires qui n'ont de cesse d'alerter le monde sur les souffrances immenses des Serbes : cent mille victimes civiles du typhus sur quatre cent mille cas déclarés, trente-cinq mille soldats... Les témoignages affluent, qui s'inquiètent des blessures peu ordinaires infligées aux troupes serbes. Présent sur place pour le compte de journaux occidentaux, le criminaliste suisse Rodolphe Archibald Reiss en dévoile l'origine dans un rapport courageux qui fera grand bruit : l'usage par les troupes impériales de balles explosives (interdites par les conventions de guerre).

> J'ai vu un très grand nombre de blessures provoquées par les *Einschusspatronen*, soit dans les hôpitaux, soit même sur les champs de bataille. En général, l'orifice

d'entrée est normal et petit. L'orifice de sortie, par contre, est énorme et les chairs sont souvent projetées en dehors en forme de champignon. L'intérieur de la plaie est déchiqueté et les os rencontrés sont brisés en petits fragments. La balle, en faisant explosion dans l'intérieur du corps, est déchirée et ses fragments agissent comme une vraie mitraille. Les blessures sont donc fort graves : un membre atteint par une balle explosive est presque toujours condamné ; une blessure dans la tête ou le tronc est inévitablement mortelle.

*

Après leurs victoires de l'été 1915 sur le front russe et l'échec de leur percée en Champagne, à l'ouest, les puissances centrales décident d'en finir avec la Serbie. Désormais appuyées par la revancharde Bulgarie, Vienne et Berlin souhaitent réaliser la jonction avec leur allié turc. Pour ce, la Serbie doit être rayée de la carte.

Vingt-deux divisions sont mobilisées, cent aéroplanes préparés, mille sept cents canons acheminés à Semlin. Pour reprendre Belgrade, cinquante-sept bataillons sont massés : le rapport des forces est de quatre contre un (dix contre un pour ce qui concerne les canons). Le maréchal von Mackensen, grand stratège en charge du commandement austro-germano-bulgare, prévient dans son ordre du jour précédant l'attaque que le combat sera rude car l'ennemi qui les attend est « dangereux, énergique, courageux et tenace » et qu'il « se bat et se sacrifie jusqu'au dernier homme ». De son côté, le major Rafajlović, commandant de la cavalerie serbe, réunit ses hommes et les harangue :

> Soldats ! L'ennemi est bien supérieur en nombre. Nous sommes la réserve de la défense de Belgrade : c'est pourquoi nous aurons l'occasion de nous montrer les premiers et d'être les égaux de ceux qui se battent déjà héroïquement. Je ne vous dirai plus rien que ceci : celui qui est prêt à mourir, vivra. En avant !

Le matin du 6 octobre 1915, les premiers projectiles de mort pleuvent sur Belgrade : à la fin de la journée, trente mille obus se seront abattus sur la ville. La première cible visée, une sucrerie où s'est installé le commandement sud-ouest de la capitale, est détruite en quelques minutes. Dans un épais nuage de fumée s'élèvent vers le ciel des flammes et une poussière rouges : « un volcan », disent les témoins. Peu à peu flambent tous les quartiers de la ville. L'air brûle, devient irrespirable. Le bétail, enfermé dans les abattoirs, grille en beuglant. Les cheminées d'usine s'effondrent sur les Belgradois affolés qui ne savent plus où se réfugier. Les guinguettes disséminées le long des rives de Dorćol sont coulées. La citadelle du Kalemegdan est un chaos d'où émerge la charpente de la petite chapelle. Même les morts sont visés : en tombant sur le grand cimetière de la ville, les obus font gicler les ossements des tombes. La pluie qui se met à tomber en fin de journée n'y change rien : Belgrade est en flammes, Belgrade étouffe, Belgrade agonise.

Quand les bombardements cessent enfin, les défenseurs de la ville savent qu'il s'agit d'une fausse accalmie : l'ennemi va maintenant entrer dans la ville. Des barricades sont élevées aux principaux carrefours.

Paris 1830-Belgrade 1915, même combat. Des centaines de Gavroche aident à installer les mitrailleuses tandis que d'autres empilent sacs de sable, planches, meubles et pianos pour barrer la route à l'envahisseur. La gendarmerie serbe, reconnaissable à son uniforme bleu, défend pied à pied ses positions. Du haut des immeubles, des civils lancent des projectiles sur les « Souabes » (les Austro-Hongrois) qui avancent, imperturbables ou presque.

Le troisième jour, il ne reste plus que le centre-ville qui résiste à la marche en avant ennemie. Le long de Knez Mihailova, près du Théâtre national, à Terazije, face à l'Hôtel London, place du marché Cvetni Trg sont dressées les dernières et inutiles barricades. Le dernier commandant vivant d'un bataillon de défense, Dragutin Gavrilović, mobilise ses hommes qui attendent la dernière attaque et la mort :

> À trois heures précises, l'ennemi doit être mis en pièces par votre puissant assaut, emporté par vos bombes et vos baïonnettes. L'honneur de Belgrade, notre capitale, doit être sauvé. Soldats, héros ! Le commandement suprême a rayé notre régiment de ses effectifs. Il est sacrifié pour l'honneur de Belgrade et de la patrie : vous n'avez donc pas à vous soucier d'une vie qui n'existe plus. En avant, dans la gloire, pour le roi et pour la patrie. Vive le roi ! Vive Belgrade !

La troupe sera taillée en pièces.

Quand le dernier défenseur de Belgrade tombe le 8 octobre, il reste moins de dix mille âmes vivantes serbes dans la ville. Les Allemands volent la vaisselle d'argent trouvée au palais royal : elle sera exposée l'année suivante à Berlin dans le cadre de l'« exposition du butin de guerre ». À nouveau, un épais silence s'abat entre les murs éventrés de la cité martyre, que seul trouble parfois le grincement des cordes des potences installées à Terazije dès la fin des combats. Ou le bruit des balles du peloton qui vient de fusiller trois Serbes accusés d'avoir transporté des caisses de munitions à leurs parents. Ils se prénommaient Dušan, Svetislav et Jovan. Ils avaient entre douze et quatorze ans.

OCCUPÉE
(1915-1918)

> « Comment empêcher les Serbes de reprendre ce qu'ils peuvent reprendre de leur pays ? »
>
> Raymond Poincaré

Durant trois ans, Belgrade n'est plus dans Belgrade. « Dans une mer de sang notre foi et la leur seront plongées et surnagera la meilleure », promettent ses habitants qui, refusant d'obéir à une nouvelle puissance étrangère, ont préféré quitter la ville et rejoindre les restes d'une armée décimée mais déterminée à poursuivre la lutte. Ne restent entre Save et Danube que quelques milliers de familles et des unités allemandes, autrichiennes et bulgares qui ont installé leurs quartiers dans la ville détruite. Nombre de maisons particulières ont été réquisitionnées par les soldats. Pour eux et leurs chevaux. Les plafonds de certains logements sont défoncés afin de ménager plus d'air aux bêtes, des portes et des fenêtres éventrées afin de pouvoir plus facilement leur jeter du foin et de la paille… Lorsque les rares Belgradois revenus en ville et ayant retrouvé leur domicile réquisitionné viennent se plaindre à la Kommandantur, c'est toujours la même réponse : « On ne peut tout de même pas mettre les chevaux dans la rue ! »

Dès les premières semaines d'occupation, les habitants doivent affronter deux fléaux : la maladie et la faim. Une épidémie de typhus s'abat sur Belgrade – grâce aux missions de la Croix-Rouge, elle y fera moins de victimes que dans d'autres villes du pays. Les civils ont interdiction de moudre du blé et la viande est prioritairement réservée aux soldats autrichiens : les Serbes ne se nourrissent que de pain de maïs fabriqué à partir d'une farine de mauvaise qualité. Le lait n'est permis qu'aux nourrissons, aux malades et aux personnes « spécialement autorisées ». Quantité : un quart de litre par jour. Il est de plus en plus difficile de se procurer de l'eau, alors que les Autrichiens arrosent tranquillement leurs jardins... Le bois pour se chauffer atteint des prix exorbitants. On manque de tout : savon, sel, pétrole, nourriture.

Le gouvernement militaire autrichien ne tarde pas à tenter de redonner un semblant de vie normale à Belgrade. Deux lycées sont rouverts mais l'enseignement y est donné en hongrois et en allemand, tout rassemblement des élèves en dehors des murs, rigoureusement interdit. Un journal est autorisé à paraître : *Beogradske novine.* Dirigé par un écrivain croate, il est rédigé en serbo-croate et en caractères latins, que la plupart des Serbes – notamment dans les milieux modestes – ne savent pas déchiffrer...

Pour ne pas sombrer dans le désespoir, la population serbe de la ville résiste comme elle peut. Les enfants se font porter pâles et ne vont pas à l'école, on se prête les journaux contrôlés par l'occupant pour limiter leurs ventes. Surtout, on fredonne des chansonnettes qui, en attendant que « l'eau coule à nouveau où elle a coulé », se moquent du pouvoir en place et célèbrent le vieux roi Pierre (affectueusement surnommé « Père Pierrot ») :

Elance-toi, éclair, que je trouve mes longes
Pour les pendre tous, Souabes et Magyars,
Elance-toi, éclair, derrière les monts,
Je veux voir par où s'en vont ces Barbares.
Père Pierrot, tu as blanchi trop :
Le Magyar décide de ton sort !
Cela ne fait rien, cela finira bien,
Le Père Pierrot redeviendra fort
Et c'est lui qui décidera alors
Du sort du Magyar, blême et retors.

*

Pour ne pas avoir à se rendre à l'ennemi, le haut commandement serbe, qui a lu Napoléon – « Là où est le drapeau, est la patrie » –, décide de rejoindre la côte adriatique avec l'espoir que les troupes serbes y seront accueillies par leurs alliés français, anglais et italiens (après plusieurs mois de neutralité, Rome a fini par entrer en guerre aux côtés de la Triple Entente). Pour y parvenir, elles doivent franchir les montagnes bosniaques, monténégrines et albanaises. En plein hiver. Avec, à leurs côtés, des dizaines de milliers de femmes, d'enfants et de vieillards préférant à l'humiliation de l'occupation la tragédie de l'exil.

Retiré à Topola depuis le début de la Grande Guerre, le roi Pierre a secrètement confié les rênes du pouvoir à son fils Alexandre. Perclus de rhumatismes, très affaibli, il surveille la construction d'un mausolée où doivent être enterrées toutes les figures de la royauté serbe, du Moyen Age jusqu'aux Karadjordjević. Quand il devine les souffrances vers lesquelles s'apprêtent à plonger ses compatriotes, il n'hésite pas. Incapable de monter à cheval, sortant à peine d'une opération de l'appendicite, enveloppé de bandages comme un cadavre recouvert de son linceul, il ordonne qu'on le dépose sur un brancard et prend la tête de la procession immense qui s'ébranle au cœur de l'hiver balkanique. Plus tard, il sera installé sur un char tiré par quatre bœufs, image restée célèbre grâce à une gravure et au beau poème d'Edmond Rostand, *Les quatre bœufs du roi Pierre*. Juste derrière lui, des moines de Studenica portent les saintes reliques du roi Stefan le Premier-Couronné du XIIe siècle, qu'on a emmenées de crainte de les retrouver après la guerre souillées par les catholiques autrichiens et les protestants allemands... Arrivés au pied des premiers escarpements rocheux, les artilleurs en larmes détruisent leurs canons tandis que tous les véhicules à moteur sont jetés dans les ravins.

Débute le Golgotha albanais. Des semaines de marche dans la neige et la boue, par moins vingt-cinq degrés, sous la mitraille des avions autrichiens ou les balles des bandits locaux ravis d'exercer sans risque, depuis de hautes crêtes, leurs talents éprouvés de tireurs d'élite. Les uniformes en loques ne protègent guère des morsures du vent, les loups et les vautours rôdent et attaquent parfois en plein jour les retardataires. La moitié des soldats engagés dans la traversée de la Montagne maudite va périr. Ainsi que des dizaines de milliers de civils et de prisonniers conduits de force dans cet exode aux allures d'hécatombe.

Arrivés au port de Saint-Jean-de-Médua, une mauvaise surprise attend les survivants ayant échappé à l'enfer : terrorisés par la présence de sous-marins au large des côtes monténégrines et albanaises, les Italiens refusent d'embarquer sur leurs bateaux les milliers de fantômes en guenilles surgis des montagnes. Français et Anglais invitent les Serbes à rejoindre Bar et Ulcinj, au Monténégro, ou Valona, au sud de l'Albanie, où ils pourront les prendre en charge. Nouvelle éprouvante longue marche qui fera d'autres nombreuses victimes.

Sans demander son avis au roi de Grèce, le commandement allié ordonne que les soldats et officiers rescapés du chemin de croix serbe de l'hiver 1915-1916 soient acheminés vers les îles de Corfou et de Vido. D'autres sont emmenés à Bizerte et dans plusieurs camps de Tunisie, et les civils (notamment près de deux mille lycéens et étudiants), vers la Côte d'Azur, en France. À bout de forces, beaucoup mourront durant la traversée et leurs corps seront jetés dans la Méditerranée, baptisée le « tombeau bleu » par le poète Milutin Bojić.

Mais en quelques mois, grâce aux soins des infirmières et des médecins français, une armée serbe est reconstituée, prête à reprendre la lutte. Mieux : l'Etat serbe est maintenu « hors les murs ». À Corfou, le gouvernement en exil se réunit quotidiennement à l'hôtel d'Angleterre tandis que la Skupština siège dans le théâtre de la ville. Le journal *Srbski novine*, tiré à dix mille exemplaires, est expédié aux rédactions de tous les journaux des capitales alliées où se rend fréquemment le prince régent Alexandre, afin d'y plaider sa cause. Avec succès : Paris, Rome et Londres donnent leur accord à la constitution d'un corps expéditionnaire serbe. Il est envoyé à Salonique, base arrière des reconquêtes futures : plus de cent mille soldats et officiers déterminés à payer leur dette envers les Alliés en formant la première ligne du front d'Orient. Dans le même temps, un comité yougoslave réunissant des responsables slaves originaires de toutes les régions du sud de Vienne proclame à Corfou en juillet 1917 sa volonté unanime de voir naître, après-guerre, un nouvel Etat faisant l'unité des Slaves du sud. Il s'appellerait le Royaume des Serbes, Croates et Slovènes et la dynastie des Karadjordjević serait à sa tête. Y seraient instaurés le suffrage universel, l'égalité des religions et le double usage des alphabets cyrillique et latin. Politiquement, militairement, moralement, les Serbes sont prêts. Belgrade les attend.

*

En attendant de retrouver leur capitale – mais dans quel état ? –, les Serbes font la guerre aux Bulgares en Macédoine. Si proches de leur chère patrie, ils en réadoptent le mode de vie traditionnel : pain, oignons, confiture, *pita* et alcool de prune circulent d'une tranchée à l'autre. Dans les moments d'accalmie, les uns tressent des chaînes de montre et des paniers d'osier en crin de cheval, les autres fabriquent des flûtes avec les tiges de roseau arrachées aux marais. Tous accompagnent, de leurs voix graves, les chants des popes bénissant les cercueils des camarades tués.

Alexandre est leur chef, mais il se comporte d'abord comme un simple soldat. Les anecdotes sont légion, qui témoignent de sa proximité avec la troupe, dont il partage les périls, les doutes, la mélancolie. Un jour qu'il rend visite à un campement de l'artillerie lourde française au nord de Salonique, il interroge les soldats français en train de dîner. « Avez-vous du vin ? » Un sergent, qui ne l'a pas reconnu, répond au milieu des éclats de rire : « On en a, mais ce n'est pas du bourgogne ! – Ah ! Ah ! Vous aimez le bourgogne ? – Bien sûr, mon colonel, mais où voulez-vous en trouver dans ce sacré pays ? » Une demi-heure plus tard, les artilleurs trinquent avec un excellent bourgogne « à la santé du colonel » dont ils ignorent le nom et qui vient de leur en faire apporter.

Une autre fois, Alexandre, apprenant qu'un aviateur français est rentré au campement grièvement blessé, se précipite à son chevet. Allongé sur un lit de fortune, l'homme est couvert de sang. Eclatant en sanglots, le prince décroche la Croix de Karadjordje qu'il porte sur la poitrine et l'épingle sur celle du pilote : « Pardonne-moi, lui glisse-t-il entre deux sanglots. Pardonne-moi de te donner si peu, à toi qui as tout donné pour ma Serbie. »

Dans la capitale serbe, aujourd'hui encore, le nom de Franchet d'Espèrey est prononcé avec admiration et respect. Un monument lui a été édifié, un boulevard et un des meilleurs restaurants de la ville portent son nom vénéré. Une manière de rendre hommage au maréchal français qui a décoré Belgrade de la

Légion d'honneur pour son héroïsme durant le conflit, mais surtout de le remercier d'avoir conduit victorieusement la contre-offensive alliée qui a libéré la Serbie occupée.

Succédant aux généraux Sarrail et Guillaumat, Franchet d'Espèrey rencontre durant l'été 1918 le voïvode Živojin Mišić, nouveau chef de l'état-major serbe nommé à la tête des divisions Drina, Danube et Morava, et lui fait part de son intention de lancer un grand assaut contre les troupes germano-bulgares. « Les divisions françaises seront-elles sous mes ordres ? » s'inquiète le voïvode. « Cela va de soi, répond Franchet qui ajoute, à l'immense joie de son interlocuteur : nous allons frapper un grand coup. Il faut que nous fassions sauter la croûte ; alors nous irons jusqu'au Danube. » Armés de fusils Lebel et de mitrailleuses sorties de la manufacture d'armes de Saint-Etienne, coiffés du casque Adrian sur lequel a été imprimé un aigle blanc, vêtus d'uniformes en drap kaki doublés de peaux de mouton en provenance de l'armée d'Afrique, les soldats serbes peuvent facilement être confondus avec les biffins de la Coloniale, à un détail près : leur ardeur. Jetés en première ligne sous le feu des canons Krupp, Skoda et Schneider, la perspective de chasser l'occupant galvanise les bataillons serbes engagés le 14 septembre 1918 aux côtés des compagnies de zouaves, de marsouins et de tirailleurs sénégalais.

Quinze jours plus tard, la Bulgarie rend les armes tandis que l'armée d'Orient avance, inexorablement, dans les vallées du Vardar et de la Morava. Franchet s'interroge sur l'opportunité de poursuivre la reconquête – d'autant que Clemenceau aimerait récupérer sur le front ouest une partie de ses troupes –, mais Mišić, Bojović et Stepanović n'ont cure de ses atermoiements. Ils progressent, sûrs de leur bon droit, sûrs de la victoire. À Paris, Poincaré constate, lucide : « Comment empêcher les Serbes de reprendre ce qu'ils peuvent reprendre de leur pays ? » Le massif du Dobropolje, la Macédoine, le Kosovo et le reste de la Vieille Serbie, puis Niš sont conquis. Cette marche ininterrompue fait enrager le Kaiser, Guillaume II, qui devine son issue : « C'est une honte : soixante-deux mille Serbes ont décidé du sort de la guerre », se plaint-il auprès du roi de Bulgarie vaincu.

*

Le 1er novembre 1918, c'est un détachement de l'armée serbe reconstituée qui entre symboliquement le premier dans Belgrade. À sa tête, droit sur son cheval, le général Bojović. Allemands et Autrichiens ont quitté la ville les jours précédents. De combats de rue comme en 1915, il n'y aura pas. Pour autant, malgré le son glorieux des cloches de la cathédrale Saint-Michel célébrant la fin du cauchemar, la liesse n'est pas au rendez-vous. Privée d'éclairage et de communications depuis des mois, habitée par un sentiment d'abandon, Belgrade n'a pas le cœur à la fête. Sans voyageur ni marchandise, le port est vide et silencieux. Le pont de fer gît toujours dans les eaux jaunes de la Save. Les libérateurs avancent dans des décombres. En 1914, la ville comptait quatre-vingt-dix mille habitants ; ils sont entre dix et douze mille à accueillir les troupes victorieuses.

Une semaine plus tard seulement, le décor a changé. Les Serbes ont certes conscience qu'ils représentent le peuple qui a le plus souffert de la Première Guerre mondiale : sur un peu moins de trois millions d'habitants en 1914, on dénombre un million deux cent mille morts, dont deux tiers de civils, cent mille invalides et cinq cent mille orphelins ! Une hécatombe démographique dont la Serbie ne se relèvera jamais au XXe siècle. Mais la joie et l'optimisme ont vite repris le dessus. La perspective du proche retour de tous les Belgradois partis derrière leur vieux roi en 1915 s'accompagne d'un sentiment de fierté et de revanche historique : avoir donné les ultimes coups de boutoir qui ont mis à bas la dynastie honnie des Habsbourg. Mieux : sur les débris d'un empire qui donna au monde les empereurs Charles Quint et François-Joseph, l'impératrice Marie-Thérèse, le château de Schönbrunn, Mozart, Klimt, Schnitzler et Freud, va bientôt s'élever un Etat unissant ces provinces maintenues si longtemps sous le joug viennois : Slovénie, Dalmatie, Istrie, Voïvodine...

Le 8 novembre 1918, tandis que Français et Allemands s'apprêtent à signer l'armistice mettant officiellement fin à la Première Guerre mondiale, la voiture du prince régent Alexandre entre dans Belgrade libérée. Vêtu de son uniforme de général, le futur souverain est accueilli par le maire de la ville à qui il répond d'une voix émue sous les hourras de la foule massée devant l'hôtel de ville. Le cortège des officiels se dirige ensuite vers la cathédrale devant laquelle des popes lui remettent un exemplaire de la Bible. Quand il entre dans Saint-Michel, le chœur entonne l'hymne national. Après une courte cérémonie, Alexandre rejoint sa nouvelle résidence, une maison particulière située en centre-ville, à Terazije : à quelques mètres de là, sur la place du théâtre au milieu de laquelle trône la statue équestre du prince Michel dessinée par le sculpteur italien Enrico Pazzi – son doigt tendu indique le sud-est, c'est-à-dire le chemin du retour à Constantinople pour les Ottomans –, le palais royal a perdu sa fière silhouette d'avant 1914. Pilonné dès les premiers jours de la guerre, pillé par l'occupant, il a triste mine.

Quelques centaines de mètres plus loin, dans la forteresse du Kalemegdan, un homme pleure. De retour de son exil athénien, le conservateur du Musée d'histoire militaire a retrouvé son bâtiment dans un piteux état. Archives déchirées ou brûlées, murs couverts d'inscriptions, vitrines brisées. Des glaives et des casques du IIIe siècle, des armures et des étoffes du Moyen Age ont disparu. Gisent sur le sol, parfois abîmés, la cotte de mailles de Janos Hunyadi, le drapeau de Karadjordje, l'épée que brandissait Pierre Ier lors de l'insurrection de la Bosnie en 1875, les bustes de maréchaux serbes, le siège offert par le défenseur d'Andrinople, Sükrü-pacha, après sa reddition en 1912, etc. Pour se consoler, il dispose sur un mannequin dénudé un uniforme gris-bleu récupéré sur un prisonnier autrichien. Près de ses voisins ottomans, prussiens et bulgares, il a fière allure…

Quelques jours plus tard arrive sur le bureau du prince une lettre en provenance de la capitale croate, Zagreb. Après réunion d'un conseil national, un gouvernement d'union entre représentants des communautés serbes, croates et slovènes dispersées sur le territoire de l'ancienne Autriche-Hongrie y a été formé. Rejoint par les assemblées provinciales d'autres régions (la Voïvodine, la Sirmie, la Bosnie, l'Herzégovine), décidé à s'unir avec le Monténégro, il se propose d'envoyer une délégation afin de signer un accord avec le gouvernement royal de Belgrade. Objectif : fédérer sous le même drapeau tricolore le royaume de Serbie et les pays de l'Etat indépendant des Slovènes, Croates et Serbes bâti sur les ruines de l'empire habsbourgeois. Alexandre leur donne rendez-vous le 1er décembre.

*

Le jour choisi par les Karadjordjević pour proclamer la naissance du nouvel Etat est hautement symbolique : la Saint-André est la date anniversaire de la prise de Belgrade en 1806 par leur ancêtre. Ce matin du 1er décembre 1918, malgré la neige qui commence à tomber, un vent digne du blizzard albanais et un froid déjà hivernal, ils sont des milliers à se masser autour de Terazije pour assister à la grande parade qui doit précéder le discours fondateur du prince depuis son nouveau « palais royal ». Une fanfare joue les premières notes de *La Marche sur la Drina*, chant patriotique composé en 1914 après la victoire du mont Cer, puis *Bože Pravde* (« Dieu de justice »), l'hymne national. La foule reprend les deux airs qu'elle chante à tue-tête comme si elle voulait être entendue jusqu'à Sarajevo et Prizren, au Kosovo. Passent bientôt devant l'hôtel Moscou, bâtisse art déco érigée en 1906 et miraculeusement épargnée par les bombardements, plusieurs rangées de porte-drapeaux, suivies de la cavalerie de la garde royale. Devant l'hôtel Kasina où sont regroupés les députés de la Skupština, les officiers montés sur leurs balzans tirent leurs sabres tandis que la fanfare joue *La Marseillaise*.

Arrivé sur la place du Théâtre, noire de monde, le défilé stoppe. Impossible d'aller plus loin. Chacun retient son souffle : après la déclaration du représentant croate venu faire allégeance à la dynastie serbe – un médecin du nom d'Ante Pavelić, homonyme de celui qui, vingt ans plus tard, se ralliera aux nazis et présidera à la politique d'extermination des Serbes, des Juifs et des Tziganes en Croatie –, Alexandre doit parler depuis le balcon de sa résidence, la maison Krsmanović, bâtisse de 1885 au style néobaroque un peu chargé. À ses côtés, un officier français et le patriarche de l'Eglise orthodoxe de Serbie. Un silence religieux se fait soudain : le moment est historique, tout le monde en a conscience.

> Slaves du sud ! Il y a un mois, jour pour jour, Belgrade, notre capitale bien-aimée, martyrisée par l'ennemi, était libérée par nos armées victorieuses, accompagnées de nos alliés, de nos amis éternels, les Français du général Louis Franchet d'Espèrey. Le drapeau serbe flotte de nouveau sur les rives du Danube qui charrie le sang impur de l'envahisseur.
>
> Slaves du sud ! Le 1er décembre 1918 est une date historique. Un nouveau monde se lève. Le martyre de la Serbie nous permet de nous unir, sous le sceptre de Sa Majesté le roi Pierre et sous la protection de saint Sava.
>
> Slaves du sud ! La délégation du Conseil national de l'Etat des Slovènes, Croates et Serbes Nous a annoncé tout à l'heure son allégeance au Roi.

Yougoslaves ! C'est ainsi qu'au nom de Dieu et de Sa Majesté le roi Pierre Ier Karadjordjević, Nous, le Prince-Régent Alexandre Karadjordjević, Nous proclamons l'unification de la Serbie avec les terres de l'Etat indépendant des Slovènes, Croates et Serbes dans le Royaume unifié des Serbes, Croates et Slovènes ! Vive le Roi !

La Yougoslavie est née, même si elle n'entrera sous ce nom dans les livres d'histoire qu'en 1929. Superficie (établie après la signature des traités de paix avec l'Allemagne, l'Autriche, la Hongrie et la Bulgarie, et un accord avec l'Italie lorgnant sur les îles et la côte adriatique) : 247 000 km^2, soit près de la moitié de celle de la France. Régime : monarchie parlementaire. Capitale : Belgrade.

La Norvège est la première nation à reconnaître le nouvel Etat, dès janvier 1919. Les Etats-Unis le feront en février, la Grande-Bretagne et la France en juin, un peu avant la signature du traité de Versailles où figure en toutes lettres le nom de l'« Etat des Serbes, Croates et Slovènes ».

*

À quoi ressemble la capitale de cet Etat ? Des ruines, on l'a dit. Presque tous les édifices publics ont été touchés par les bombardements répétés des « Souabes » : l'université, la manufacture des tabacs, le Théâtre national, le lycée technique, la manufacture des allumettes, le ministère de la Guerre, le palais royal... Au moment de quitter la capitale serbe, les armées en déroute de Charles et Zita de

Habsbourg ont détruit la gare et miné les principales voies ferrées, mis à sac canalisations hydrauliques ou électriques et réservoirs à pétrole. Ils ont aussi emporté avec eux, dans leur retraite, tout ce qu'ils pouvaient, entassant dans leurs automobiles et leurs chariots meubles, matériels de bureau, pianos, lits, canapés, tapis et nourriture. Un véritable pillage organisé. Interrogé par une commission indépendante chargée d'évaluer le montant des réparations de guerre dû à la Serbie, un officier autrichien d'origine tchèque avouera : « Le gouverneur lui-même a emporté tout ce qu'on avait mis à sa disposition. Les autres n'ont fait que suivre son exemple. »

Abritant les grandes institutions politiques, économiques et culturelles du pays, Belgrade tarde à se refaire une beauté. La ville est sale et pue. Les hommes crachent par terre plus souvent qu'à leur tour et les femmes secouent tranquillement leurs tapis à la fenêtre sur la tête des passants. À force d'avoir à dessein mal tenu leurs maisons pendant des siècles pour décourager les Ottomans d'appliquer leur droit de gîte, les Serbes ont du mal à adhérer aux normes de propreté et d'entretien de leur environnement que réclame la municipalité. Personne ne songe à arracher ces herbes qui poussent entre les pavés et qu'on a joliment baptisées « dépit ». Dans les administrations, une exaspérante lenteur anime les employés de bureau aux mines de satrapes orientaux.

Donner à la ville un aspect occidental, européen : telle va être la priorité du gouvernement et de la mairie dans les immédiates années d'après-guerre. Des centaines de millions de dinars sont investis dans la reconstruction des bâtiments détruits par quatre ans de guerre et quatre siècles d'occupations étrangères. Des dizaines de rues désormais pavées à l'asphalte voient le jour (trois cents en 1918, mille sept cent, vingt ans plus tard), un réseau impressionnant de tramways et d'autobus est mis en place, le système d'alimentation en eau potable singulièrement amélioré, l'aménagement et l'agrandissement des parcs ordonné. La forteresse et les terrasses du Kalemegdan sont restaurées et deviennent la promenade dominicale favorite des Belgradois : dans la ville basse, un jardin zoologique – qui existe toujours – est créé, accueillant plus d'un millier d'animaux. Le long des allées menant aux remparts surplombant les eaux du Danube et de la Save, des tables d'échecs fleurissent – qui existent toujours, elles aussi. Le journaliste français Albert Londres n'en revient pas :

> De la guerre, de tant de misères, de tant de désespoir, de toute cette imbécile souffrance de quatre années, de ce cauchemar de plus de quinze cents nuits, du typhus, de l'abandon du pays, de la retraite d'Albanie, de toutes les montagnes de cadavres qui couvraient toutes les parties de l'Europe, quelque chose à la fin se leva à l'endroit où la Save épouse le Danube : une tête, la tête d'un Etat nouveau. La capitale de la Serbie n'était plus. La capitale du royaume des Yougoslaves sortait de terre… D'abord, en descendant du train, ces immeubles mastodontes. Voilà du solide, du massif, de l'audacieux. On a compris la signification du mot bâtir par ici. Ces immenses blocs, palais d'Etat, vous disent du coup que de deux millions d'habitants en 1912, de quatre millions en 1914, Belgrade, aujourd'hui, a treize millions de sujets à gouverner. Où était le bourg, le bourg sans parure, on voit une ville avec toutes ses plumes. D'horizontale, Belgrade est devenue verticale.

Le 21 décembre 1920, lors d'une cérémonie à la Skupština, le général Franchet d'Espèrey est proclamé citoyen d'honneur de Belgrade et voïvode de l'armée serbe. Il est aussi décidé que la rue du Théâtre sera rebaptisée rue de la France (nom préservé jusqu'à nos jours). En échange, le général français remet la Légion d'honneur à la capitale serbe, privilège jusque-là obtenu par la seule ville belge de Liège.

Belgrade n'a certes pas la beauté parfaite des villes qui se sont développées lentement. Ni le charme calme de Zagreb. Le vent de modernité et d'agitation architecturale qui souffle sur la cité est autant le fruit de la volonté des gouvernants qu'une conséquence des catastrophes qui se sont abattues sur elle au cours des siècles. Les vieux murs effondrés ne ressuscitent pas. Le sculpteur croate Ivan Meštrović peut multiplier les œuvres de prestige un peu gonflées – la plus célèbre, *Reconnaissance à la France*, trône au cœur du Kalemegdan et invite les flâneurs à « aimer la France comme elle nous a aimés » –, les tenanciers des tavernes de Skadarlija vanter aux touristes le Belgrade du XIXe siècle et prétendre en avoir gardé l'âme, rien n'y fait : le passé de la ville se trouve dans les bibliothèques et les archives d'Etat et non dans les lignes sans éclat de son décor. Quoique... Le visage, l'allure, le regard des passants de la rue du Roi-Milan ou du Prince-Miloš sont-ils, en 1918, si différents de ceux des insurgés de 1804 ?

Observons les photographies qui ont fixé dans le temps ces Belgradois de l'immédiat après-guerre. Ces laitières aux jupes de laine plissées recouvertes d'un tablier à fleurs, la tête prise dans un foulard de couleur et chaussées de sandales en cuir tressé, qu'ont-elles de « moderne » ? Ces paysans en longue redingote coiffés d'un bonnet plat monténégrin ou d'une calotte albanaise en feutre blanc, qu'ont-ils d'« européen » ? Et ces trognes alignées devant l'objectif du photographe et portant à leurs lèvres une tasse de café turc ou un verre de *boza* glacée : ne font-elles pas plutôt songer aux vaillants combattants de la liberté de 1806 qu'aux ronds-de-cuir urbains dont le nombre est appelé à croître dans ce nouvel Etat qui dit rêver de banques, d'industries et de moyens de transport et de communication plus rapides, plus confortables, plus spectaculaires ? Sans doute. Mais l'histoire est en marche et difficile à freiner. Y compris dans les endroits de la capitale les plus isolés.

Signe de la transformation profonde de la mentalité des Belgradois, les Juifs de la Mahala sont de plus en plus nombreux à quitter le quartier où leurs ancêtres fuyant l'Inquisition espagnole se sont installés voici plusieurs siècles. Désormais, ils partent volontiers s'installer au cœur du Belgrade serbe, goy. Avec eux, de ce royaume séfarade qui va des rives du Danube jusqu'à la rue de Vidin, ils emmènent un peu de leur histoire tragique, quelques-uns de leurs plats favoris – le *patišpan*, sorte de génoise qu'on trouve encore aujourd'hui dans toutes les pâtisseries du pays, n'est autre que le *pan de España* des cuisinières juives – et un vocabulaire qui finira par entrer avec le temps dans la langue serbe – ainsi du mot d'argot *keva*, pour « mère », qui vient du ladino.

Car telle est la Ville blanche, et telle elle demeurera jusqu'à la fin des temps : un creuset. Linguistique, mais pas seulement. On y vit, on y parle et on y mange serbe, turc, hébreu, français, allemand, albanais, bulgare, roumain, grec, slovène… Et russe. Les premières familles chassées par les bolcheviques commencent à arriver, bientôt rejointes par les rescapés des armées blanches, le général Wrangel en tête, qui mourra et sera enterré dans un petit cimetière du centre-ville, au pied de l'église russe bâtie en 1924, derrière l'église Saint-Marc. Peu d'entre eux finiront, comme en France, chauffeurs de taxi. Rapidement, l'Etat yougoslave comprend que la perte des élites sociales, économiques et intellectuelles de la nation serbe durant la guerre peut être compensée par l'afflux de ces cerveaux russes : les années suivantes verront nombre d'entre eux – ingénieurs, architectes, médecins, professeurs – accéder aux postes les plus élevés. Jovan Maksimović connaîtra un destin tout particulier. Après avoir passé plusieurs mois à vendre des journaux devant l'hôtel Moscou (!) de Belgrade, le jeune homme qui a fui Kharkov avec sa famille se fait moine en 1926 avant d'être envoyé par le métropolite Antoine en Chine. Il deviendra là-bas saint Jean de Shanghai.

Dans l'immédiat après-guerre, les témoignages de ceux qui ont fui la terreur rouge en Russie font peur. On s'inquiète soudain : et si les communistes prenaient idée de développer leurs thèses ici, à Belgrade ?

PRINCESSE SLAVE
(1920-1931)

> « L'orage vient de finir, et cependant nous sommes inquiets, anxieux, comme si l'orage allait éclater. »
>
> Paul Valéry

Le 28 juin 1921, la Constitution dite du Vidovdan est proposée au vote à l'Assemblée constituante. Calquée sur celle, fort libérale, de 1903, elle fait du Royaume des Serbes, Croates et Slovènes une monarchie parlementaire et héréditaire. Le pouvoir législatif est assumé par l'Assemblée nationale et le roi, qui ne peut déclarer la guerre sans l'assentiment de celle-ci. Les députés sont élus au suffrage universel, égalitaire et direct. Liberté confessionnelle, liberté de la presse et égalité des alphabets sont garanties par la Constitution. Pour prévenir toute tentation tyrannique ou ethno-centralisatrice, le parlementarisme et l'autogestion sont institués. Dans le pays qui compte 39 % de Serbes, 24 % de Croates, 8,5 % de Slovènes, 6 % de Musulmans, 4 % de Hongrois et 1 % de Turcs, toutes les minorités sont représentées au Parlement. Avec le risque, qui est grand, de voir naître des partis dont la base serait autant communautaire qu'idéologique.

Après l'adoption de la Constitution, Alexandre Karadjordjević rejoint le Parlement afin de prêter serment en tant que Régent : depuis 1914, il dirige effectivement le pays, le vieux roi Pierre ayant fait de lui son successeur et s'étant retiré avec son fils aîné dérangé, Georges, dans une villa de Topčider où la mort le surprendra quelques semaines plus tard. Alors que la voiture où ont pris place Alexandre et son Premier ministre, Nikola Pašić, s'engage rue du Prince-Miloš, un individu jaillit depuis un recoin de la façade du ministère des Travaux publics. Caché par un échafaudage, aucun membre de l'escorte ne l'avait repéré. La bombe qu'il jette en direction du véhicule rebondit sur celui-ci et explose à quelques mètres des deux hommes d'Etat, tuant plusieurs passants et blessant grièvement un journaliste étranger. L'homme est arrêté. Il s'appelle Spasoje Stejić. Ouvrier-peintre originaire de Voïvodine, il se dit communiste.

Un mois plus tard, Milorad Drašković, ancien ministre de l'Intérieur, se rend à Delnice, en Croatie, pour se reposer en famille. Avant de quitter son poste au mois de mars précédent pour des raisons de santé, il a décrété l'*Obznana* (la « Déclaration ») visant à réduire au maximum la liberté d'expression et de manifestation du parti communiste fondé deux ans plus tôt et fort de cinquante-neuf députés à l'Assemblée. Alors qu'il se promène en famille dans un parc de la ville, il est abattu de plusieurs balles de revolver devant sa femme et ses enfants. Son meurtrier est arrêté. Il s'appelle Alija Aliagić. Ouvrier originaire de Bosnie, il se dit communiste.

Pour Alexandre, il y a désormais urgence. Ces deux attentats indiquent que le parti communiste s'est lancé dans une guerre à mort contre la fragile démocratie yougoslave dont il est, lui, le prince régent, garant devant le peuple et ses représentants. Ces derniers sont justement convoqués en plein été pour voter une proposition de loi rédigée par le gouvernement. Elle est adoptée à une immense majorité. Désormais, l'activité du parti communiste est interdite, de même que toute action visant à modifier la nature juridique de l'Etat par des menées révolutionnaires. Les mandats des députés du PC sont annulés, les syndicats liés à celui-ci, suspendus, la presse rouge, réduite au silence, ou à la clandestinité.

Cette loi sur la protection de la sécurité publique et de l'ordre public a pour conséquence immédiate la mise entre parenthèses effective du mouvement communiste dans le royaume. Ses principaux leaders partent en exil : à Moscou – où la plupart sont exécutés lors des purges contre l'aile trotskiste du PCUS –, en France – où Tito séjournera plusieurs mois –, en Allemagne, aux Etats-Unis. Après une première tentative de réapparition sous le nom de parti ouvrier populaire de Yougoslavie en 1923, immédiatement interdit, il renaît de ses cendres aux élections législatives de 1928. Las : le parti ouvrier indépendant n'obtient aucun élu. Sans leader local – sinon Moša Pijade, un jeune et brillant intellectuel –, privé de tout soutien populaire, il disparaît littéralement de la scène politique et sociale : à la fin des années 1920, le nombre de ses membres s'élève très exactement à deux mille quarante-trois...

*

Lorsque le roi Pierre Ier rend son dernier souffle, le 17 août 1921, Alexandre se trouve à Paris depuis plusieurs jours. Il est venu pour s'assurer du soutien diplomatique de la France après avoir durci la répression anticommuniste et contracté une alliance avec la Roumanie et la Tchécoslovaquie (la Petite Entente) afin de constituer un cordon sanitaire contre les aspirations régionales hongroises et contre la pénétration des idées bolchevistes en provenance d'URSS. Quand la nouvelle de la mort de son père lui parvient, il est alité et fiévreux. Incapable de bouger. Sans doute des séquelles ou une réminiscence des maladies virales contractées lors de ses nombreuses campagnes militaires – celle de l'hiver 1916, notamment, de loin la plus éprouvante.

Les funérailles du roi Pierre vont donc se dérouler en l'absence de celui qui est proclamé, le même jour, lundi 22 août 1921, roi des quatorze millions de Serbes, Croates et Slovènes. Une autre figure historique chère aux Belgradois manquera la cérémonie : le maréchal Franchet d'Espèrey, dont le train est resté bloqué quelque part dans les Alpes. Il n'arrivera que deux jours plus tard et se rendra directement dans le village où repose Pierre Ier pour déposer deux couronnes sur le tombeau du défunt.

Bâtie en 1841, tout près du patriarcat, la cathédrale Saint-Michel abrite les reliques de plusieurs saints et les tombes de Miloš Obrenović et de son fils Michel, mais aussi de Vuk Karadžić et de Dositej Obradović. C'est ici aussi que fut proclamée l'indépendance de l'Eglise orthodoxe serbe. Sous la voûte faiblement éclairée à la lueur blafarde de cierges de cire qui laissent échapper une épaisse fumée noire, la voix caverneuse du patriarche Dimitri résonne avec force. Son oraison funèbre dure de longues minutes. À son issue, tandis que montent des chœurs des chants liturgiques, solennels et lugubres, les canons commencent à tonner à l'extérieur. Un affût est placé devant le parvis, annonçant la fin de la liturgie. Bientôt le corps du « roi libérateur » y est déposé et le cortège s'ébranle en direction de la gare. À sa tête, la princesse Hélène, la tête découverte d'un voile noir, le prince Georges, leur oncle Arsène et leur cousin Paul. Au cœur de la procession avance Kastelan, le cheval d'armes de Pierre. Des représentants de toutes les nations européennes sont là. L'orchestre de la garde royale entame *La Marche funèbre* de Chopin lorsqu'on hisse le cercueil sur le wagon royal qui rejoindra le village de Topola. C'est là, près de la résidence d'Oplenac où son ancêtre avait lancé la première insurrection contre les Ottomans, que Pierre a fait construire en 1912 une église et un mausolée où sont désormais enterrés les Karadjordjević.

À son retour en Serbie, malgré les prières de son entourage, Alexandre, plus jeune roi d'Europe à trente-trois ans, repousse l'idée de se faire couronner, comme l'étaient la plupart des Obrenović et les souverains de la grande dynastie médiévale des Nemanjić, dans l'église Saint-Sauveur[1] du monastère

1. Les futurs monarques y entraient par une porte percée pour la circonstance dans le mur rouge de l'église. Puis, après avoir reçu les saintes huiles et la couronne royale, l'entrée en était murée à jamais.

de Žica, près de Kraljevo. D'une cérémonie propre à la royauté serbe, le fils du roi Pierre ne veut pas. Il est aussi roi des Croates et des Slovènes, et un tel geste susciterait des grincements de dents de la part des peuples non serbes. Voire plus. Son couronnement sera donc empreint de discrétion et d'humilité.

*

Habile politique, Alexandre sait que la Serbie a besoin d'une touche féminine qui pourrait, à sa manière, adoucir l'image de violence à laquelle son pays est associé depuis des siècles. Quand Pierre Ier était monté sur le trône, en 1904, il était veuf. Depuis près de vingt ans, donc, la Serbie est privée de souveraine. Avant-guerre, Alexandre était tombé amoureux d'une des jeunes filles du tsar alors qu'il étudiait à l'Académie militaire de Saint-Pétersbourg. En 1914, après les guerres balkaniques, il avait obtenu l'autorisation de commencer sa cour officielle mais le déclenchement de la guerre l'avait empêché de se rendre en Russie pour y déclarer solennellement sa flamme. Puis la révolution d'octobre 1917 et l'exécution des Romanov en juillet 1918 avaient réduit à néant le secret espoir d'Alexandre. Qui sait d'ailleurs si l'énergie qu'il met à combattre le parti communiste ne prend pas aussi sa source dans cette tragédie sentimentale aux airs de rendez-vous manqué ?

Quoi qu'il en soit, désormais couronné, le monarque serbe est bien décidé à se marier. L'élue de son jeune cœur ayant disparu, il est prêt à faire un choix diplomatique autant qu'amoureux. Le président de la République française, Raymond Poincaré, avec qui il entretient d'excellentes relations depuis la guerre, lui suggère le nom de la fille du duc de Guise. Il ne donne pas suite et se tourne vers Marie de Roumanie, la fille du roi Ferdinand. Elle possède trois atouts majeurs : elle est belle, possède du sang anglais – elle est l'arrière-petite-fille de la reine Victoria – et est liée à la famille... Romanov. La rumeur la dit aimable, enjouée, sociable et moderne : elle pilote elle-même de puissantes voitures et affectionne les vols en avion. On la présente aussi comme soucieuse d'un certain confort. Pour Alexandre, roi-soldat, paysan et guerrier, qui a grandi dans une conception homérique de la vie, mille fois plus à l'aise parmi les vieux paysans de Šumadija que sous les ors de son palais belgradois, la perspective de convoler avec une femme plus urbaine, plus ancrée dans la réalité du monde contemporain, représente un atout réel. Les fiançailles sont annoncées à Noël, depuis Sinaïa, en Roumanie ; le mariage programmé à l'été 1922.

Comme dans les contes de fées, la princesse aux yeux clairs est arrivée, la veille du mariage, sur un grand bateau blanc : le yacht *Stefan cel Mare* de la famille royale roumaine a remonté le Danube jusqu'au confluent de la Save. Jadis, Elisabeth d'Autriche (Sissi) avait rejoint ainsi son fiancé François-Joseph à Vienne... Accueillie par de petites embarcations dans lesquelles ont pris place des jeunes filles habillées en blanc, elle a ensuite rencontré le maire de la ville, le président de l'Assemblée, le patriarche et les membres du gouvernement. Puis elle a été conduite au vieux palais, réaménagé pour l'occasion en résidence royale. C'est là que viendra la chercher son promis le lendemain.

Le matin du 8 juin 1922, le soleil brille sur Belgrade. Pour fêter l'union mariale de deux peuples qui sont les seuls, dans les Balkans, à n'avoir jamais croisé le fer dans leur histoire, Belgrade ressuscite la pompe byzantine et les rites médiévaux serbes. Devant l'entrée de la cathédrale Saint-Michel, un Monténégrin monté sur un cheval noir porte le drapeau de la maison royale serbe. À ses côtés, dix autres cavaliers portent les étendards des provinces du pays (Croatie, Slovénie, Dalmatie, etc.). Marie de Roumanie arrive avec son père, le roi Carol, dans un carrosse tiré par six chevaux blancs. Elle est accueillie par le patriarche Dimitri, barbe d'argent et tiare d'or sur la tête, entouré de popes aux chasubles colorées. En sortant de la cathédrale, des gouttes de pluie commencent à tomber sur le long voile brodé et frangé d'or de la reine. Mais il en faudrait beaucoup plus pour gâcher la fête !

Devant le palais royal qui est désormais sa maison, des paysannes apportent à la reine des sucreries mêlées à du blé. Elle en offre au roi qui, à son tour, lui en propose ; le reste est distribué à la foule. Une tradition qui se veut présage d'abondance et de douceur pour le couple. Puis la reine élève au-dessus de la foule un petit enfant (un orphelin de guerre qu'elle adoptera) et l'embrasse : présage de fécondité – elle donnera effectivement trois enfants à Alexandre, qui veillera à leur donner symboliquement les prénoms d'un roi serbe (Petar, le futur Pierre II), d'un roi croate (Tomislav) et d'un prince slovène (Andrej). Enfin, avant d'entrer au palais, Marie se voit offrir du pain blanc et un flacon de vin pour respecter la tradition selon laquelle on n'entre pas les mains vides dans la demeure nuptiale.

La vie quotidienne du couple royal est simple. La reine partage son temps entre l'éducation de ses enfants – qui naîtront respectivement en 1923, 1928 et 1929 – et sa passion pour les fleurs et les jardins : dès qu'elle le peut, elle cueille des hyacinthes, des roses et des œillets afin de les disposer dans les pièces du palais de Dedinje. En 1924, Alexandre, souhaitant disposer d'une résidence estivale proche de Belgrade, a fait construire sur la colline située au sud-ouest de la ville un palais dessiné par l'architecte Živojin Nikolić. Bâti dans un style serbo-byzantin au cœur d'un parc boisé d'une cinquantaine d'hectares surplombant la Save, l'aménagement des pièces intérieures en a été confié à un architecte russe ayant fui la Révolution, Nikolaj Krasnov – qui dessinera aussi plusieurs bâtiments du centre-ville destinés à abriter des ministères. Chaque pièce est décorée dans un style différent, une salle de cinéma et une cave sont aménagées au sous-sol où se déroulent les réceptions et les dîners intimes : sur les murs, peints à la manière du palais Terem du Kremlin, des fresques de mythologie populaire. Surtout, le bâtiment dispose d'un immense parc où Marie exerce ses talents verts. Une ferme modèle est installée, dirigée par le maître d'équitation du petit prince Pierre. Dix chevaux, vingt vaches et autant de porcs. Un élevage de poules est confié à un vieil émigré russe passionné par les gallinacés. Il y a aussi une petite chapelle, un gymnase, etc. Tout a été construit avec l'argent personnel des Karadjordjević.

Alexandre, après avoir dépouillé son courrier dès huit heures du matin, reçoit ministres, hommes politiques et officiers de son état-major. L'après-midi, souvent, il dispute une partie de tennis ou part se promener à pied dans le parc ou en ville. Il aime aussi prendre son automobile : la vitesse, le grand air, la vue des paysages familiers de la campagne serbe lui font le plus grand bien. Parfois, Marie l'accompagne et conduit. Tous les soirs, ils dînent à huit heures – cuisine française –, puis s'adonnent au bridge, à la conversation ou la lecture.

*

Belgrade, dans les années 1920, goûte aux joies du parlementarisme tel qu'il se pratique, à la même époque, en France. Chaque jour ou presque se font et se défont des gouvernements au gré d'alliances aussitôt nouées aussitôt dénoncées : vingt-cinq en dix ans ! « Deux Serbes, trois partis », ironise-t-on dans les rues de la ville qu'affole la multiplication des formations se présentant aux élections. Le parti radical de Nikola Pašić domine une scène politique où le parti démocrate, le parti paysan croate, le parti populaire slovène, l'organisation musulmane yougoslave et plusieurs petits mouvements d'inspiration sociale tentent de se faire une place. Comme à Paris, les débats sont souvent agités, voire houleux : la réforme agraire, l'inflation ou l'instauration d'une monnaie unique suscitent des débats homériques. Pour beaucoup de députés, issus de la paysannerie ou de la petite bourgeoisie, toute retenue dans la conversation équivaut à de la faiblesse et, dans ce pays si souvent éprouvé par les conflits, la lutte pour la vie se réduit d'ordinaire à un aboiement ou un rugissement. Faire flèche de tout bois est plus qu'une posture, c'est un style de vie. Problème : on confond parfois la querelle avec l'action et on prend la violence pour de l'énergie. L'affaire Radić, en 1928, le démontre plus que toute autre.

Le principal dirigeant du parti croate représenté au Parlement se nomme Stjepan Radić. Orateur extraordinaire, formé à l'université parisienne, il fut un adversaire résolu de la monarchie dans les années immédiates d'après-guerre, prônant même le boycott des élections. Emprisonné à plusieurs reprises, il s'est rendu à Moscou en 1923 à l'invitation du gouvernement bolchevique ; à son retour, il a été à nouveau embastillé avant de faire savoir, depuis sa geôle, que toute réflexion faite, il croyait désormais aux vertus de la monarchie constitutionnelle. Libéré, il scelle un accord historique avec le parti radical serbe et se retrouve ministre de l'Instruction publique. Mieux : il devient en quelques mois un familier du palais. La reine Marie affectionne les longues conversations en français avec lui et va jusqu'à lui couper sa viande lorsqu'il vient souper, Radić ayant pratiquement perdu la vue.

Politiquement, son brutal rapprochement avec les Karadjordjević ne lui nuit pas, au contraire. Zagreb fait un accueil triomphal au couple royal qu'il accompagne lors de la célébration du millénaire de la royauté croate en août 1925. Le rêve d'union yougoslave semble devenir réalité.

Se sentant pousser des ailes grâce à sa proximité avec la famille royale, le chef croate en appelle à une régénérescence des mœurs politiques du pays. Pour en finir avec la gangrène de la corruption, cet homme de gauche qui, il y a cinq ans encore, parlait d'internationale socialiste paysanne, réclame ni plus ni moins l'instauration d'une dictature militaire : « Notre armée nationale, qui est notre sanctuaire national sous sa forme la plus pure, peut seule fournir un chef universellement reconnu, assez fort pour éliminer impitoyablement la corruption, rétablir l'ordre et la loi, supprimer l'esprit de parti dans l'administration et abattre le terrorisme politique qui menace de transformer notre pays en un vaste pénitencier », assure-t-il, un rien flatteur, au roi Alexandre.

Ulcérée, la presse d'opposition est vent debout, tout comme ses adversaires au Parlement qu'il a si souvent traités de « porcs » en plein hémicycle. Les plus informés de la marche du monde parlent, eux, de « fascisme rampant ».

Le mois de juin est traditionnellement néfaste à la Serbie. Le 20 juin de cette année-là, un député monténégrin, Puniša Račić, souvent pris à partie par Radić dans sa campagne contre la corruption, entre dans la Skupština armé. Il tire cinq coups de revolver : cinq députés croates s'effondrent. Deux meurent sur le coup, deux autres sont légèrement blessés. Radić est emmené dans un état critique à l'hôpital. Il y restera six semaines, veillé par Alexandre en personne, avant de succomber à son tour. « Vive le Roi ! » souffle-t-il lors de son dernier soupir. Auparavant, il n'a eu de cesse de supplier ses partisans de ne pas le venger et appelé à une franche réconciliation entre Serbes et Croates. Quant au meurtrier, il est jugé fou et envoyé dans un asile psychiatrique.

L'acte de folie du député monténégrin a des conséquences politiques très graves. Estimant impossible de nommer dans l'immédiat un orthodoxe (serbe ou monténégrin) à la tête du gouvernement, Alexandre cherche un Croate pour former celui-ci. Or, le successeur de Radić à la tête du parti croate et la majorité des députés croates refusent désormais de siéger. Ils ont même quitté Belgrade ! Un Slovène est donc choisi : le père Anton Korošec, qui fut le confesseur de la dernière impératrice d'Autriche-Hongrie, Zita. Six mois plus tard, son échec est patent. Le 3 janvier 1929, Alexandre Karadjordjević s'enferme dans son cabinet et rédige une proclamation dont Belgrade et tout le royaume prennent connaissance le lendemain :

> L'heure est venue où entre un peuple et le roi, il ne peut pas, il ne doit pas y avoir d'intermédiaire. L'organisation parlementaire et toutes les idéologies politiques ont reçu de plus en plus le démenti des faits. Le peuple et l'Etat en subissent à l'heure actuelle les dommages. Le parlementarisme qui était, comme moyen politique, une

tradition de mon tant regretté père, est demeuré mon idéal. Mais d'aveugles passions politiques en ont abusé dans une telle mesure qu'il est devenu un obstacle à tout travail profitable dans l'Etat. Mon devoir sacré est de sauvegarder, par tous les moyens, l'union nationale et l'Etat. Je suis décidé à remplir ce devoir sans hésitation et jusqu'au bout.

Il dissout le Parlement pour instaurer, comme le réclamait un an plus tôt son ami Radić, une dictature militaire. Alexandre n'a pourtant rien d'un Staline ou d'un Mussolini : si les partis sont supprimés et la presse muselée, il n'est mû par aucune ambition césarienne d'essence totalitaire. Il n'occupe d'ailleurs pas le poste de chef de gouvernement, dévolu au général Živković. En 1931, il édictera une nouvelle Constitution, mélange de pouvoir personnel fort et de parlementarisme. Sa seule obsession : préserver l'unité fragile, si fragile, des peuples serbe, croate et slovène dans ce pays jeune, si jeune, qui porte désormais un nouveau nom officiel, la Yougoslavie.

L'un des symboles les plus forts de la volonté du roi Alexandre de favoriser cette union nationale réside dans son encouragement des activités sportives collectives. Le vecteur principal en sera le basket-ball, ce dont nul ne songera jamais à se plaindre jusqu'à nos jours : les territoires yougoslaves ont fourni, depuis 1923, date de l'introduction de ce sport dans le Royaume des Serbes, Croates et Slovènes, le contingent le plus impressionnant au monde de joueurs de génie – serbes, monténégrins, croates, etc. ! Le football, lui, se pratique depuis 1896, date de la première rencontre officielle qui se déroula au pied de la forteresse du Kalemegdan, au bord du Danube. La même année voyait se dérouler la course à vélo Londres-Belgrade, douze ans après la naissance du premier club cycliste de la ville.

Organisation sportive panslave, les Sokols représentent, après-guerre, l'institution sportive publique la plus importante. Inspirée du modèle tchèque[2], elle est traditionnellement peu tournée vers les jeux collectifs : son objectif premier est de développer les capacités physiques individuelles de ses membres par des activités comme la course à pied, la musculation ou la natation. Si elle finit par encadrer les équipes de basket-ball yougoslaves et organiser le premier championnat national, ce n'est pas elle qui favorise les premiers pas de ce sport né aux Etats-Unis, mais la Croix-Rouge. Plus précisément l'un de ses délégués américains, William Augustin Wieland. Dans le cadre des réparations « morales » que l'organisation humanitaire suisse se fait fort d'opérer dans les nations les plus éprouvées par la guerre, il va importer dans le pays la science du basket[3] !

Wieland arrive à Belgrade en septembre 1923. Pendant un mois, il fait le tour des écoles, flanqué d'un interprète chargé de distiller sa bonne parole aux petits Serbes… en français. Puis il rejoint Zagreb

2. Le mot *sokol* signifie « faucon », symbole de courage et de témérité dans les pays slaves.

3. Et celle du volley-ball ! Dans ce sport, les nations yougoslaves brilleront également, et ce jusqu'à nos jours.

et Sarajevo tandis que la capitale serbe déjà s'enthousiasme pour ce sport nouveau qui fait appel à des valeurs physiques et mentales, individuelles et collectives. Dans toute la ville fleurissent des terrains improvisés en gravier, en herbe ou en terre battue sur lesquels on joue le plus souvent pieds nus ; n'ayant pas le temps ou les moyens de confectionner des paniers, on place au sommet de pieux plantés dans le sol des vieilles chaises trouées. Bientôt, une queue quotidienne se forme devant chez Vule Vučković, un artisan de cuir qui propose de remplacer les balles de chiffon par de vrais ballons de basket aux dimensions et au poids fixés par Wieland. Sur un mur de l'école primaire du Roi-Pierre, en centre-ville, est bientôt apposée une plaque en forme de panier avec un ballon, sur laquelle est fièrement inscrit : « La première partie de basket-ball à Belgrade fut jouée en 1923 dans la cour de cette école. »

Très vite, un mini-championnat de huit équipes est mis en place : les joueurs ont entre dix et quatorze ans. Quelques mois plus tard, à la grande satisfaction du roi, des compétitions interrégionales ont lieu. Le premier championnat yougoslave adulte (associatif) organisé par les Sokols s'achèvera par une victoire de Zagreb, ville qui fournira le plus gros contingent de joueurs à l'équipe nationale lors de sa première rencontre officielle contre la Tchécoslovaquie en 1938. Le match se terminera par une défaite cuisante 76 à 28. Depuis, on l'a dit, la Yougoslavie s'est largement vengée, remportant tous les titres internationaux possibles (olympiques, mondiaux et européens)...

*

En politique aussi, Alexandre se démène pour redonner foi et espoir à ses peuples déçus ou horrifiés par les récents événements. Après des années d'immobilisme favorisées par un système parlementaire propice aux blocages institutionnels, la nouvelle gouvernance permet des initiatives réelles. Des réformes sont entreprises, des lois, votées. Un nouveau code civil et un nouveau code pénal sont adoptés, un ambitieux programme d'industrialisation, lancé – que freinera bientôt la Grande Dépression. Des mesures spectaculaires sont prises, visant à réduire les antagonismes régionaux : abolition de l'alphabet cyrillique, suppression des noms de région traditionnels (Serbie, Croatie, Bosnie...) au profit des noms des fleuves les traversant (Save, Danube, Vardar, Drina...), etc. En politique extérieure, Alexandre entreprend de resserrer ses alliances : avec ses voisins grecs mais aussi avec la Roumanie et la Tchécoslovaquie dans le cadre de la Petite Entente, née au début des années 1920.

Puis il y a l'incroyable réconciliation avec la Bulgarie, malgré l'épineuse question de la Macédoine. Une démarche qui donne lieu, en 1930, à une scène demeurée célèbre dans les mémoires belgradoises par sa dimension symbolique. Alors qu'elle s'apprête à rentrer à Sofia après un voyage à Londres et à Paris, la reine de Bulgarie contacte le roi Alexandre. Née princesse d'Italie, Giovanna est la petite-fille du roi Nikola du Monténégro, sa mère étant la sœur de celle du roi de Yougoslavie : Alexandre et elle sont donc cousins. Ils ne se sont pas vus depuis 1913 (elle avait six ans, lui vingt-cinq) et elle propose de profiter de la halte de l'Orient-Express en gare de Belgrade pour se rencontrer, en présence de leurs conjoints respectifs.

Quelques heures plus tard, Boris III de Bulgarie et Giovanna pénètrent dans la salle d'attente de la gare hâtivement et pompeusement décorée d'armoiries et de symboles nationaux bulgares. Faisant fi des convenances diplomatiques, elle embrasse chaleureusement son cousin Alexandre et pose ses mains sur ses épaules avant de lui présenter son mari. Surpris mais amusé, Karadjordjević sort de sa réserve habituelle et lui rend ses salutations avec affection. Quelques minutes plus tard, attablés devant une tasse de café, Leurs Quatre Majestés Boris, Giovanna, Alexandre et Marie ont oublié toute retenue protocolaire et bavardent comme de vieux amis qu'ils ne sont pas. Image inouïe que cette réunion improvisée entre quatre figures de sang royal issues de nations qui se faisaient la guerre il y a moins d'une génération, et ce à l'heure où les tensions nationalistes et les bruits de bottes se multiplient dans toute l'Europe.

La ville entière est bientôt mise au courant de la scène. Volontiers mélancoliques, ses habitants ont conscience de la bizarrerie de la situation au regard du passé comme de l'avenir, qu'ils pressentent sombre. Les Bulgares – comme les Italiens – n'arment-ils pas les ennemis de la Yougoslavie – terroristes macédoniens de l'ORIM pour les premiers, extrémistes croates d'Ante Pavelić (les redoutables oustachis), pour les seconds ? Cette fortuite rencontre peut-elle être autre chose qu'une mascarade, une mise en scène ?

Trois ans plus tard, l'histoire donnera raison aux sceptiques. Mais l'histoire étant tragique, ne donne-t-elle pas toujours raison aux sceptiques ?

BELGRADE EST UNE FÊTE... TRAGIQUE (1930-1941)

« Sois le maudit et non le maudissant. »

Talmud

Chaque peuple possède sa manière propre de porter son histoire. Certains la portent comme un ostensoir, d'autres comme un casque. La Serbie, pour sa part, la porte comme un reliquaire. Les pièces de son martyrologe ont pour noms la bataille de Kosovo, la Grande Migration, l'occupation ottomane, le Golgotha albanais. Et bientôt le drame de Marseille du 9 octobre 1934.

La décennie qui s'est ouverte au lendemain de la Première Guerre mondiale était pourtant riche de belles promesses. Dans les années 1920, Belgrade est une fête, un volcan. De toute l'Europe, on se presse pour venir voir cette « belle de nuit » qui a le charme chaud de l'Orient et à qui ses hauts édifices donnent aussi un reflet américain. L'écrivain hollandais A. den Doolaard y vient dès qu'il peut et en repart toujours malheureux :

Le charme des nuits de Belgrade est inégalable. D'abord, il y a le joyeux repas du soir où on fait la connaissance de la cuisine serbe. Elle est saine et forte, odorante et piquante, alléchante comme une belle fille plantureuse. Je ne m'en lasse jamais. Chaque soir, vous pouvez me servir une bonne čorba, quelques ražnjici, ensuite du fromage blanc à l'oignon, le tout arrosé, bien entendu, de quelques verres de ce superbe vin de Topola ou de Negotin... Et cet hiver, quand je serai de retour dans cette Hollande trop calme, je m'étendrai, les nuits pluvieuses, sur un grand ćilim rapporté de Pirot. Accoudé devant mon gramophone, je ferai jouer tous mes disques yougoslaves. La musique m'enivrera tout doucement, et je n'aurai besoin que d'un tout petit verre de *rakija* pour partir dans mes rêves vers la Yougoslavie, pays de passion et de soleil, qui m'est devenu une deuxième patrie.

Pour oublier ses malheurs d'antan, Belgrade danse et chante à tue-tête. Des orchestres de salon font leur apparition dans les grands hôtels (à l'Excelsior, fréquenté par les diplomates, au Ruski Car – « le Tsar russe » –, le plus chic, au discret Palace, au Bristol, près de la gare) ; des bals et des kermesses sont organisés le samedi soir par des associations (caritatives, sportives, commerciales, etc.) ; des groupes de jazz nègres apparaissent dans les cafés du centre (le « Tsar russe », le « café de l'Académie », l'hôtel Moscou, etc.) ; on se presse aux spectacles inouïs du célèbre acrobate D. Aleksić. Chaque année, le 9 janvier, à l'occasion de l'anniversaire de la reine Marie, le vieux palais accueille lui-même une soirée où les figures du tout-Belgrade font assaut d'élégance : c'est à qui viendra avec la robe ou le costume du dernier chic parisien ou londonien. Il y a aussi les « bals patates » – ainsi baptisés car ils se tiennent dans les brasseries de la ville fréquentées par les habitants les plus modestes, ceux qui ne mangent que des pommes de terre mais veulent aussi participer à la fête – ou les « bals d'eau », qui ont pour cadre les péniches stationnées sur la Save (les plus courues : l'*Alexandre-Ier*, l'*Empereur-Nicolas-II*, la *Saint-Archange*…). En 1923 se tient même l'excentrique « bal de la 1 002e nuit », sous la houlette des plus grands artistes et écrivains de l'époque : un triomphe !

Des écoles de danse fleurissent aux quatre coins de la ville : on y apprend le tango, le fox-trot, le one-step et le charleston. Des ballerines de l'Opéra de Paris viennent régulièrement se produire. Bars, restaurants, bistrots et clubs poussent comme des champignons. Le lieu le plus fameux, et qui le restera deux décennies durant, s'appelle « La Lyre russe ». Tenu par un émigré russe blanc, il tiendra la dragée haute aux huppés Jockey-Club, Auto-Club ou Rotary-Club. Le « Kasina bar », à Terazije, fait tous les soirs salle comble avec son spectacle « Miss Arizona », qui fera la fortune de sa tenancière hongroise.

Pour ceux qui ne dansent et ne chantent pas, il reste l'hippodrome du Jockey-Club et les cinémas. Ceux-ci sont pour la plupart aménagés dans les cafés-restaurants mais il existe aussi quelques salles « de luxe » avec fauteuils d'orchestre, baignoires et balcons : Urania (six cents places), Kolarac, Luxor, Corso, etc. On y passe beaucoup de films américains et des opérettes allemandes, quelques œuvres françaises, deux ou trois productions nationales (souvent documentaires)[1]. Les représentations commencent à

1. Le premier producteur de cinéma serbe, Svetozar Botorić, est, par le hasard d'une histoire familiale rocambolesque, enterré dans le cimetière breton de Brignogan-Plages, dans le Finistère nord.

trois heures de l'après-midi alors que débutent, à Topčider, les matchs de football entre le Sport-Club de Belgrade (« les bleus ») et le club Yougoslavie (« les rouges »). L'été, autour de l'île Ada Ciganlija, on se presse pour applaudir les courses d'aviron ou profiter des plages aménagées le long de la Save.

Sur le plan architectural et artistique, c'est également l'effervescence. Rue de Paris, face au parc du Kalemegdan, on fait bâtir un majestueux bâtiment art déco destiné à abriter l'ambassade du pays le plus cher aux cœurs des Belgradois : la France. Conçu par un architecte français et un architecte serbe, il est surmonté de trois immenses statues symbolisant la liberté, l'égalité et la fraternité. À quelques centaines de mètres de là, l'immeuble de la poste, avec ses colonnes doriques, son allure massive et ses marches en marbre, emprunte plutôt aux influences italiennes de l'époque, c'est-à-dire fascistes.

À peine un mois après la publication en France du *Manifeste du surréalisme*, une revue belgradoise, *Svedočanstva*, reproduit le texte d'André Breton (novembre 1924). Quelques années plus tard, les écrivains ralliés au révolutionnaire mouvement littéraire publient un almanach baptisé *L'Impossible*. Menée par les Parisiens serbes Moni de Bouli et Marko Ristić, une petite bande de romanciers, plasticiens, photographes, sculpteurs et cinéastes s'essaieront pendant dix ans à l'improbable mariage entre art, freudisme et marxisme.

« Qui m'a volé ma petite capitale aux cailloux pointus ? » s'attriste Albert Londres en visite dans la ville, quelques mois avant sa disparition en 1931 au large des côtes des Somalis. Pour le reporter du *Petit Parisien*, qui avait en mémoire « un bourg sur une langue de terre entre deux fleuves », la vue de cette ville moderne qui semble ne jamais dormir et sourire à la vie avec insouciance est étrange. Le témoin des bombardements de 1914 et 1915, qui a encore, de Belgrade, « sa solitude dans les yeux et son silence dans les oreilles », peine à croire que le destin de la capitale puisse s'écrire désormais comme celui d'une comédie. Il sait, lui, que l'ombre de la tragédie ne quitte jamais vraiment le ciel de la Ville blanche…

*

Après le coup d'Etat d'Alexandre en janvier 1929, les plus extrémistes des Croates estiment que le salut de leur « nation » passe par la création d'un mouvement de type fasciste. Appuyé et financé par la Hongrie de l'amiral Horthy et l'Italie de Mussolini, Ante Pavelić crée l'Ustaša (le « Rebelle »), un mouvement fasciste et nationaliste qui se signale rapidement par plusieurs attentats meurtriers contre les institutions serbes ou orthodoxes. En décembre 1933, deux de ses membres – on les appelle des *ustaši* (oustachis) – échouent de justesse lors d'une tentative d'assassinat du monarque : « Nous l'abattrons, ce Tzigane ! » avait déclaré un jour leur chef. Interrogés, ils avouent que le Duce leur avait promis cinq cent mille dinars s'ils réussissaient leur coup. L'arrivée au pouvoir de Hitler en janvier 1933 puis la tentative de putsch nazi en Autriche en juillet 1934 ne font qu'accroître les craintes du roi : isolée dans un océan de nations aux régimes autoritaires prêts à soutenir l'irrédentisme croate, la Yougoslavie ne peut compter que sur ses vieux alliés britanniques et français. Et sur l'URSS ?

L'idée répugne au souverain anticommuniste, mais il n'a plus le choix. D'autant que le ministre des Affaires étrangères français, Louis Barthou, semble disposé, lui aussi, à amorcer un rapprochement avec Moscou pour contrer l'influence grandissante de l'Allemagne en Europe. Lors d'un voyage à Belgrade en juin 1934, il dévoile son plan diplomatique à Alexandre : unir dans une coalition les Etats de la Petite Entente, la France, l'Union soviétique et… l'Italie : pour Barthou, il est encore temps d'empêcher le dictateur italien de s'allier avec son homologue allemand. Cette dernière idée est totalement inconcevable pour Karadjordjević mais il se dit prêt à discuter d'un accord avec la Russie soviétique. Les deux hommes se donnent rendez-vous pour en reparler en France à l'automne.

Le 9 octobre, le croiseur *Dubrovnik* arrive en vue des côtes françaises. À son bord, Alexandre est invité par son aide de camp à revêtir une cotte de mailles sous son uniforme. Il s'insurge : « Oublies-tu que nous sommes en France ? lance-t-il à son serviteur, Zeka. Nous n'avons ici que des amis : ils nous protégeront. » Quelques heures plus tard, le roi de Yougoslavie tombe sous les balles d'un Mauser 7,65 à canon long. Son meurtrier appartient à l'ORIM, une organisation terroriste macédonienne semant la terreur en Bulgarie et dans tous les Balkans. Depuis plusieurs mois, il s'entraînait dans un camp en Hongrie avec les oustachis de Pavelić. Après son geste, l'homme n'a pas le temps de fuir : il est lynché par la foule marseillaise et succombe à ses blessures. Comme Louis Barthou et le général Georges qui se trouvaient dans la voiture du roi lors de l'attentat. Informés du drame, les marins du Dubrovnik envisagent pendant quelques instants de tourner les canons du croiseur en direction de la ville qui n'a pas su protéger leur roi et de tirer…

Le lendemain du drame, le jeune Pierre Karadjordjević est tiré de son sommeil plus tôt que ses camarades du collège anglais où il est arrivé il y a quelques jours : ses parents avaient décidé que le filleul de George V suivrait désormais ses études à Sandroyd School, à Cobham, dans le Surrey. Comme les enfants de sa tante Béatrice, l'infante d'Espagne. On lui parle d'un accident de voiture que son père aurait eu : il doit d'urgence gagner Paris. À Londres, l'ambassadeur de Yougoslavie ne peut retenir son cœur à sa vue : après l'avoir serré dans ses bras, il s'écrie : « Ils ont tué notre roi ! Longue vie à Notre Majesté ! » Voilà Pierre, onze ans, orphelin de père. Et virtuellement roi de Yougoslavie.

*

Tandis que le cercueil d'Alexandre est installé sur le croiseur *Dubrovnik*, à Marseille, muette d'affliction, la Skupština se réunit en grande hâte dans la capitale yougoslave. Sur le mur du fond de la grande pièce blanche dans laquelle elle siège, trois portraits ont été accrochés : le roi Alexandre, voilé de crêpe, la reine Marie et Pierre. Le testament d'Alexandre est lu à voix haute, puis son éloge funèbre prononcé. Soudain, les portes de la pièce s'ouvrent. Trois hommes entrent : Radenko Stanković, Ivo Perović et le prince Paul Karadjordjević, cousin d'Alexandre. Ce sont les trois régents chargés de mener les affaires du pays jusqu'à la majorité de l'enfant-roi, en 1941... Chacun son tour, ils lèvent le bras droit et prêtent serment devant les députés : « Je jure fidélité au roi Pierre II ! Je jure de placer au-dessus de tout l'unité de la nation, l'indépendance de l'Etat, l'intégrité du territoire ! Je jure de me conformer à la Constitution et de n'agir qu'en vue du bien public ! »

Samedi 13 octobre 1934. Sous un soleil resplendissant, un train entre en gare de Belgrade tout de noir revêtu. Aux alentours, cent cinquante mille Belgradois se sont massés dans les rues, aux balcons, sur les arbres. Une petite silhouette descend de l'Arlberg-Express auquel ont été rattachés les wagons royaux roumain et yougoslave. Même s'il se tient très droit, très digne, Pierre a le plus grand mal à dissimuler combien il est impressionné. Vers lui s'avancent des hommes en chapeau melon et veste noire, ainsi que le patriarche de Serbie dont il baise la main avant de recevoir, en signe de bienvenue, le pain et le sel. Il quitte la gare à pied, encadré par sa mère et le prince Paul, et rejoint Terazije, d'où monte une clameur immense : « Vive le roi Pierre ! » hurle la foule. C'est à cet instant que Pierre prend réellement la mesure de ce qui lui arrive. Il a les yeux rouges de tristesse et de fierté mêlées. Ce soir, il dormira au palais royal.

Trois jours plus tard, sous un ciel gris et triste cette fois, un autre train entre en gare de Belgrade. Celui-ci vient du port de Split et il est passé par Knin et Zagreb : avant de rejoindre la capitale yougoslave, il a été décidé que le train transportant la dépouille du roi Alexandre traverserait le pays afin que ses peuples puissent la saluer – en 1980, à la mort de Tito, le même rituel sera répété. Dans la capitale croate, supposée hostile au Premier des Serbes, des dizaines de milliers de personnes ont défilé devant le cercueil de leur roi assassiné…

Le corps est emmené au palais royal, où il restera deux jours, gardé par six officiers : deux de l'infanterie, deux de la cavalerie, un artilleur et un officier du génie, tous tenant leur sabre la pointe tournée vers le sol. Derrière eux, deux rangs de soldats de la garde royale, les mains jointes sur leur fusil.

Le 19 octobre 1934, les funérailles du premier roi de Yougoslavie sont célébrées par le patriarche Varnava. La nuit précédente, le corps a été veillé dans la cathédrale Saint-Michel par une garde d'honneur. Entre l'édifice religieux et la gare, retenus par une haie de soldats au visage fermé par la douleur, cinq cent mille Belgradois se tiennent debout, en habits de deuil, attendant la fin de la cérémonie religieuse pour jeter un dernier regard, une dernière fleur, sur le cortège funéraire. Au-dessus d'eux, des avions survolent la ville, saluant à leur manière la tragique disparition de l'Unificateur. Une vingtaine d'entre eux portent les couleurs de la France qui n'a pas oublié ce que disait Louis Barthou d'Alexandre et de son pays, avant de tomber sous les mêmes balles que son allié : « Un grand roi et un grand pays, dignes l'un de l'autre par leur courage, par leur fidélité et par leur puissance de travail… Amis de la France, ils ont en elle une amie : loyale et qui n'oublie pas. »

À l'intérieur de la cathédrale, l'émotion est immense. C'est dans ce lieu de joie qu'ont été couronnés Pierre et Alexandre : ici, aussi, qu'a été célébré le mariage du roi et de Marie ; ici, encore, qu'ont été baptisés les trois princes. Mais en ce jour de deuil, personne n'a pris place sur le trône. À sa place a été disposé le catafalque entouré de cierges. Derrière la grille dorée de l'iconostase, dos à l'assemblée, le patriarche, les évêques et les higoumènes prient. Au premier rang, la reine Marie et Pierre, en tenue de Sokol. Derrière eux, les souverains de Roumanie, ses grands-parents maternels, Albert Lebrun, président de la République française, le « héros de Verdun », le maréchal Pétain, le duc et la duchesse de Kent, le prince Cyrille de Bulgarie, le prince Paul de Grèce, l'archiduc Anton d'Autriche, des généraux, des ministres et des diplomates du monde entier. Vingt-quatre nations ont envoyé leurs représentants. Y compris l'Italie et l'Allemagne, représentée par le général Goering.

Enfin, les portes de Saint-Michel s'ouvrent. « *Slava !* » (« Gloire à lui ! ») lancent, comme tantôt le patriarche, ceux qui, les premiers, aperçoivent le cercueil porté par les ministres. Le cortège s'ébranle, ouvert par la garde royale, dont les cavaliers, avec leurs pelisses, leurs bonnets de fourrure et leurs dolmans, font irrésistiblement penser aux armées tsaristes disparues dans la tourmente bolchevique. Puis viennent les fantassins de Verdun envoyés par la France, les saint-cyriens, les marins anglais, les dragons roumains, un bataillon tchèque, des soldats bulgares, grecs et même turcs. Fermant la marche, enfin, l'armée yougoslave avec, en tête, les vétérans des guerres balkaniques, du bombardement de 1914, de la retraite d'Albanie, de la marche victorieuse de l'automne 1918. Tous portent, épinglée sur le cœur, l'étoile de Karadjordje.

Le cercueil, enveloppé du drapeau timbré de l'aigle royal, est posé sur un affût de canon et tiré par cent officiers et soldats de la garde. À son passage, la foule s'agenouille avant de relever la tête pour assister au cortège des dignitaires et des généraux tenant en main les attributs royaux : le sceptre, le globe, les insignes, les décorations, le fanion, l'épée. À pied suivent Pierre et Marie, puis les autres membres de la famille. La traversée de la ville se fait au son des cloches et de deux orchestres militaires qui interprètent *Le Crépuscule des dieux*.

Le corps est monté sur le train funèbre à destination du tombeau royal des Karadjordjević, au cœur de la Šumadija. À bord, un déjeuner est servi aux personnalités diplomatiques invitées. Un scandale éclate : Goering est furieux de ne pas avoir été convié à la table royale, où se trouve notamment le maréchal Pétain… À Mladenovac, on dépose le cercueil sur un corbillard automobile qui prend la route vers Topola. C'est là, dans la chapelle Saint-Georges, que la garde du cercueil sera confiée aux paysans locaux qui la transmettront à leurs enfants après l'avoir eux-mêmes reçue de leurs parents. Le roi est mort, son souvenir vivra. Quelques années plus tard, la romancière Rebecca West de passage à Topola relatera ce mot terrible et magnifique prononcé, sur la France, par un des gardiens du tombeau d'Alexandre :

> Lorsque notre roi se rendit en voyage officiel en Bulgarie, nous célébrâmes la messe dans cette église nuit et jour durant les trois jours qu'il passa à Sofia, et bien qu'il y ait beaucoup de Bulgares qui nous haïssent et qui ont un cœur méchant, il ne lui est rien arrivé, et il nous est revenu sain et sauf. Mais que Dieu nous pardonne, quand il est parti en France, nous n'avons pas célébré la messe pour lui, car nous croyions qu'il était parmi des amis.

*

Alexandre l'Unificateur disparu, qui pourra gouverner et maintenir un semblant d'unité nationale ? Pierre II n'étant encore qu'un enfant, l'autorité royale, on l'a dit, est confiée à un trio de régents, parmi lesquels le fils du prince Arsène, le frère de Pierre Ier. Il a quarante et un ans. On ne peut imaginer personnalités plus dissemblables que Paul et son défunt cousin. Ne goûtant guère la chose militaire, urbain jusqu'au bout des ongles, le premier des trois régents porte sur son visage et dans ses manières l'éducation britannique qu'il a reçue. Petit, fragile, le visage pâle et timide, habillé de costumes anglais de flanelle coupés sur mesure par son tailleur de Savile Row, il ne dégage aucun charisme naturel. Quand son prédécesseur n'avait de cesse d'entretenir les relations les plus étroites possibles avec la France, il ne jure (du moins les premières années) que par la diplomatie anglaise. Obsédé par la question croate, il néglige la question serbe et ne met guère de zèle à poursuivre les oustachis qui sèment la terreur dans les quartiers ou villages serbes de Dalmatie. Répugnant à enfiler son uniforme de général, il suscite l'indifférence de l'état-major militaire avant de provoquer sa franche hostilité lorsqu'il choisira, via le gouvernement Stojadinović, de se rapprocher de l'Italie et de l'Allemagne.

Tous les observateurs qui le croisent dans les réceptions belgradoises au cours des années 1930 sont unanimes : malgré sa large mâchoire volontaire, l'homme n'est guère fait pour le pouvoir. Surtout en une période aussi périlleuse. Les mauvaises langues locales vont plus loin : ce prince esthète n'est pas fait pour la Serbie. Trop raffiné, trop délicat, trop cosmopolite dans cette ville où circulent encore des montreurs d'ours de Bosnie ou des scieurs de bois monténégrins en costume traditionnel, leur petite hache à la main. Quand on le croise rue Knez Mihailova, avec son imperméable Burberry's, son chapeau melon et son parapluie, on dirait un étranger en escale dans une bourgade exotique avant de repartir le lendemain pour Paris, Londres ou New York. Quand il descend de son train en gare de Belgrade, il peine à camoufler le dégoût et le mépris que lui inspire la vision d'un lieu hanté par des vendeurs de sésame, de limonade et de cacahuètes, des Tziganes aux pieds nus et au visage noir comme du charbon, des joueurs d'orgue de Barbarie aveugles ou unijambistes déterminés à massacrer *Le Beau Danube bleu*, et des voyageurs affalés sur le sol humide, la tête coincée sous leur maigre baluchon.

Le lieu favori du prince n'est ni un restaurant traditionnel, ni un parc public, ni la Skupština, mais le musée d'art qui porte son propre nom, juste en face – il abrite aujourd'hui le siège de la présidence serbe. Seul trouve grâce à ses yeux cet espace riche en collections archéologiques et en œuvres d'art serbes et yougoslaves[2].

Le plus clair de son temps belgradois, Paul le passe au Palais Blanc, bâti sur la colline de Dedinje. Juste avant son assassinat, Alexandre avait ordonné la construction de ce second palais qu'il destinait à ses trois enfants, une fois adultes. Comme le vieux palais, il fut financé sur la cassette personnelle des Karadjordjević. Paul a repris le projet de son cousin en le modifiant un peu : lorsqu'il est inauguré en 1937, son allure est plus celle d'un manoir anglais... À l'intérieur ? Du pur Louis XV. Abandonnant le vieux palais aux enfants d'Alexandre, Paul s'installe dans ses nouveaux murs sur lesquels il accroche les toiles de ses peintres favoris : Rembrandt, Véronèse, Mantegna, El Greco, Poussin, Le Titien, Corot, etc. Au fond, Paul est un gentleman égaré dans un monde qui sent le chou fermenté, le mauvais tabac, l'alcool paysan, le crottin de cheval : bref, l'Orient. La campagne. Le Moyen Age. Il déteste. Et les Serbes le

2. Y sont alors exposés des parures celtiques en argent, des poteries peintes du néolithique, un char votif de l'Antiquité, des statues grecques, des bas-reliefs romains, un buste en bronze de l'empereur Constantin, des émaux du XIe siècle, une bague en or de la reine Théodora, un choros du roi Vukašin, des enluminures médiévales, quarante-quatre sculptures de Meštrović, une collection numismatique de douze mille pièces, etc.

détestent. Ils auront bientôt l'occasion de lui montrer à quel point.

*

Le 3 septembre 1939, tandis que quelques centaines de kilomètres au nord, débute la Seconde Guerre mondiale, Belgrade vit ses derniers instants d'insouciance. Ce jour-là, à onze heures du matin, s'élance le tour international automobile et motocycliste du Kalemegdan. Trente-trois voitures et soixante-six motos pilotées par les meilleurs sportifs internationaux de l'époque exécutent plusieurs fois le tour de la citadelle à des vitesses folles. Des milliers de spectateurs ont payé dix à deux cents dinars pour prendre place dans les tribunes installées autour du circuit improvisé vers lesquelles montent les effluves d'essence brûlée par les bolides. Le vacarme provoqué par le bruit des moteurs se répercutant sur les murs de pierre de la forteresse retentit comme l'écho du grondement des chenilles et des canons des Panzer qui fondent, ce même jour, sur la Pologne. Et demain sur la Yougoslavie ?

En politique internationale, le régent Paul est un pragmatique. Depuis des années et pendant quelques mois encore, il tente d'arracher aux Anglais la promesse de porter secours à la Yougoslavie en cas d'attaque allemande. En gage de sa sympathie pour les démocraties occidentales, il s'est même débarrassé de son Premier ministre Milan Stojadinović, favorable à un rapprochement avec les forces de l'Axe. Pourtant, sur le plan intérieur, le bilan de ce dernier était tout sauf indigne : excédent des recettes de l'Etat, balance commerciale positive, revalorisation des produits agricoles, élévation du niveau de vie, politique ambitieuse et réussie de grands travaux publics, etc. Mais tous les efforts de Paul se sont révélés vains et ont poussé ce grand anglophile à un certain fatalisme. Surtout après la signature des accords de Munich et les campagnes victorieuses de l'Allemagne en 1939-1940…

Au début de l'année 1941, Londres a changé d'attitude et l'Europe, de visage. Seule l'Angleterre résiste encore au Reich conquérant. La Pologne, la Belgique, les Pays-Bas et la France ont capitulé après avoir combattu tandis que toutes les autres nations de l'Europe continentale sont neutres (Espagne, Portugal), occupées ou alliées (Union soviétique, Bulgarie, Hongrie, Roumanie). Après l'agression italienne, la Grèce a repoussé victorieusement les armées du Duce mais chacun se doute que l'Allemagne ne va pas tarder à prendre le relais de son piteux allié.

Avant de se lancer à l'assaut de la Russie, Hitler a besoin de sécuriser son flanc droit : le sud-est de l'Europe. Pour occuper la Grèce, porte méditerranéenne par laquelle sont susceptibles de passer les armées ou les espions britanniques, il lui faut s'assurer de la bienveillance des autorités yougoslaves. Justement : depuis plusieurs semaines, des pourparlers ont lieu avec le gouvernement serbo-croate (Cvetković-Maček) pour faire adhérer la Yougoslavie au Pacte tripartite. À cette alliance originellement signée entre l'Allemagne, l'Italie et le Japon se sont joints récemment tous les Etats balkaniques. Pressé d'un côté par les Anglais pour former une coalition antinazie avec les Grecs et les Turcs, de l'autre par les Allemands pour rejoindre les forces de l'Axe antibritanniques, Paul ne peut plus ne pas choisir. Après avoir été reçu au Berghof par Hitler au début du mois de mars, il convoque le Conseil de la Couronne et fait part de sa décision d'adhérer au Pacte : il a obtenu la promesse que la Yougoslavie ne serait pas obligée d'entrer en guerre aux côtés des forces de l'Axe et que les troupes allemandes ne mettraient pas une botte dans le pays. Le président du Conseil Cvetković proteste : « Il serait préférable pour nous de subir une attaque massive plutôt que d'être anéantis à petit feu après avoir été isolés : dans les deux cas, notre cas serait le même, mais si nous résistions à l'agression, notre honneur serait sauf et l'on en tiendrait compte à la fin de la guerre. »

Vaine prévention. Avec le prince Paul et le ministre des Affaires étrangères Cincar-Marković, le Premier ministre yougoslave appose sa signature au bas de l'adhésion de Belgrade au Pacte tripartite le 25 mars 1941, à Vienne, au château du Belvédère...

Ils voulaient la paix, ils auront la guerre. Et le déshonneur. Mais eux et seulement eux. Car en Serbie, parmi les couches les plus populaires comme au sein de l'armée ou de l'Eglise, nombreux sont ceux qui n'acceptent pas cette « capitulation ». Parmi eux, certains se disent même prêts à renverser la Régence... et cette alliance contre-nature. Quitte à provoquer la fureur d'Adolf Hitler ? Quitte à provoquer la fureur d'Adolf Hitler.

LA VILLE QUI A DIT NON
(1941)

> « Il faut toujours bien faire ce qu'on fait, même une folie. »
>
> Honoré de Balzac

Si l'annonce de la signature du Pacte avec l'Allemagne nazie suscite l'indignation d'une majorité de la population serbe, elle n'étonne guère. Depuis le début du mois de mars, Belgrade vit au rythme des manifestations hostiles au rapprochement de la Yougoslavie et de l'Allemagne nazie. Les étudiants, affiliés aux Sokols ou non, se réunissent chaque soir malgré le déploiement des forces de police anti-émeutes entre la place Slavija et la vieille ville, près de l'université et du pont de la Reine-Alexandra. Défiant l'interdiction d'interpréter des chants de guerre, ils se retrouvent par petits groupes dans les cafés, les tramways ou les lieux publics pour entonner des airs patriotiques de la Première Guerre mondiale. Surtout celui intitulé « Soldat, prépare-toi à rencontrer les Boches »...

L'Eglise orthodoxe se jette à son tour dans la bataille dès le soir du 25 mars. Popes et moines se rendent dans les cafés où ils distribuent des tracts appelant à la révolte. Le patriarche lui-même n'est pas en reste. À un paysan de Kragujevac qui lui demande s'il approuve les manifestations antigouvernementales, Gavrilo répond, superbe : « Si je les approuve ? Mais je suis à leur tête ! »

Le matin du 26 mars, les signataires du Pacte rentrent à Belgrade, entourés d'une solide escorte. Après plusieurs réunions à la Présidence, ordre est donné à la police de prévenir toute manifestation hostile à l'accord signé à Vienne. Puis le prince Paul quitte la capitale pour partir se reposer dans sa résidence de Brdo, en Slovénie. Au même moment, trois cents étudiants rejoignent la place de Terazije, drapeaux serbes au vent, chantant des hymnes patriotiques. Sur leurs vestes bleues, ils ont cousu des petits drapeaux anglais, américains et grecs. Rapidement, ils s'engagent dans la rue Poincaré où se situe le siège de la légation allemande : trois violentes charges de la police les empêchent d'aller plus loin. Dix-huit étudiants sont arrêtés, une dizaine d'entre eux, blessés, la manifestation, dispersée. Dans le même temps, dans une école de la banlieue de Belgrade, deux classes entières sont punies pour avoir refusé de rejoindre leurs salles de cours d'allemand. En plusieurs endroits de la ville, des lycées sont fermés jusqu'à nouvel ordre : les directeurs avouent (parfois non sans satisfaction) ne pas réussir à empêcher que les cours deviennent de véritables meetings politiques, voire des appels à l'émeute.

Au fil de la journée, la tension ne cesse de monter. On murmure qu'un coup d'Etat serait en préparation. Les patrouilles de police arrêtent tous les véhicules à la recherche d'armes et de putschistes. Des rumeurs terribles circulent : une radio allemande aurait annoncé que si les troubles continuaient à Belgrade, la Wehrmacht serait prête à intervenir pour aider la police yougoslave à rétablir l'ordre. Les journalistes anglais et américains sont harcelés et menacés d'expulsion s'ils s'avisent de diffuser des nouvelles sans les avoir soumises au ministère de l'Information.

La rumeur d'un putsch est tout sauf infondée. À vrai dire, elle ne date pas d'hier. Depuis plusieurs mois, plusieurs hauts officiers serbes de l'état-major de l'armée yougoslave songent à renverser le gouvernement s'il venait à glisser dans l'orbite nazie. Le ministre plénipotentiaire britannique présent à Belgrade, Ronald Campbell, ne ménage pas ses efforts et ses promesses pour les encourager dans cette voie. Notamment le général de brigade de l'air Borivoje Mirković. Ayant accepté d'être l'organisateur, l'âme du coup d'Etat, ce dernier convoque le 26 mars après-midi ses principaux collaborateurs afin de leur annoncer qu'il a décidé de passer à l'action dans la nuit. Tous se disent prêts : son bras droit, le général Simović, le chef d'état-major de l'aviation, le général Savić, le commandant du bataillon d'infanterie de la garde royale, Živan Knežević. Il sait aussi que l'Eglise ne désapprouvera pas.

À deux heures et demie du matin, le 27 mars, tous les points d'accès de la capitale, le quartier-général de la police et les ministères sont occupés par l'armée et des détachements de la garde royale après que son commandant, jugé peu sûr, a été arrêté. La station radio Mkis est prise d'assaut : c'est là que tombera la seule victime de cet exemplaire coup d'Etat. Les membres du gouvernement sont arrêtés et conduits au ministère de la Guerre où ils doivent signer leur démission collective.

À quatre heures, le prince Paul est réveillé et informé de la situation. Il rejoint Zagreb où Maček lui suggère de remplacer le général commandant la garnison de la ville, un Serbe, par un officier supérieur croate, et de marcher sur la ville félone. Le régent refuse : sa famille est restée là-bas et le spectre d'une guerre civile l'épouvante. Il rentre à Belgrade le soir même, où l'accueille le général Dušan Simović. Désigné comme le nouveau Premier ministre, celui-ci le conduit au ministère de la Guerre pour y signer son abdication. Puis le prince regagne son palais, y prend ses affaires et sa famille, rejoint la gare où une fanfare militaire joue l'hymne national en son honneur, et monte dans un train qui l'emmènera en Grèce, d'où il rejoindra le Kenya, sous protection britannique.

*

Le 27 mars 1941 est un des jours les plus glorieux de l'histoire de Belgrade. La veille, la ville s'est endormie capitale d'un pays allié à l'Allemagne nazie. Ce matin-là, elle se réveille libre, avec, à sa tête, un jeune roi de dix-sept ans, dont la majorité a été proclamée afin de pouvoir régner en toute légitimité. À neuf heures, le pays entier entend sa voix à la radio :

> Serbes, Croates, Slovènes ! Dans ces circonstances si graves pour notre peuple, j'ai décidé de prendre en main le pouvoir royal. Les membres du Conseil de régence se sont rendus à mes raisons et ont immédiatement donné

> leur démission librement consentie. L'armée et la marine royale se sont sur-le-champ mises à ma disposition et exécutent d'ores et déjà mes ordres. J'appelle tous les Serbes, Croates et Slovènes à se rallier autour du trône. Dans les circonstances actuelles, c'est le moyen le plus sûr de préserver l'ordre intérieur et la paix extérieure. J'ai chargé le général de corps d'armée Simović de former le nouveau gouvernement. J'exprime ma confiance en Dieu et dans l'avenir de la Yougoslavie et j'appelle tous les citoyens et toutes les autorités du pays à remplir leurs devoirs envers le roi et le pays.

En réalité, la voix appartient à un certain Jovović : afin de préserver Pierre d'un éventuel échec du putsch, Mirković et ses hommes ont préféré le tenir à l'écart des événements, tout en sachant qu'il les approuverait. Aussi ont-ils demandé à un excellent imitateur d'enregistrer le discours supposé de Pierre II au cas où il faudrait le diffuser en urgence – ce qui fut le cas.

Dès les premières heures de la journée, une foule immense envahit les rues de la ville. Des drapeaux français et anglais sont agités, leurs couleurs, mêlées à celles de la Yougoslavie – ce sont presque les mêmes. « *Bolje rat nego pakt, bolje grob nego rob* », chante la foule, ivre de fierté et d'inconscience (« Plutôt la guerre que le Pacte, plutôt le tombeau que l'esclavage ! »). Certains entonnent la *Marseillaise*. Après avoir prêté serment en uniforme de généralissime des armées yougoslaves, Pierre II rejoint en voiture, sous les acclamations de la foule, la cathédrale où le patriarche doit célébrer un service d'actions de grâce à l'occasion de l'accession au trône du fils d'Alexandre. À sa sortie, Gavrilo lance : « Si nous devons vivre, vivons en liberté ; si nous devons mourir, mourons pour la liberté ! » On se croirait revenu en 1908 ou en 1914 quand de petits groupes de volontaires se réunissaient pour chanter « Tombez mes frères, nagez dans le sang. Mais laissez-moi mourir le premier ».

Le monde libre exulte. « Cet événement est comme un trait de lumière qui traverse subitement un ciel assombri », s'enflamme le *New York Times*. À Londres, Churchill abandonne quelques minutes son air rogue et annonce, presque souriant, aux députés conservateurs réunis que « tôt ce matin, la Yougoslavie a retrouvé son âme. Une révolution a eu lieu à Belgrade et les ministres qui avaient signé hier la négation de la liberté et de l'honneur de ce pays ont été mis en état d'arrestation ». Quelques heures plus tard, la BBC relaie la déclaration du Vieux Lion avant que son speaker lance un vibrant : « Vive la Yougoslavie invincible ! »

Alliés historiques de la Serbie, les Français – du moins ceux qui ont choisi le camp de la Résistance – rendent hommage au geste héroïque de Belgrade, divine surprise venant éclairer les ténèbres dans lesquelles est plongée l'Europe depuis un an et demi. Sur la Canebière, des mains anonymes déposent un bouquet de fleurs au pied du monument dédié au roi Alexandre, le père de Pierre ; à Paris, le fils d'un ministre yougoslave est fêté par ses camarades du lycée Janson-de-Sailly ; en zone occupée, un tract est imprimé, qui célèbre l'événement : « Un gosse sublime de dix-sept ans, à la tête d'un peuple de héros et d'une armée de martyrs, à l'autre bout de l'Europe, s'est dressé pour défendre l'honneur, la patrie, la liberté. »

Quant au général de Gaulle, il ne tarde pas à témoigner son enthousiasme au général Simović :

> Au moment où la nation yougoslave, sous l'égide de son jeune roi et sous votre haute direction, vient d'affirmer avec fierté sa résolution de défendre son honneur et son indépendance, j'adresse, des champs de bataille de l'Erythrée, au nom de tous les Français, le témoignage de ma sincère admiration pour Votre Excellence et d'ardente amitié pour la nation yougoslave. La nation française, malgré le silence d'un gouvernement soumis au contrôle de l'ennemi, évoque avec ferveur les glorieux souvenirs qui l'unissent à la Yougoslavie et espère plus que jamais en la victoire de la liberté.

Un journaliste français présent ce jour-là à Belgrade relate :

> Le délire de joie que j'ai vu aujourd'hui, le 27 mars 1941, pouvait être comparé uniquement avec ce que, tout jeune, j'avais vu le 11 novembre 1918 à Paris, donc le jour de l'armistice de la Grande Guerre. Oui, mais les Français étaient fous de joie parce que ce jour signifiait la fin d'une guerre terrible, la fin des catastrophes, alors que les Serbes se déchaînaient de joie le jour où ils entraient en guerre, dans les catastrophes, à la mort. Quel peuple magnifique !

Oui, un peuple magnifique d'inconscience même si, dès les heures qui suivent l'exaltation collective de ce matin-là, on commence à comprendre dans quelle situation folle le pays se retrouve désormais. Tout se passe comme si les hurlements de colère de Goebbels résonnaient dans les oreilles de chaque Belgradois.

Très vite, la question n'est pas de savoir si Berlin va réagir mais quand. Et comment.

Dès qu'il a été informé du putsch, Adolf Hitler est entré dans une rage folle. « J'ai cru que c'était une plaisanterie », lâchera-t-il un jour à un proche. C'est que l'affaire est sérieuse. Le voilà contraint de reporter son attaque de la Russie soviétique, le temps de régler l'affaire yougoslave. Un événement lourd de conséquences : les quatre semaines de retard accumulées à cette occasion coûteront très cher à la Wehrmacht, à la fin de l'automne 1941, devant Moscou… Pour l'heure, le chef nazi convoque Goering, Keitel, Ribbentrop et Jodl à la Chancellerie du Reich. Il leur tend l'Instruction n° 25 qu'il vient de rédiger. « La Yougoslavie doit être détruite aussi rapidement que possible », peut-on y lire dès le premier paragraphe… Une initiative dictée par les circonstances mais pas seulement. La haine du Führer pour les peuples slaves, en particulier celui des Serbes, est ancienne. Quelques années auparavant, il s'exprimait dans des termes sans ambiguïté devant Hermann Rauschning :

> Il faudra instituer une technique de dépeuplement. Vous allez me demander ce que signifie dépeuplement, et si j'ai l'intention de supprimer des nations entières ? Eh bien oui, c'est à peu près cela. Lorsque je lancerai dans l'ouragan de fer et de feu de la guerre future la fleur du germanisme, qui pourrait me contester le droit d'anéantir des millions d'hommes de races inférieures qui se multiplient comme des insectes ? À partir de maintenant ce sera l'une des tâches essentielles d'une politique allemande à long terme que d'arrêter par tous les moyens la prolifération des Slaves !

Même si le nouveau gouvernement yougoslave ne cesse de répéter qu'il souhaite entretenir de bonnes relations avec Berlin, ses ministres ne se font aucune illusion. Un ultime coup de poker est envisagé : s'allier avec Moscou, où se rend le gouvernement le 5 avril. La Russie soviétique est certes officiellement alliée à l'Allemagne nazie depuis août 1939, mais tout laisse à penser que cet étrange attelage va bientôt cesser. Un traité d'amitié et de non-agression est signé entre Staline et les représentants de Pierre II. Un léger espoir renaît. Au palais royal, une petite fête est organisée avec chansons traditionnelles et vieux airs de guitare. Elle s'achève après minuit. Le Premier ministre, Dušan Simović, à la même heure, embrasse sa fille dont le mariage est prévu le lendemain, dimanche des Rameaux. Le parti communiste yougoslave prévoit de son côté, dans la matinée, une manifestation devant le consulat soviétique au cri de « Belgrade-Moscou, notre unique salut ». Faire comme si une attaque allemande n'était pas imminente est la seule solution que les Belgradois ont trouvée pour ne pas fuir, d'ores et déjà, la capitale.

*

Belgrade, 6 avril 1941. Ce matin-là, les habitants se sont levés tôt pour préparer le repas dominical. Dès six heures du matin, les marchés sont encombrés et la circulation en centre-ville, difficile. Soudain, un bruit assourdissant : la sirène d'alerte aérienne, bientôt recouverte par un grondement encore plus inquiétant. Des centaines d'avions allemands, chasseurs et bombardiers, noircissent le ciel bleu de la ville. Personne ne veut y croire : Belgrade n'a-t-elle pas été proclamée ville ouverte ?

La première vague de l'opération « Châtiment » dure de longues minutes. Les Stuka piquent au ras des toits de la ville, mitraillant à bout portant hommes, femmes et enfants, pathétiques et impuissantes marionnettes courant dans les rues, ondulant entre les immeubles transformés en brasiers. Des milliers de bombes s'abattent sur tous les quartiers de la ville, bientôt noyée dans un nuage de suie noire. La Bibliothèque nationale flambe – trois cent cinquante mille ouvrages, dont des centaines de manuscrits du Moyen Age partent en fumée –, l'église de l'Assomption s'effondre sur deux cents personnes s'apprêtant à célébrer une noce, la gare brûle. Dorćol, le quartier juif, aussi… Ceux qui trouvent refuge dans les caves n'y restent pas : elles sont inondées et on craint d'y périr noyé. Mourir par l'eau ou par le feu, fatal dilemme.

À onze heures, une deuxième vague de bombardements s'abat sur la Ville blanche. Les faubourgs ne sont pas épargnés cette fois : les Allemands savent que la population belgradoise a forcément pensé s'y réfugier… Le zoo du Kalemegdan est lui-même touché : affolés, les animaux errent sur les boulevards – scène immortalisée par Emir Kusturica dans son chef-d'œuvre cinématographique, *Underground*, où l'on voit notamment des grands fauves et un éléphant chercher abri et nourriture chez les particuliers. Le populaire ours polaire du zoo est aperçu grognant sur les bords de la Save. En fin d'après-midi, une troisième attaque a lieu, encore plus meurtrière, encore plus dévastatrice.

Ce 6 avril 1941, on ramasse trois mille cadavres et on évalue à deux mille le nombre de bâtiments touchés par les bombes et la mitraille de la Luftwaffe. Les quarante-trois avions du 6e détachement de chasse yougoslave n'ont rien pu faire contre la furia de l'aviation allemande, supérieure en nombre. Les canons antiaériens avaient été réduits au silence dès l'aube. Les jours suivants, le cauchemar se répète tandis que les alliés italiens, hongrois et bulgares appuient les opérations terrestres de la 12e armée allemande. À Zagreb, on ne fait même plus mine de résister : un Etat indépendant de Croatie est proclamé dès le 10 avril avec, à sa tête, Ante Pavelić, l'homme à l'origine de l'attentat contre Alexandre Karadjordjević moins de dix ans plus tôt.

Le 12 avril, les Allemands entrent dans Belgrade, qui enterre ses dix-sept mille morts. Les pillages durent deux jours. Le gouvernement et le roi Pierre II ont déjà quitté la ville pour rejoindre la Grèce puis Londres. Le 17 avril, la capitulation est signée. La « créature de Versailles » est dépecée. Après une rencontre entre Hitler et Mussolini, le gâteau yougoslave est partagé en de multiples parts aux dimensions inégales : l'Allemagne occupera le nord de la Slovénie, le Banat, et la Serbie réduite à ses frontières antérieures au congrès de... Berlin, en 1878 ; l'Italie administrera le Monténégro, le sud de la Slovénie, le littoral dalmate et une partie de la Macédoine ; la Hongrie récupère l'ouest de la Voïvodine tandis que la Bulgarie se voit octroyer la région de Pirot et une grande partie de la Macédoine ; le Kosovo est donné à l'Albanie italienne ; la Bosnie, l'Herzégovine et une partie de la Voïvodine sont attribuées à l'« Etat indépendant de Croatie » qui a désormais droit de vie et de mort sur deux millions de Serbes...

Cent cinquante généraux, douze mille officiers et deux cent mille soldats et officiers yougoslaves (en majorité des Serbes) sont envoyés dans des camps en Allemagne. Le patriarche Gavrilo, aussi. Un jeune colonel de quarante-huit ans, Draža Mihailović, choisit, lui, d'« aller dans la forêt », selon l'expression serbe qui signifie « prendre le maquis ». Comme le général de Gaulle en France – à qui il sera souvent comparé –, il estime que la légitimité n'est plus dans la légalité et rejoint la montagne de Ravna Gora, en Šumadija. Le 9 mai 1941, accompagné d'une trentaine d'hommes (sept officiers et vingt-quatre hommes, dont deux Croates, six Macédoniens et un Juif), il y fonde le premier mouvement de guérilla militaire anti-allemande en Europe occupée. À un paysan qui lui demande, sur la route de Valjevo, s'il a entendu parler de capitulation, l'officier serbe hausse les épaules : « Capitulation ? Je ne connais pas ce mot. Je sers dans l'armée depuis de nombreuses années, mais je n'ai jamais entendu ce mot. »

Et Tito ? Après avoir quitté précipitamment Zagreb à l'arrivée des troupes allemandes, le chef du squelettique parti communiste yougoslave rejoint Belgrade début mai. Sous le nom de Babić, le prétendu ingénieur s'installe dans une jolie maison du quartier résidentiel de Dedinje, près du palais royal... et de la résidence du commandant militaire allemand. Comme la plupart des communistes européens, il attend l'inéluctable conflit germano-russe pour se lancer dans la résistance. Après juin 1941, l'étau se resserre. Plusieurs de ses compagnons sont arrêtés. Parmi eux, le fidèle Ranković, qui s'apprêtait à faire sauter l'immeuble de Radio-Belgrade. Une opération commando est montée. Ayant appris que son ami a été transféré dans un hôpital après avoir été amoché par ses geôliers, Tito envoie quarante hommes déguisés en médecins et en policiers pour le délivrer. Mi-septembre, le chef communiste yougoslave enfile une veste de cuir et un chapeau vert de marchand de porcs et, accompagné d'un pope, de deux amies et d'un camarade germanophone, monte dans un train pour la Šumadija. Il est supposé s'y rendre pour effectuer des achats. Après quelques heures de train et quelques frayeurs, il tombe sur un groupe de partisans.

Le 16 septembre 1941, Tito a quitté Belgrade dans un vieux wagon yougoslave de la ligne Belgrade-Čačak. Il y reviendra seulement trois ans plus tard. Sur un char russe.

*

Le spectacle qu'offre Belgrade au lendemain de son bombardement est terrible : grêlés de trous immenses et béants, les grands axes sont peu praticables et les trottoirs recouverts de briques, de blocs de béton et d'arbres abattus. Dessous gisent encore des dizaines de cadavres. Au début de l'été, une épidémie de typhus et de scarlatine se déclare dans plusieurs quartiers. Principales victimes : les enfants. La ville s'est vidée de ses forces vives : les hommes sont prisonniers en Allemagne ou engagés dans la résistance monarchiste ou communiste après le 22 juin 1941. On espère que les deux mouvements vont s'entendre. « Contre l'occupant, nous marchons ensemble, même avec un Tzigane noir » a proclamé Mihailović. Les enfants se chuchotent le récit des exploits de « la partisane à la natte », une jeune femme qui fait exploser les dépôts de munitions allemands et s'enfuit sans se faire prendre.

Jusqu'au mois d'août 1941, c'est un gouvernement de commissaires qui administre la ville et ses environs. À sa tête, Milan Aćimović, ancien chef de la police de Belgrade. Puis les Allemands relâchent du camp où il était prisonnier le général Milan Nedić pour le charger de mettre en place un gouvernement de salut public chargé de maintenir l'ordre dans la ville et le « pays ». Son régime, qui s'appuie sur une gendarmerie et une « garde d'Etat serbe » à qui les Allemands ont donné l'autorisation d'être légèrement armées, prône « l'ordre, le travail, la paix et la fraternité ».

Milan Nedić est un vieux soldat serbe aux convictions anticommunistes affirmées et qui jouit d'un certain prestige au sein du pays : avec lui, les Allemands espèrent se débarrasser des tâches d'intendance et détourner les patriotes locaux du mouvement de résistance monarchiste pro-occidental de Mihailović. Il a accepté le poste avec le même état d'esprit que le maréchal Pétain en France un an plus tôt : servir de bouclier pour protéger, tant que faire se peut, le peuple serbe des exactions allemandes. Et croates.

Il n'y parvient pas toujours. Dès qu'un soldat allemand est agressé, des représailles sont déclenchées. Pendant plusieurs jours durant l'été 1941, les passants de Terazije ont droit au spectacle morbide de cinq épouvantails humains pendus aux poteaux électriques de la place – comme en 1914, comme sous l'occupation ottomane. La scène inspire à Vasko Popa un poème aux accents aragoniens, *Notes sur les potences de Terazije* :

Dis aux voleurs de terre
De ne plus planter de vergers de la mort
Sous cette étoile qui est la nôtre
Ou bien les fruits les dévoreront.

Sur les rives du Danube, les branches des arbres ploient sous le poids des corps livides d'otages exécutés. Commandant des forces allemandes en Serbie, le général Bader a fait placarder sur les murs de la ville une proclamation très claire : « Pour chaque acte de sabotage, cent otages pris dans les environs seront fusillés ; pour chaque officier allemand tué, cent otages seront fusillés ; pour chaque soldat allemand tué, cinquante otages seront fusillés. »

Pis : après la publication en mai, à Zagreb, de décrets interdisant l'accès des parcs, des restaurants et des transports publics « aux Serbes, aux Juifs, aux Tziganes et aux chiens », en juillet 1941 débute un véritable génocide dans l'Etat indépendant de Croatie. Son maître d'œuvre est Ante Pavelić, le Poglavnik (le « Chef »). Des centaines de milliers de Serbes sont torturés, écorchés vifs, décapités, pendus, massacrés.

On jette leurs corps dans la Save avec, accrochées à leur cou, des pancartes aux slogans explicites : « Viande pour le marché de Belgrade ». Effectivement, il n'est pas rare que certains cadavres, suivant le cours de la rivière, parviennent jusqu'à son confluent d'avec le Danube... Bientôt, un camp de concentration est édifié à Jasenovac.

Devant l'afflux de Serbes fuyant des massacres qui arracheront des cris d'horreur aux Allemands eux-mêmes, Milan Nedić crée un Commissariat aux réfugiés chargé de fournir accueil et nourriture aux rescapés en provenance de Zagreb.

Et puis il y a les Juifs.

*

Quand arrivent les Allemands, seize mille Juifs vivent dans la Ville blanche, qu'ils surnomment « notre petite juive ». Certaines familles sont installées là depuis trois siècles et plus. Jamais elles n'ont eu à se plaindre de la moindre persécution. Dès le mois de mai 1941, les Juifs deviennent la cible des nouvelles autorités. Leurs propriétés sont recensées, l'accès à la fonction publique leur est interdit et ordre leur est donné de s'enregistrer à Tašmajdan, près du commandement des pompiers. On leur donne une carte d'identité, un brassard et une étoile jaune à porter en permanence. Ils en plaisantent, avec un mélange d'amertume et de lucidité : « Comme ça, pendant la guerre, un Juif ne sera jamais seul : la mort l'accompagnera toujours, épaule contre épaule. »

Bientôt, ils reçoivent des convocations pour se regrouper tel jour – les femmes devant le parc automobile, les hommes au champ de foire de Zemun – en emportant avec eux le strict nécessaire et les clés de leur appartement. On parle de travail obligatoire. Des rafles ont lieu dans les gares, les tramways : comme les Allemands ne font pas toujours descendre tous les voyageurs, les Belgradois bienveillants les poussent vers le fond de la voiture afin qu'ils échappent au contrôle.

Autour de la ville, quelques camps se remplissent de Juifs – et aussi de militants communistes et de résistants. Les autorités allemandes souhaitent avoir sous la main des otages susceptibles d'être exécutés en réponse aux actes de sabotage des patriotes serbes. Mais bientôt, des voix se font entendre, qui estiment plus utiles de se débarrasser tout de suite des Juifs. Ainsi, Edmund Veesemayer, spécialiste autoproclamé de la question juive auprès de l'ambassadeur allemand Felix Benzler. « C'est l'intelligentsia juive qui a provoqué la guerre et pour cela doit être exterminée », martèle-t-il à ses interlocuteurs. Non sans succès.

Le 8 octobre 1941, un ordre de mission est adressé à l'Oberleutnant Liepe, commandant du régiment 521 qui comprend des soldats de la Wehrmacht et des Einsatzgruppen spécialisés dans l'exécution des populations juives d'Europe de l'Est. Le lendemain, à l'aube, des prisonniers du camp de Banjica et de Sajmište sont invités à monter dans des camions avec des pelles et des outils. Peu de soldats les encadrent, tous croient qu'ils se rendent sur un chantier. Quelques minutes plus tard, dans la forêt située au nord-est de Kovin, chacun d'entre eux est fusillé par cinq tireurs. À 18 h 30, selon le rapport de l'officier allemand, cent huit Juifs ont été exécutés (avec seulement deux tentatives de fuite). Et deux cent soixante-neuf le surlendemain.

Des rapports comme celui-ci, des dizaines en sont rédigés en octobre 1941. Au total, deux mille deux cents Juifs sont tués entre le 9 et le 11 de ce mois-là. L'Oberleutnant Walther confesse que « les Juifs sont plus faciles à tuer que les Tziganes. Ils meurent sans bouger, debout, stoïques, alors que les Gitans hurlent, se débattent ». Parmi les victimes figure le petit Andrej, douze ans, qui a eu le temps, avant son exécution, d'écrire quelques mots sur le mur du hall où il était enfermé : « Au revoir, monsieur Mölters, vous me suivrez bientôt. Maman, ils vont me tuer avec un gourdin... Miki qui t'aime. »

À la fin de l'année 1941, on envisage sérieusement de créer un ghetto à Belgrade. À quoi bon ? rétorque la Gestapo locale qui a fait ses comptes : en quelques semaines, toute la population juive de la ville peut être éliminée, pourquoi s'en priver ? L'Untersturmführer Herbert Andorfer commande à Berlin des camions à gaz en mars 1942. Deux mois plus tard, Belgrade est proclamée *Judenfrei*. De fait, quinze mille des seize mille Juifs de Belgrade ont été assassinés. Les autres ont officiellement disparu. Parmi eux, plusieurs centaines ont été cachés et protégés par des Belgradois de souche. Après 1945, cent cinquante-trois Serbes seront proclamés Justes par l'Etat d'Israël.

L'extermination des Juifs de Belgrade est sans commune mesure avec celle ordonnée en Croatie, notamment dans le camp de Jasenovac. Elle n'en demeure pas moins une tache difficile à effacer de la mémoire collective locale. Qu'avons-nous fait pour protéger nos frères et voisins de confession israélite ? se lamenteront, après-guerre, les uns. Survivre, répondront les autres.

*

La vie quotidienne de Belgrade occupée est certes terrible. « *Kraft durch Freude* », proclament sans ironie les affiches placardées à l'entrée des parcs, « la force par la joie ». Tu parles ! Les hivers sont glacés et les cartons peu épais qui bouchent les vitres éclatées par les bombardements ne protègent guère des morsures du froid. On se nourrit exclusivement de pain de maïs, de polenta et de haricots blancs en alternance. Surtout, on craint chaque jour de voir un des siens pris au hasard en otage. Alors, on se claquemure à la maison et on écoute la radio.

Le 18 août 1941, à 21 h 55, Richard Kistenmacher, un technicien allemand chargé de mettre sur pied la station radiophonique de Belgrade occupée, décide de diffuser, en clôture de son émission, le disque intitulé « Lied eines jungen Wachtpostens » (« La chanson d'une jeune sentinelle »). Il y est question d'une caserne et d'une lanterne à la lumière de laquelle un jeune soldat vient retrouver une certaine Lili Marleen…

L'origine de ce morceau remonte à la Première Guerre mondiale. Parti sur le front russe, un jeune officier allemand, Hans Leip, compose un poème sentimental dont l'héroïne porte les prénoms de deux de ses amies, Lili et Marleen. Vingt ans plus tard, en

1938, le compositeur Norbert Schultze, alors très fameux, tombe par hasard dans une taverne sur un recueil de poésie où figure le texte de Leip. Illumination ! En quelques jours, il le met en musique et le fait enregistrer par la chanteuse Lale Andersen. C'est un immense échec commercial (sept cents exemplaires vendus) ; le fait que le ministre de la Propagande nazie, Josef Goebbels, fasse savoir qu'il n'aime guère « Lili Marleen », finit de broyer les rêves de gloire de son auteur.

Survient la guerre. Mobilisé au service du Reich, le compositeur Kistenmacher est envoyé dans la capitale serbe écrasée sous les bombes de la Luftwaffe pour mettre en place l'émetteur radio destiné à diffuser des programmes pour les soldats de la Wehrmacht stationnés dans les Balkans, au Proche-Orient et en Afrique du Nord. Avant d'arriver à Belgrade, il s'arrête à la radio de Vienne et fouille ses archives afin d'y emprunter quelques disques (une soixantaine au total). Il n'a guère de temps devant lui, aussi se contente-t-il d'écouter les premières mesures de chacun. Celles du « Lied eines jungen Wachtpostens » semblent convenir à une radio affiliée à l'armée : ce sont les notes d'un clairon.

Enchanté par sa trouvaille, Kistenmacher décide, à partir du 18 août 1941, de la diffuser chaque soir pendant une semaine avant que le chef de Radio-Belgrade ne le convoque et ne lui interdise de la programmer à nouveau. Malheureuse initiative. En quelques jours, des dizaines de lettres de protestation parviennent sur le bureau de l'inconscient : en provenance de Grèce, d'Egypte, de Yougoslavie, de Palestine. Lassés des airs saccadés et martiaux qu'on leur impose depuis deux ans, les soldats de la Wehrmacht plébiscitent cette rengaine sentimentale et mélancolique au-dessus de laquelle plane l'ombre de la mort et qui résonne avec tant de justesse à leurs oreilles. Le général Rommel lui-même, « le renard du désert », réclame le retour de « Lili Marleen » sur les ondes. « Cette chansonnette va nous survivre », prédit Hitler, bien obligé de constater que le pays entier est devenu fou de la chanson.

Goebbels, lui, n'a pas changé d'avis : la voix rauque de Lale Andersen ne saurait effacer la détestable et féminine sentimentalité qui se dégage du titre. Dans l'incapacité de faire interdire d'antenne la bluette, il exige que son interprète soit désormais un homme. Nouvelle avalanche de protestations. Goebbels doit encore céder : Radio-Belgrade dépend de la Wehrmacht et non de son ministère... Pour se venger, il poursuit Lale Andersen de sa fureur personnelle. Surtout depuis qu'il s'est rendu compte qu'elle n'avait pas peur de lui – au point de se permettre de refuser de chanter, comme il l'exigeait, pour les gardiens du ghetto de Varsovie. Finalement, après avoir mis la main sur une lettre qu'elle a envoyée à une amie juive, il réussit à la faire interdire d'antenne. Pas longtemps. Les Anglais ayant annoncé que Lale Andersen s'est suicidée à cause des nazis, il est obligé de la laisser se produire afin de démentir l'information.

Qu'est-ce que les Anglais viennent faire là ? Eux aussi sont tombés sous le charme de « Lili Marleen » et branchent leurs postes sur Radio-Belgrade tous les soirs, depuis que la station a fait de la chanson son générique ! Dans les sables d'Afrique du Nord, lorsque les lignes de front sont très proches, il n'est pas rare que les soldats de Sa Gracieuse Majesté demandent à ceux du Führer de monter le son de leur radio afin de profiter de l'air… Le succès de « Lili Marleen » est désormais international. Aux Etats-Unis, une version a été enregistrée par une actrice allemande installée en Amérique depuis 1934. Elle se prénomme justement Marlene. Marlene Dietrich. Grâce à elle, la chanson deviendra le plus grand succès musical de l'après-guerre. Le président Eisenhower en personne saluera, via ce triomphe, la figure du poète Hans Leip, « le seul Allemand qui a rendu le monde plus heureux pendant la guerre ». Et tout cela grâce à Radio-Belgrade…

D'UN TOTALITARISME L'AUTRE (1941-1946)

> « Un homme peut être trop soigneux dans le choix de ses ennemis. »
>
> Oscar Wilde

« Avez-vous l'intention d'aller vous établir en Yougoslavie après la guerre ? » demande Winston Churchill à un officier britannique de retour de mission dans les Balkans fin 1943. « Non, monsieur », lui répond son interlocuteur. « Moi non plus. Par conséquent, moins nous nous préoccuperons, vous et moi, de la forme du gouvernement que les Yougoslaves établiront, mieux cela vaudra. »

Derrière le cynisme vantard du Premier ministre anglais se cache souvent une réflexion politique plus profonde. Lorsque Churchill prononce cette phrase justifiant l'abandon prochain de la Yougoslavie à la sphère d'influence communiste, les dés sont en fait jetés depuis plusieurs semaines. Le partage de l'Europe qui durera jusqu'en 1989 avec la chute du mur de Berlin a déjà été décidé, même s'il ne sera officialisé qu'en 1945 à la conférence de Yalta. Les Alliés ont souscrit au double souhait de Staline :

ouvrir un second front pour soulager les efforts de l'Armée rouge, mais en Normandie et non en Europe orientale. La région sera donc laissée aux mains, ou plutôt aux griffes de l'ours soviétique. Belgrade incluse.

Entre 1942 et 1944, la ville souffre essentiellement de la faim et du froid. Chaque jour est une lutte pour trouver des pommes de terre ou de la farine, puis échapper aux agents civils qui, sous prétexte de lutte contre le marché noir, n'hésitent pas à confisquer à leur profit les denrées chèrement acquises. Près de la gare de marchandise, de longues files grises patientent en attendant leur ration de charbon. La nuit, seuls résonnent les pas des patrouilles de la Feldpolizei ou de la Gestapo traquant les messagers de la Résistance.

En fait, la ville est relativement épargnée par le double conflit qui oppose dans le reste du pays à la fois résistants locaux et troupes d'occupation allemandes et italiennes d'une part, mais aussi royalistes et communistes d'autre part. Après quelques opérations de guérilla communes en 1941, les deux grands mouvements de résistance sont rapidement devenus ennemis, ajoutant au drame de l'occupation étrangère la honte et la douleur d'une guerre civile. Tandis que les partisans de Tito optent pour la guerre à outrance contre la Wehrmacht sans se préoccuper des représailles sur la population civile, les tchetniks choisissent une stratégie moins brutale, en liaison et en accord avec le haut commandement allié.

Représentant du gouvernement royal de Pierre II réfugié à Londres, le général Mihailović et son Armée yougoslave dans la patrie privilégient les opérations de sabotage des voies de chemin de fer et des grands axes routiers empruntés par les convois allemands en route pour l'Egypte et la Libye, via la Grèce. Grâce à elles, les troupes alliées avancent victorieusement en Afrique du nord. Sept divisions allemandes sont retenues en Šumadija pour venir à bout de la résistance royaliste : « Mihailović doit être mis hors d'état de nuire », éructe Himmler tandis que le magazine américain *Time* le sacre « homme de l'année » en 1943, six mois après avoir publié un sujet de couverture et un grand reportage sur « l'aigle de Yougoslavie ». Le général de Gaulle salue lui aussi à plusieurs reprises le général serbe : « Votre action est un exemple et un réconfort. » Mais que vaut une action militaire sans sa mise en scène politique, sans « communication » ?

Tandis que « le chouan des Balkans » jette toutes ses forces dans la bataille militaire, Tito et ses relais œuvrent politiquement pour préparer leur victoire... après-guerre. Grâce à des taupes anglaises communistes (Philby, Burgess, etc.), les communiqués qui parviennent sur le bureau de Churchill laissent peu à peu croire que la guérilla communiste est bien plus puissante que celle des tchetniks – et cela malgré l'affiche placardée sur les murs de Belgrade en juin 1943, qui offre cent mille Reichsmark-or à qui remettra Mihailović aux autorités d'occupation... Pire : une rumeur enfle, qui laisse entendre que les tchetniks n'hésiteraient pas parfois à collaborer avec le gouvernement Nedić, voire avec les Allemands. Ces accusations sont mensongères – même s'il est arrivé que tchetniks et gendarmes de Nedić se rencontrent parfois et évitent souvent de se combattre –, mais elles ébranlent les certitudes alliées. En deux ans, l'admiration de l'Occident se mue en suspicion, du moins au sein du grand état-major. La propagande communiste fait le reste. Lâché par Londres et Washington, Mihailović est bientôt contraint de se replier en Bosnie et d'entamer une autre résistance, désespérée, contre les armées de Tito.

*

16 avril 1944. Depuis plusieurs jours, la ville vit au rythme des bombardements. La population est partagée : synonymes de destructions et de souffrances, ils sont aussi le signe que la libération du joug allemand est proche. Faut-il se réjouir de l'avancée probable des troupes alliées ou maudire ces forteresses volantes larguant leurs cargaisons meurtrières sur les têtes des civils belgradois impuissants ?

Ce jour-là, dimanche de Pâques, les premiers tirs de la DCA allemande se font entendre à midi. Quelques minutes plus tard, un pilote américain noir dont l'avion a été abattu est fait prisonnier : des SS le trimballent comme une bête sauvage sous les fenêtres des habitants de la Ville blanche dans le pathétique espoir de susciter une haine raciste primaire parmi les Belgradois. Quelques heures plus tard, c'est par centaines que les bombes pleuvent sur la ville. À la fin de la journée, on compte mille cent morts et mille cinq cents blessés. Sept cents immeubles ont été détruits. Beaucoup s'interrogent – « Etait-ce nécessaire ? » – et remarquent que la brutalité de cet orage de feu, le jour même de la fête de la résurrection du Christ, n'est pas loin d'égaler celle des Stuka et des Junker allemands trois ans plus tôt.

Dans les jours qui suivent, les bombardements continuent. On dirait une punition. Mais quel en serait le motif ? Annoncés par un guttural « *Achtung* » sur Radio-Belgrade, ils visent principalement les ponts mais aussi les quartiers d'habitation, les écoles, les rues commerçantes. À l'incompréhension succède bientôt la fureur contre les Anglais et les Américains. N'y aurait-il pas moins de cruauté à attendre des chars de l'Armée rouge dont on annonce l'arrivée imminente ?

Le 14 octobre, le front allemand est percé au sud de Belgrade, une semaine après l'entrée des premiers T 34 sur le territoire yougoslave, à la frontière bulgare. Tandis que la Wehrmacht traverse la Save et fuit vers le nord, la 4e armée soviétique de Tolboukhine fait donner les orgues de Staline : les missiles katiouchas pleuvent depuis Banjica sur le centre-ville. Le long de l'avenue du Roi-Alexandre s'étend un chapelet de carcasses calcinées de chars et de camions allemands. Fantassins soviétiques et maquisards titistes reconnaissables à leur calot orné d'une étoile rouge avancent prudemment, mitraillette au poing – parmi eux, de nombreuses femmes. Sur les toits, des tireurs allemands isolés refusent de se rendre. Il faut déloger l'ennemi un par un. Rue par rue. Maison par maison. Etage par étage. Appartement par appartement. À chaque endroit où un soldat de l'Armée rouge est tué, des fleurs et des cierges sont disposés. Le 21 octobre, lendemain de la reconquête de la ville, vingt-deux chars portant le corps d'un soldat russe tombé durant les combats traversent Belgrade dans un grondement sourd. Une partie de la foule rassemblée devant le Théâtre national pleure au passage de leur défilé.

La libération de Belgrade n'est certes pas une partie de plaisir. Ce n'est pas seulement une armée qui arrive mais la révolution. Il faut nettoyer la ville de son passé bourgeois et royal. Lui imposer le futur pouvoir alors que le communisme n'y a jamais pris : ni avant-guerre ni sous l'occupation allemande. Des troïkas sillonnent la ville dès potron-minet à la recherche des « coupables » : collabos mais aussi anciens patrons, sympathisants monarchistes, ennemis supposés du prolétariat, fonctionnaires, avocats, membres du clergé, etc. Les dénonciations se multiplient. Livres, tableaux et meubles sont confisqués. Des tribunaux populaires sont mis en place, une justice expéditive est instaurée. Les concierges et les commis deviennent les maîtres et imposent le tutoiement systématique aux possédants réquisitionnés, occupés ou chassés de leur maison. Deux cent mille personnes disparaissent après leur arrestation : exécutées ou envoyées en Russie pour un camp de travaux forcés d'où elles ne reviendront jamais.

Cette Terreur qui ne dit pas son nom, des officiers anglais et américains en sont témoins, mais leurs ordres sont formels : ils ne doivent pas intervenir. Même quand, sur le parvis de la cathédrale Saint-Marc en construction, là même où furent brûlées jadis par les Turcs les reliques de saint Sava, quatre-vingts prisonniers sont jetés vivants dans un brasier. Le 20 octobre, d'autres bûchers sont élevés, pour fêter la libération définitive de la ville : à tous les carrefours, soldats soviétiques dans leur uniforme gris matelassé, Partisans serrés dans un accoutrement mi-civil mi-militaire et Belgradois habillés comme ils peuvent chantent, dansent et boivent. Il y a pourtant malentendu : les uns arrosent la fin du cauchemar de la guerre et de l'occupation, les autres le début d'une ère nouvelle…

Deux jours plus tard arrivent les officiers supérieurs de l'Armée rouge. Ils font installer des lignes téléphoniques et se logent chez l'habitant à qui ils narrent leur guerre et décrivent leur pays. Avec eux, ils ont apporté des biscottes et des conserves de viande qu'ils partagent volontiers. Certains abusent. Viols – plus de mille cinq cents –, pillages et meurtres se multiplient : une pharmacienne est découverte éventrée après avoir été violée par des soldats soviétiques. Toutes ces exactions sont signalées à Tito qui fait d'abord la sourde oreille avant de se décider à intervenir : le jour où il apprend qu'une des victimes de l'enthousiasme des frères soviétiques n'est autre qu'une partisane émérite… Une semaine plus tard, l'Armée rouge quitte la ville pour d'autres batailles, au nord, en Hongrie, autour du lac Balaton et dans la région du Srem où les troupes allemandes ont édifié une solide ligne de défense.

Tito lui-même n'entre à Belgrade qu'une semaine après la fin des combats. Les jours précédents, il était à Moscou, occupé à négocier avec Staline le degré d'aide de l'Armée rouge à la libération de son pays. Compte tenu de sa faible notoriété en Yougoslavie, il a besoin d'elle militairement mais compte bien prendre seul en main les destinées de la nation. Pendant ce temps, dans la Ville blanche, on a préparé les esprits à accueillir le chef des Rouges. Inlassablement, des commissaires politiques ont expliqué aux habitants circonspects qui était Tito : un grand patriote, certes communiste, mais soutenu par les Alliés. Tous les Alliés.

Le 27 octobre à midi, Tito fait son entrée en ville. Un grand défilé militaire est organisé en son honneur. Il le préside, habillé d'un superbe uniforme et entouré du général russe Korneyev, du général britannique Fitzroy Maclean et du chef de la mission militaire américaine Charles Thayer : la preuve apparente qu'il est tout autant l'homme de l'Occident que de Staline.

Pourtant, la guerre n'est pas terminée. Bientôt, Tito ordonne la mobilisation générale pour chasser définitivement l'occupant allemand des terres yougoslaves. Fin politique, il envoie sur le front du Srem les jeunes Belgradois aux sympathies communistes non avérées ou issues de familles « honorables », tandis que les cadres et les membres du PCY demeurent à Belgrade pour installer et asseoir leur pouvoir et leur influence en vue des élections. Des dizaines de milliers de jeunes gens mal préparés et mal équipés vont mourir, cet hiver-là, de froid et de faim dans une bataille aux objectifs tactiques totalement inutiles. Pour le PCY, ce sont de futurs adversaires intérieurs en moins à éliminer. Car le Croate Tito sait que la Serbie, nation encore essentiellement agricole, est majoritairement anticommuniste : aussi est-il bien décidé à mettre en pratique le raisonnement léniniste qui consiste à utiliser les conflits nationaux pour imposer un pouvoir bolchevique dans un pays sans tradition ouvrière, ni communiste, donc. Dans le même temps, il poursuit sa guerre civile personnelle contre le général Mihailović. Abandonné par les Alliés et par Pierre II lui-même, qui a fait allégeance à Tito, le chef des tchetniks est déterminé à combattre le nouveau totalitarisme en train de se mettre en place.

*

Le 11 novembre 1945 se déroulent des élections générales dans toute la Yougoslavie. Belgrade est couverte de drapeaux et de banderoles patriotiques. À chaque carrefour, un orchestre militaire joue des hymnes à la gloire des Partisans. Des haut-parleurs déversent leurs slogans : « Nous voulons Tito, pas le roi », « L'Armée rouge vaut plus que la Charte atlantique ». En échange de bonbons, les écoliers sont invités à brailler le nom de Tito à la sortie des écoles et sur le chemin du retour à leur domicile. Une ambiance de kermesse bon enfant trompeuse. Dans les bureaux de vote, deux urnes sont disposées. Celle du Front national (communiste) est « sourde », celle destinée à recevoir les voix de la liste non communiste est seulement « aveugle » : quand la boule contenant le bulletin y est introduite, elle rebondit en faisant du bruit, désignant ainsi aux responsables du bureau de vote l'orientation réactionnaire de l'imprudent votant. La nuit suivante, il est généralement arrêté à son domicile et disparaît pour quelques jours ou quelques mois. Ou pour toujours. Car derrière leurs masques plus ou moins riants, les organisateurs du carnaval électoral ont déjà préparé l'avenir du pays. Celui de leurs ennemis comme le leur.

Avec plus de 90 % des voix, les élections sont un triomphe pour Tito. Les derniers espoirs de l'Occident s'envolent : la République est définitivement proclamée, l'orientation communiste du nouveau gouvernement revendiquée. En attendant de capturer Mihailović, les dirigeants de la deuxième Yougoslavie s'installent dans les murs de l'ancienne monarchie dont ils ne détestent pas s'octroyer quelques attributs flatteurs. C'est à qui réquisitionnera la plus belle villa de Dedinje ou la plus belle résidence d'été au Monténégro. Des magasins spéciaux sont ouverts à l'intention exclusive d'une Nomenklatura invitée à se fournir en produits de consommation introuvables sur les marchés et chez les commerçants belgradois. Tito lui-même transforme son bataillon d'escorte en garde personnelle modelée sur celle des rois. Il s'installe au palais blanc.

Parmi les privilèges que les dirigeants communistes vont goûter, il en est un qui restera pendant plusieurs décennies connu seulement d'une poignée d'hommes et de femmes : pouvoir admirer en toute confidentialité des dizaines de chefs-d'œuvre artistiques français des XIXe et XXe siècles. Une collection de plusieurs centaines de tableaux, lithographies et eaux-fortes qui connut un destin des plus rocambolesques.

L'histoire commence en 1928. Un petit Belgradois d'origine juive, Erich Chlomovitch, âgé de treize ans, passe ses nuits à dévorer un livre du collectionneur français Ambroise Vollard, l'homme qui a organisé en France les premières expositions de Cézanne, Matisse, Maillol et Picasso. Un jour, n'y tenant plus, il rédige une lettre (en français, qu'il étudie à l'école) à son idole : « Cher monsieur Vollard, j'ai lu votre livre sur Renoir, qui m'a enthousiasmé. Lorsque je serai grand, j'aimerais être comme vous. » Sept ans plus tard, Erich Chlomovitch rassemble ses affaires et quitte Belgrade. De la ville qui l'a vu naître, il ne supporte plus les odeurs de chou cuit, les fumées de grillades, la vulgarité de sa bourgeoisie parvenue, les manières de ses dirigeants – en particulier le raffiné Milan Kašanin, conservateur en chef du musée du Prince-Paul –, le manque d'ambition de ses coreligionnaires de Dorćol…

Quelques jours plus tard, il est à Paris. Il sonne à l'appartement de Vollard, rue de Martignac, près de la basilique Sainte-Clotilde, dans le distingué VIIe arrondissement. On le fait entrer. Vollard est avec Matisse. Impressionné par la détermination et le charme du jeune homme – à qui il prétend avoir bien reçu sa lettre et en avoir gardé le souvenir –, il l'engage immédiatement. Pendant plusieurs années, les deux hommes sont inséparables, comme en attestent de nombreuses photos où ils posent ensemble avec Léger, Le Corbusier, Matisse, Bonnard, Chagall ou Maillol.

En 1939, Vollard se tue accidentellement en voiture. Auparavant, pour s'assurer que sa collection n'échouerait pas à quelque ignare de son entourage – « un de ceux qui croient que Segonzac, c'est une sorte d'apéritif » –, il avait décidé d'en léguer une très grande partie à son jeune ami yougoslave. Ce choix était-il le fruit d'une relation homosexuelle ? D'une appartenance commune à quelque maçonnerie ? Dans la famille Vollard, on s'étouffe, on hurle, on insinue, on diffame mais rien n'y fait : Chlomovitch est désormais le propriétaire légal et légitime de cinq cents pièces signées des plus grands artistes français contemporains. Il est temps, estime-t-il, de revenir à Belgrade.

Quelques jours plus tard, lorsqu'il descend de la voiture des wagons-lits Cook avec ses dizaines de malles et de valises, il n'a qu'une idée en tête : organiser une exposition d'art français au musée du Prince-Paul. On le lui refuse. Qu'à cela ne tienne, il ira à Zagreb ! Le 24 novembre 1939 a lieu dans le musée des Beaux-Arts de la capitale croate le vernissage de l'exposition de la collection Chlomovitch : quatre cent vingt-neuf pièces – il a bien fallu en vendre quelques-unes pour maintenir son train de vie… –, dont quarante-huit Renoir, vingt-neuf Degas, douze Vlaminck, etc. La soirée est un triomphe. On est venu de toute l'Europe pour l'admirer. Pourtant, Erich n'est pas heureux. Ce qu'il veut, c'est que *sa* ville le salue, l'applaudisse, le reconnaisse : il rentre à Belgrade.

Le 27 mars 1941, il assiste aux manifestations de joie qui suivent l'annonce du putsch et le renversement d'alliance yougoslave. La fierté qu'il ressent cède bien vite le pas à l'inquiétude : les Allemands vont forcément réagir, et avec violence. Il commande quatre grandes caisses métalliques avec serrures dans lesquelles il entasse son précieux héritage. Quand les Allemands ordonnent, quelques jours après leur entrée dans Belgrade, que les Juifs portent un brassard mentionnant leur origine, il comprend que son pressentiment était juste. Au début de l'été, il quitte la ville sur laquelle souffle un vent mauvais en lieu et place de la *košava*, et part vers le sud. D'abord à Varvarin puis dans le village de Baćina, où il s'installe dans une ferme avec sa famille. Ses caisses sont cachées dans le mur à double fond de la cuisine d'une maison voisine. À l'automne 1941, Chlomovitch est attrapé dans une rafle et emmené dans la montagne par des soldats nazis. Il n'en redescendra jamais.

Trois ans plus tard, la mère d'Erich Chlomovitch rend visite à Ivan Ribar, un ami, membre du cabinet du nouvel homme fort de la Yougoslavie, Tito. Dans un des salons du vieux palais, où siège l'Assemblée populaire provisoire, le ministre reçoit sans cérémonie Reza Chlomovitch, qui lui demande des papiers l'autorisant à se rendre à Baćina afin de récupérer les meubles et tableaux restés là-bas après sa capture par les Allemands puis sa libération. Elle dit vouloir les offrir au nouvel Etat. En décembre, des paysans locaux abattent les murs de la ferme de Baćina où avaient été cachées les œuvres d'art qu'ils chargent sur le dernier wagon d'un train qui se rend dans la capitale. À trois heures du matin, l'arrière de celui-ci est percuté par la locomotive d'un convoi transportant des troupes bulgares qui roulait dans la même direction mais à une plus grande vitesse. Son conducteur, gêné par le brouillard, n'a repéré que trop tard la silhouette du train devant lui. Le choc est violent, la voiture où se trouvait Reza totalement disloquée. Immobilisés par l'accident, les soldats bulgares s'éparpillent dans les alentours et allument des feux avec les morceaux de bois ramassés dans la campagne. Et quelques tableaux dont ils ne peuvent soupçonner l'importance. Reza, elle, est morte sur le coup.

En 1948, les services de contre-espionnage yougoslaves apprennent, grâce à des écoutes téléphoniques, qu'un diplomate anglais cherche des clients pour acheter les pièces d'une collection de peinture de maîtres français. Quand il l'apprend, Ivan Ribar, président de l'Assemblée nationale, se souvient soudain de la visite, quelques années plus tôt, de son amie Reza Chlomovitch – dont il n'a d'ailleurs plus de nouvelles, remarque-t-il en même temps. Une enquête est lancée. Bientôt, on retrouve chez un petit marchand de la place Slavija trois caisses métalliques remplies de tableaux, dessins et sculptures signés. Comment sont-elles parvenues jusque-là après l'accident de train ? Mystère. Vite, on emmène la précieuse cargaison dans une salle du ministère de l'Intérieur où des experts sont conviés à venir évaluer les œuvres. Avant qu'ils s'en aillent, ordre leur est donné de se taire sous peine d'être arrêtés.

Un an plus tard, le directeur du Musée national, l'écrivain Veljko Petrović, qui a succédé à Milan Kašanin, chassé par les communistes, dresse l'inventaire de la collection : cent soixante-trois tableaux et cent cinquante-huit gravures, lithographies et eaux-fortes. Le reste ? Qui sait ? Encore enfoui à Baćina ? Réduit en fumée par la soldatesque bulgare une nuit glaciale de novembre 1944 ? Volé par quelques membres indélicats de la Nomenklatura titiste ? Quoi qu'il en soit, les trois cents œuvres retrouvées ne seront guère plus visibles : craignant que les héritiers de leur ancien propriétaire ne se manifestent, les autorités yougoslaves ne vont jamais les exposer. Sauf dans quelques bureaux fréquentés par des gens sûrs. Ou fortement incités à oublier ce qu'ils ont vu.

L'histoire ne s'arrête pas là et rebondit… en France. Le 7 novembre 1980, à Paris, un coffre de la

Société générale déclaré au nom d'Erich Chlomovitch est ouvert devant huissier en raison d'un loyer impayé. S'y trouvent près de deux cents œuvres dont la valeur est estimée à plusieurs millions de francs. Une vente aux enchères à Drouot est annoncée, puis annulée sur requête du gouvernement yougoslave. À sa place se tiendra une exposition de trois jours au cours desquels des milliers de Parisiens pourront s'émerveiller devant quatorze Renoir – dont *Le Guitariste debout* –, douze dessins de Cocteau, *Les Baigneuses* de Picasso et d'autres.

Aujourd'hui, faute d'un accord ou d'un arrangement entre les héritiers supposés ou réels de la collection Chlomovitch, des dizaines de chefs-d'œuvre dorment dans les coffres-forts et les sous-sols du Musée national de Belgrade. Tous les jours un peu plus grignotés par l'humidité, les rats, le temps, l'oubli…

*

Les années qui suivent la fin de la guerre voient Belgrade changer de visage. Ses nouveaux maîtres assoient leur pouvoir par une terreur de tous les instants. On ne badine pas avec le communisme. « Détruisez les nids, les oiseaux ne reviendront plus », assurait Lénine. Le commerce est nationalisé, les paysans, poussés de force dans les coopératives, la culture, jdanovisée, les casernes et les écoles, laïcisées. « Dieu existe-t-il ? » interroge une banderole accrochée à l'entrée de la faculté de Belgrade. La réponse est dans la question : non. Un grand mouvement de persécution religieuse se met en branle dans tout le pays. La loi sur la réforme agraire et la colonisation de 1946 prévoit la privation de soixante-dix mille hectares de terres et de forêts appartenant à l'Eglise. Une nouvelle loi, plus tard, ordonnera la nationalisation de plus d'un millier de bâtiments dont l'Eglise était propriétaire. Valeur : huit milliards de dinars !

À l'absence d'enthousiasme de la population belgradoise à l'arrivée des Partisans succède la peur. Perquisitions, réquisitions, arrestations : la police politique de Tito, la terrible OZNA, se montre digne de son modèle soviétique. L'immeuble où elle siège se trouve près de Terazije. Dans le hall d'entrée, des jeunes gens font la queue patiemment : ils viennent proposer leurs services. On y voit aussi traîner Georges Karadjordjević, le propre frère dérangé d'Alexandre : les autorités communistes essaient d'utiliser son nom dans leur propagande antiroyaliste. Au début de l'année 1946, l'insaisissable Mihailović court encore et tant qu'il n'aura pas été capturé et jugé – donc exécuté –, Tito tremblera.

Au quatrième et dernier étage de l'immeuble se trouve la salle des interrogatoires. C'est ici qu'est enfermé, le 4 février 1946, le général Nedić, l'ancien chef du gouvernement serbe sous l'occupation allemande. Son procès doit avoir lieu dans les prochains jours. La fenêtre de la pièce où il a été installé donne sur un puits de lumière entouré de murs aveugles. Sans issue, donc. C'est par là qu'il a tenté de s'enfuir, dira pourtant le communiqué publié par l'OZNA le lendemain. Dans ses mémoires, Bato Tomasević raconte que ce jour-là, on l'avait appelé pour descendre récupérer le corps sans doute sans vie de

Nedić au pied de la cour. Lorsqu'il était parvenu près de lui, il avait constaté avec effroi que le vieux soldat respirait encore : et s'il sortait un couteau et me poignardait ? s'était-il inquiété furtivement. Finalement, après quelques minutes d'angoisse, l'homme avait cessé de respirer. Tomasević l'avait accroché à une corde pour le faire remonter, tout en tremblant à l'idée que le corps lui tombe dessus et le tue… Au terme de son récit, Tomasević affirme que la thèse de la fuite est totalement improbable. Suicide ? Meurtre ? Là encore, l'histoire n'a pas encore rendu son verdict.

*

Le 24 mars 1946, un an et demi après la « libération » de Belgrade, le ministre de l'Intérieur yougoslave et chef de l'OZNA, Aleksandar Ranković, annonce devant l'Assemblée nationale ivre de bonheur « la capture du traître Mihailović ». L'arrestation a eu lieu dix jours plus tôt mais les autorités ont attendu pour rendre publique la nouvelle : le temps de s'assurer qu'il survivrait aux séances de torture, sans doute…

Pendant trois mois arrivent sur le bureau des dirigeants communistes des témoignages « spontanés » de patriotes prêts à dénoncer les méfaits du général royaliste : massacre de Partisans, actes de collaboration avec les Allemands, etc. Le 10 juin s'ouvre son procès dans une caserne militaire du sud de Belgrade. L'acte d'accusation : crimes contre le peuple et l'Etat. En même temps que lui seront jugés d'autres résistants antinazis et anticommunistes mais aussi d'anciens membres du gouvernement royal en exil et... des figures de la collaboration. Mélanger victimes et bourreaux dans le même sac pour discréditer ses vrais ennemis : une vieille technique bolchevique.

Dans la caserne militaire de Topčider reconvertie en salle d'audience, une foule surexcitée se presse, bien décidée à couvrir de ses hurlements la moindre parole de l'accusé. Quelques journalistes occidentaux sont également présents. Quand il entre dans la pièce, vêtu de son simple uniforme d'où ont été arrachés décorations, insignes et grades, Draža Mihailović a l'allure d'un spectre. Eprouvé par des années de combat et de clandestinité puis par les tortures, sans doute drogué à la mescaline, il paraît sans énergie, sans volonté. Il tient à peine debout. Aux premières questions, il répond d'une voix presque inaudible. Ses propos sont incohérents. Pour le défendre, Mihailović s'est vu désigner un avocat commis d'office. À la barre doivent défiler plusieurs dizaines de témoins de l'accusation. Deux personnes seulement viendront témoigner en sa faveur. Deux femmes qui se comporteront avec un héroïsme proche de l'inconscience. L'une s'inclinera devant le général tchetnik, l'autre se verra reprocher de l'avoir appelé « le général Mihailović » et non « l'accusé Mihailović » : « accusé par le parti communiste, pas par moi », rétorquera-t-elle, magnifique, au président du tribunal. Après le procès, les deux femmes seront privées de leur travail.

Malgré leurs demandes, des dizaines d'officiers anglais et américains ayant participé à des opérations de guérilla anti-allemandes auprès de Mihailović se sont vu refuser le droit de venir témoigner au procès en faveur du général serbe. Le 11 juillet 1946, celui-ci est invité à prononcer son propre plaidoyer avant d'entendre le verdict de la cour. Son discours durera plusieurs heures : entamé dans un immense brouhaha, il s'achèvera dans le plus grand silence. Trois jours plus tard, le président du tribunal annonce que Draža Mihailović est reconnu coupable des quarante-sept chefs d'accusation qui pèsent sur lui. Il est condamné à mort. La nuit qui précède son exécution, ce francophile convaincu à qui le général de Gaulle vouera toute sa vie une admiration fidèle[1], lit un texte de Maupassant. Le 17 juillet 1946, il est emmené dans un lieu secret (sans doute près de l'île d'Ada Ciganlija) et exécuté, son corps jeté aux chiens ou dans une fosse recouverte de chaux. « Vive le roi Pierre ! » lance-t-il à ses bourreaux avant de tomber sous leurs balles. « Fusillé pour sa foi, corps criblé de balles pour que triomphe l'ordre marxiste, le paradis sur terre », résume, grinçant, l'écrivain français Michel Déon. Installé au Brésil, Georges Bernanos fulmine quand il apprend la nouvelle :

> On peut penser ce qu'on veut de celui qui fut le premier des maquisards, mais l'ignoble est précisément que personne n'en pense rien. Innocent ou coupable, qu'importe ? Le monde s'en fout. Eh bien moi, je me fous de ce monde.

---

1. Au pouvoir entre 1958 et 1969, il ne se rendra jamais en Yougoslavie et partira en vacances à chaque visite de Tito en France afin de ne pas avoir à lui serrer la main.

DE TITO À MILO (1946-1989)

> « C'est la nuit qu'il est beau de croire à la lumière. »
>
> Edmond Rostand

Des rues grises et tristes, des immeubles aux allures de poulaillers en béton, des arbres aux feuilles rabougries et ferrés de grilles rouillées, des camions bâchés d'où dépassent des morceaux de meubles usagés et des frigos : rien ne ressemble plus à une métropole socialiste de l'Europe de l'Est qu'une autre métropole socialiste de l'Europe de l'Est. Pendant un demi-siècle, Belgrade est plongée dans la glaciation communiste – comme Moscou, Sofia, Bucarest, Minsk, Kiev ou Varsovie. La ville suinte l'ennui. Aux fenêtres, des femmes mal réveillées, mal habillées, un fichu sur la tête, aèrent la pièce unique où elles ont dormi avec leur mari et leur progéniture, agitant sur la tête des passants des battoirs à poussière gros comme des gourdins. Sur les paliers des appartements communautaires où s'entassent des hommes, des femmes, des enfants, des animaux et les désillusions d'une ou plusieurs familles, la même cacophonie règne : bourdonnements d'aspirateur, grésillements de poste radio déversant musique classique, communiqués à la gloire du nouveau père de la nation et saynètes de pièces de théâtre édifiantes, gargouillements de machine à laver.

L'ordre austère du socialisme a rendu les Belgradois ternes et mous. Entre 1944 et 1946, des dizaines de milliers d'entre eux ont choisi la liberté, c'est-à-dire la France ou l'Amérique[1]. Leur dynamisme et leur joie de vivre manquent. Les rues débordent de retraités, de gosses et d'adolescents fuyant la promiscuité domestique mais ce grouillement informe ne donne pas à la cité un air de fête. Des files de prolétaires endimanchés font la queue devant les administrations et les magasins d'Etat, parfois distraits par les Tziganes qui, imperturbables, continuent à mendier dans un pays où, pourtant, la mendicité n'existe pas puisque chacun, n'est-ce pas, dispose d'un emploi. Une sorte de torpeur a pris possession des Belgradois.

Poussés par les nouveaux dirigeants, les paysans ont gagné la ville en masse et ont apporté avec eux leur rapport particulier au temps qui, à leurs yeux, ne compte pas, ne se compte pas. Ils sont indifférents à l'agitation et la fébrilité modernes. Devenus fonctionnaires, ouvriers ou commerçants, ils perpétuent cette philosophie de la vie qui, au fond, s'adapte parfaitement à l'économie socialiste moins soucieuse, par définition, de rendement capitalistique que d'entre-

1. La plupart vont s'installer dans la région de Chicago, en Pennsylvanie (notamment à Pittsburgh où paraît le plus ancien périodique serbe des Etats-Unis), en Virginie occidentale, dans l'Ohio et à Toronto, au Canada – où siège *The Serbian Heritage Academy*.

tenir un système économique où l'uniformisation garantit la paix sociale. Quand un trolley est immobilisé vingt minutes en raison d'une coupure de courant, personne ne s'en inquiète ; si un serveur met un quart d'heure pour apporter une bière à un client, nul ne s'en plaint ; un chauffeur de taxi réclame-t-il le temps de terminer son déjeuner avant de démarrer sa course alors qu'il est le premier de la file d'attente, pas un client ne s'en offusque ; quelque champion d'échec du Kalemegdan donne-t-il l'impression de faire durer une partie qu'il sait pourtant gagnée à coup sûr, personne ne s'en étonne.

L'hiver, Belgrade grelotte de froid comme un clochard au milieu de ses cartons. Heureusement, il y a la nouvelle ville, l'eldorado socialiste bâti de l'autre côté de la Save : Novi Beograd. Dans les tours d'habitation toutes neuves et prioritairement réservées aux travailleurs et aux plus émérites des militants, il y a le chauffage central. Cette cité radieuse, extension de la capitale serbe qui se remet comme elle peut des coups reçus ces dernières années, fait la fierté des dirigeants yougoslaves. Même si eux-mêmes préfèrent vivre dans les villas anciennes de la Belgrade royale et bourgeoise…

*

En 1948, Staline accentue sa pression sur les partis communistes des pays-frères européens socialistes : il s'agit désormais pour eux de s'emparer définitivement et exclusivement du pouvoir, et de faire allégeance au Petit Père des peuples. Après la Pologne et en attendant l'Allemagne de l'Est, des traités d'amitié sont signés entre Moscou et Sofia, Bucarest et Budapest. En février, un coup d'Etat chasse les derniers espoirs de liberté en Tchécoslovaquie. Reste la Yougoslavie.

Depuis plusieurs semaines, les échanges de missions diplomatiques entre les capitales serbe et russe se déroulent dans une ambiance empreinte de méfiance mutuelle. Moscou trouve que la Yougoslavie met de la mauvaise volonté à se lancer dans les programmes économiques que l'Union soviétique a élaborés pour elle ; Belgrade estime que l'URSS ne fournit pas les équipements industriels nécessaires à la réalisation de ses plans quinquennaux. Dialogue de sourds. De coqs. Le 18 mars, Staline tape du poing sur la table et adresse un avertissement sans frais à Belgrade : il fait rappeler tous ses conseillers et instructeurs militaires, selon lui « environnés d'hostilité ». Idem, le lendemain, pour les missions civiles en raison du « manque d'hospitalité et de confiance ». Tito plaide d'abord pour le malentendu puis se montre franchement insolent : « L'Union soviétique ne pourrait-elle nous donner les vraies raisons de son attitude ? » Sous entendu : Staline ne serait-il pas jaloux de l'aura dont jouit un autre leader communiste que lui en Europe ? Pour le chef d'Etat yougoslave, pas de doute : la détermination du dirigeant russe à empêcher, un an plus tôt, la création d'une fédération balkanique regroupant la Yougoslavie, la Bulgarie et l'Albanie, participait déjà de la même crainte.

Pour Staline, c'est le mot, le geste de trop. Il faut se débarrasser du gêneur. Accusé de développer des théories dégénérées et opportunistes, le parti communiste yougoslave est mis au ban du Kominform. Bientôt, les insultes pleuvent : on parle de déviationnisme, d'opportunisme, de dérive menchevik, d'hitléro-titisme, même. Dans les autres capitales communistes, de grands militants que l'inféodation totale à l'URSS dérange sont arrêtés, emprisonnés, exécutés au motif d'adhésion aux thèses titistes.

Réponse du berger à la bergère, Tito élimine du PCY tous les éléments ayant manifesté leur désaccord avec sa politique de fermeté contre Staline. Deux ministres et des centaines d'officiers jugés favorables à Moscou sont jetés en prison (voire abattus[2]), le PC monténégrin, décapité, des milliers de membres de la police secrète ou du parti, arrêtés ou exclus. À l'initiative du terrible Aleksandar Ranković, deux camps de concentration voient le jour en Adriatique : Sveti Grgur et Goli Otok (« l'île nue »). Quinze mille « partisans du Kominform » passeront par cet Alcatraz méditerranéen aux conditions de détention particulièrement horribles.

Cet acte d'hérésie au sein du bloc communiste réjouit l'Occident. La guerre froide vient de commencer et les Etats-Unis voient dans la rupture entre Moscou et Belgrade le premier signe démontrant que le développement du cancer socialiste dans le monde n'est pas inéluctable. Une aide financière de plusieurs centaines de millions de dollars est proposée. Le prix de l'abandon du soutien yougoslave à la guérilla communiste grecque ? Peut-être. Malin, Tito prétend

2. Le chef de l'état-major, le général Arso Jovanović, par exemple, est tué en août 1948 alors qu'il tente de fuir en Roumanie.

suivre une « voie particulière vers le socialisme » grâce à l'autogestion : la formule séduit les intellectuels de gauche français que les excès de Staline gênent un peu malgré tout. Fin diplomate, il prend la tête des pays dits non alignés refusant l'allégeance à Moscou ou Washington. Le voilà maître du tiers-monde.

L'illusion est totale : dans la réalité, la Yougoslavie demeure une dictature communiste avec surveillance policière de tous les instants (pour ses habitants comme pour les étrangers dont chaque déplacement est suivi, chaque appel téléphonique, écouté...), démocratie de façade, système économique totalement bureaucratisé, soutien effectif aux mouvements armés d'inspiration communiste, etc. Mais la liberté de voyager dans le monde entier (privilège unique dans un pays socialiste) et la possibilité de partir travailler à l'étranger[3] comme de s'enrichir personnellement dans le cadre de structures sociales établies apportent une certaine satisfaction aux habitants de la Yougoslavie. Et une fierté légitime. Grâce aux subsides de l'Ouest, le pays est le plus opulent des Balkans. Le socialisme n'est pas forcément le moyen le plus difficile de parvenir au capitalisme.

En réalité, Tito joue sur deux tableaux : « chouchou » de l'Occident antistalinien (le pays est membre associé de l'Otan), il n'en conserve pas moins d'étroites relations avec les nations socialistes. Y compris l'URSS,

3. Moyen habile trouvé par Tito pour se séparer de dizaines de milliers de chômeurs. Au total, près de cinq cent mille d'entre eux gagneront la France, l'Allemagne fédérale, la Grande-Bretagne, les Pays-Bas et la Belgique dans les années 1960.

qui ne peut pas se permettre de « perdre » le pays en contact géographique avec presque autant de pays capitalistes (Autriche, Italie, Grèce) que de pays socialistes (Bulgarie, Roumanie, Albanie, Hongrie). Scellée en 1955 après la mort de Staline, la réconciliation entre Belgrade et Moscou ne sera pas réellement remise en cause par les crises de Budapest (1956) et de Prague (1968).

*

L'écrivain-voyageur suisse Nicolas Bouvier a évoqué la capitale yougoslave en 1953 dans son chef-d'œuvre de la littérature de voyage, *L'Usage du monde*. C'était un an après que ne la quitte l'auteur du *Quatuor d'Alexandrie*, le romancier britannique Lawrence Durrell, en poste à l'ambassade britannique de Belgrade comme attaché de presse depuis 1949. Il s'y ennuya profondément, tout contact avec les habitants de la ville qui ne fussent pas des diplomates lui étant interdit. « Le communisme est encore plus horrible que vous ne pourriez le soupçonner, écrit-il alors à son ami Henry Miller : corruption morale et spirituelle systématique et par tous les moyens. »

Pour chasser le spleen, deux armes : l'alcool (« Vous n'imaginez pas la quantité incroyable de *slivovitza* qu'il me fallut ingurgiter pour affronter le gel de l'hiver et des relations diplomatiques », racontera-t-il un jour à Jacques Lacarrière) et l'écriture. Son séjour lui inspira un magnifique roman d'aventures adolescent, *Les Aigles blancs de Serbie*, et des récits hilarants sur la vie diplomatique, à mi-chemin entre Courteline et Gogol : *Esprit de corps, Un peu de tenue, messieurs !* et *Sauve qui peut !*

Grand nomade devant l'Eternel, Michel Déon aussi passe par Belgrade dans les années 1950. Comme d'autres après lui jusqu'à la disparition de Tito, il est surtout frappé par l'esprit de dévotion qui règne en faveur de l'homme qui a dit non à Staline.

> Quand je suis entré en Yougoslavie, on célébrait l'anniversaire de la République populaire fédérale. La fête allait durer tout le voyage : mornes banderoles à la gloire de Tito, portraits fleuris de ce dernier dans toutes les boutiques, rassemblements autour des monuments aux Partisans, tristes bals dans les faubourgs sans lumière où l'on patauge dans la boue devant les immeubles neufs aux façades sillonnées de grandes lézardes. Le présent et l'avenir dépouillés de toute spiritualité, païenne ou déiste. Et, à la place, l'ordre. L'ordre de Tito, ce gros homme assez beau d'ailleurs, de ce héros de l'unité assurée dans un bain de sang[4].

Avec les années, le culte de la personnalité pour Tito ne cesse de s'amplifier. Lui-même ressemble de plus en plus à un satrape oriental, un démiurgique pharaon. Il possède plus de trente résidences à Belgrade et dans le reste du pays, plusieurs yachts et bateaux de plaisance au Monténégro et en Croatie. Et aussi un train particulier où il reçoit les grands de ce monde (Arafat, Mitterrand, Brejnev, Nehru, la reine

4. Michel Déon, *Tout l'amour du monde*, Plon, 1955-1960.

d'Angleterre). Ses voitures sont habillées de panneaux en marqueterie de bois sombre, de luxueuses moquettes et de meubles élégants conçus par les plus grands designers[5]. En trente ans de pouvoir, Tito accomplira quatre cent mille kilomètres dans le Train bleu où il était capable de venir coucher la veille de son départ tant il l'aimait... Le dirigeant yougoslave est aussi grand amateur de chasse. Le week-end, il se rend fréquemment dans les résidences de chasse privée confisquées aux Karadjordjević ou aux familles bourgeoises fortunées. Souvent, il y vient en calèche en compagnie, là encore, de chefs d'Etat en visite officielle ou privée : ainsi le président français Valéry Giscard d'Estaing.

Ce goût pour le confort et le luxe se retrouve bien vite partagé par les dirigeants du parti. Courageusement, Milovan Djilas, grand résistant, grand Partisan, grand militant, prend la plume pour dénoncer cette dérive. Dans *Borba*, l'organe du PCY, il raconte par exemple comment une jeune actrice mariée à une figure de la lutte contre l'Allemagne nazie s'est fait éconduire d'une loge d'un stade de Belgrade par quelques épouses de responsables du parti : « Vous êtes une actrice, n'est-ce pas ? Les actrices ne viennent pas ici. Vous ne serez jamais acceptée par nous[6]. » En dix ans, les va-nu-pieds des campagnes

5. Depuis quelques années, profitant de la vague de « Yougonostalgie », la compagnie ferroviaire serbe a remis en service pour les touristes le Train bleu, conservé dans son aspect originel.

6. Les prises de position de Djilas lui vaudront d'être exclu du comité central du parti, puis enfermé après la publication d'un de ses livres en Occident. Il sera, dans les années 1970, la principale figure de la dissidence intellectuelle yougoslave.

serbes se sont mués en grands bourgeois louis-philippards.

Dans la rue aussi, le look occidental prend le pas sur le look partisan. Les jeunes portent des jeans, des minijupes et des cheveux longs, défilent en bikini sur Ada Cigalija, boivent du Coca-cola – c'est à Belgrade que sera inauguré le premier restaurant McDonald's d'Europe de l'Est –, écoutent du rock contestataire, se bagarrent tels de vulgaires hooligans britanniques à la sortie des stades entre supporters de l'Etoile rouge (l'équipe du Parti) et du Partizan (l'équipe de l'armée). L'avortement est légalisé et le préservatif vivement conseillé : on en vend dans les kiosques à journaux. Apparaissent des publicités sur les bus et des rubriques de mode dans les magazines. Des soldats flânent par deux ou trois en se tenant la main rue Knez Mihailova.

Pour échapper à la poussière de l'été et aux morsures de l'hiver, il y a les salles de cinéma, havres agréablement tempérés. Les films exaltant la lutte des Partisans et stigmatisant les tchetniks ont la faveur des anciens (*La Bataille de la Neretva*), les grosses productions américaines (une centaine par an), celle des jeunes. Dans les années 1960, les studios Avala tournent à plein régime : on y réalise des œuvres nationales mais aussi des films en coproduction internationale. Les plus grands noms du Septième Art viennent tourner à Belgrade : Richard Widmark, Yul Brynner, Peter Ustinov, Omar Sharif, Tony Curtis, Roger Moore, Mylène Demongeot. Abel Gance y pose sa caméra pour immortaliser *Austerlitz* avec Pierre Mondy dans le rôle de Napoléon. L'armée yougoslave est très généreuse en figurants : Tito prête volontiers sa cavalerie personnelle pour participer aux grandes batailles à cheval chorégraphiées par les maîtres de la pellicule. Les plus grands péplums sont filmés dans la capitale yougoslave : *Gengis Khan*, *Quo Vadis ?*, *La Guerre de Troie* (la ville grecque est reconstituée sur trente mille mètres carrés), *Michel Strogoff*, *L'Enlèvement des Sabines*, *Les Drakkars*, *Tarass Boulba*. En 1965, le réalisateur serbe né à Paris Aleksandar Petrović donne sa vision – grandiose – de la résistance avec *Tri*, nommé dans la course à l'Oscar du meilleur film étranger. Deux ans plus tard, il obtiendra un prix au festival de Cannes pour *J'ai même rencontré des Tziganes heureux* avant de se lancer dans l'adaptation de *Migrations*, d'après le roman de Miloš Crnjanski, avec Isabelle Huppert et Richard Berry au milieu des années 1980.

Un homme comme Raoul Lévy ne pouvait ignorer Belgrade. Ce producteur généreux mais aventureux et inconscient décide de se lancer dans une superproduction « à l'égal de *Ben-Hur* et *Spartacus* » pour raconter « la fabuleuse aventure de Marco Polo ». Il en confie la réalisation à Christian-Jaque et le rôle-titre au plus grand acteur français : Alain Delon. Bernard Blier et Michel Simon sont également au générique. Le 2 janvier 1962 débute dans les studios Avala le tournage de la scène d'ouverture. Elle doit durer huit minutes. Un mois sera nécessaire à sa réalisation. Coût : huit millions de francs, soit le budget de trois films ! Quelques semaines plus tard, l'équipe est à Venise mais incapable de tourner : il n'y a plus un sou en caisse. Lévy n'a même pas de quoi payer les chambres de l'hôtel Danieli où la production s'est installée. C'en est trop pour Alain Delon, qui quitte le plateau. Raoul Lévy, lui, s'entête. En 1964, Denys de La Patellière filme une nouvelle version, plus modeste, de *Marco Polo* avec Anthony Quinn. Quatre ans plus tard, Raoul Lévy se suicide.

*

Les années 1970 n'en finissent pas de se traîner. Après la poussée de fièvre estudiantine de 1968 contre la bureaucratie yougoslave, Belgrade a recalé les battements de son cœur sur celui de Tito. Ne dit-on pas celui-ci immortel ? Maréchal désigné par son bon peuple président à vie de la Yougoslavie, son nom est sur toutes les lèvres, toutes les façades : institutions, usines, universités ou villes portent le nom du héros national. La capitale du Monténégro elle-même s'appelle Titograd. Pourtant, le chef communiste vieillit. Il perd la mémoire, confond le nom de ses interlocuteurs, lèche comme un enfant les feuilles des discours qu'il prononce d'une voix lasse. Il boit et boite de plus en plus. Des médecins dorment près de lui la nuit.

En 1979, Tito se rend à Cuba en voyage officiel pour rencontrer un autre grand leader des pays non alignés : Fidel Castro. Le soir même de son départ, dans la moiteur d'un mois d'août sans relief, un jeune voyou du nom de Vlada Vasiljević fracture la portière d'une Porsche 911 blanche, s'installe au volant et démarre. À un feu rouge, il s'arrête à côté d'une voiture de police puis redémarre sur les chapeaux de roue au nez et à la barbe de la Milice. Début du mythe urbain le plus incroyable de la Yougoslavie d'après-guerre.

Durant dix jours, chaque soir, aux alentours de la place Slavija, la Porsche blanche va venir narguer les forces de police belgradoises, incapables de la rattraper dans leurs Zastava poussives entre lesquelles elle zigzague à une vitesse folle. Les flics de Belgrade deviennent peu à peu la risée des habitants. Malgré leurs recherches de jour comme de nuit, les hurlements des dirigeants du Parti, les slogans moqueurs bombés sur les murs de la ville, ils ne parviennent pas à trouver « le bandit ». L'affaire commence à tourner vinaigre. Politique. Enchantés par la morgue et la témérité de ce Robin des Bois motorisé, les Belgradois sont de plus en plus nombreux à rejoindre la place pour l'encourager dans la course-poursuite qui, jour après jour, prend une ampleur supplémentaire. Certains reviennent exprès de vacances pour assister au rodéo quotidien proposé par l'homme dont personne n'a jamais le temps d'apercevoir le visage. Dans son geste fou, beaucoup veulent voir plus qu'une performance d'un Fangio local : un acte de résistance contre l'étouffant système communiste.

Le dixième soir, ils sont près de dix mille à attendre au garde-à-vous ou presque l'apparition de celui que toute la presse a surnommé « le fantôme de Belgrade » : photographié depuis un immeuble au téléobjectif, son visage s'est révélé blanc comme un drap ! Ce soir-là, il ne les décevra pas. Après avoir effectué autour de Slavija un ultime baroud d'honneur sous les acclamations, les applaudissements et les encouragements, le pilote de la Porsche se crashe violemment contre un mur. Fin de l'histoire ? Certes pas. Quand la police ouvre les portières de la voiture, il n'y a personne à l'intérieur. C'était bien un fantôme.

Profitant d'un virage serré, l'homme avait en réalité sauté en marche quelques secondes avant l'accident. Tito ne croyant pas aux fantômes, ordre est donné de retrouver à tout prix l'insolent voyou. Dénoncé sans doute en échange d'une prime, il est arrêté quelques jours plus tard. Malgré des interrogatoires musclés, il s'enferme dans une attitude quasi religieuse. Son silence excite les rumeurs : la voiture aurait été volée au célèbre musicien Goran Bregović. Ou à l'ambassadeur du Danemark. Ou au tennisman croate Nikola Pilić. Il aurait agi par haine du communisme. Ou pour se moquer de la police. Ou parce qu'il s'ennuyait. Ou par promesse amoureuse, l'homme ramenant à sa fiancée au terme de chacune de ses virées une rose arrachée à un bosquet du centre-ville.

Vlada Vasiljević restera deux ans en prison. Dix jours après sa sortie, l'homme qui, naguère, remontait les boulevards de Belgrade à cent cinquante kilomètres à l'heure avec, à ses trousses et face à lui, des dizaines de véhicules de police impuissants, se tue dans un accident de voiture au volant d'une Lada volée.

Aujourd'hui, une compagnie belgradoise de taxis de luxe porte son nom…

*

Le 5 mai 1980, à trois heures du matin, les sirènes de Belgrade retentissent. Pour les plus anciens, leur son ravive quelques mauvais souvenirs : les bombardements allemands et alliés de la dernière guerre. En réalité, chacun sait qu'il n'y aura pas un nouveau tapis de bombes sur la Ville blanche. Mais on pleurera un mort.

Tout le monde savait Tito mal en point. Son hospitalisation en janvier à Ljubljana pour une thrombose à la jambe gauche avait été annoncée dans les journaux. Depuis, les bulletins de santé triomphants s'étaient succédé sans convaincre personne. Soudain, on se souvenait qu'il avait quatre-vingt-sept ans. Des milliers de messages étaient parvenus à son chevet. Ils ne lui rendirent pas sa santé. L'amputation du membre ne suffit pas.

Pendant plusieurs jours, la télévision de Belgrade montre les mêmes images : des enfants éplorés, des femmes au bord de la crise de nerfs. Propagande ? Pas seulement. Si quatre mille personnes sont arrêtées pour avoir bruyamment manifesté leur joie de voir disparaître « le tyran », l'immense majorité des Yougoslaves est triste et pressent que sa disparition peut mettre en péril la fragile unité d'une fédération de peuples artificiellement réunis. Pendant quatre jours, le Train bleu circule dans tout le pays afin que chacun puisse venir saluer une dernière fois la dépouille du monarque rouge. Le 8 mai 1980, ils sont des centaines de milliers à assister aux funérailles grandioses du grand homme. En provenance des cinq continents, communistes endurcis et défenseurs du monde libre, révolutionnaires et conservateurs, dictateurs et démocrates, ils sont plus d'une centaine de représentants étrangers (chefs d'Etat, présidents, rois, reines, Premiers ministres, diplomates) à avoir fait le déplacement jusqu'à Belgrade pour saluer une dernière fois le maréchalissime qu'on s'apprête à enterrer sous une dalle de marbre blanc. Les plus beaux triomphes sont posthumes. Et porteurs d'orages. De déluges.

Un an après la mort de Tito, des émeutes éclatent au Kosovo. La police intervient et tire dans la foule des manifestants albanais. À Belgrade, un obscur apparatchik du parti déclare qu'il faut s'opposer « au nationalisme et au séparatisme albanais ». Cet homme, bientôt élu président du comité urbain de la Ligue des communistes, se dit alors hostile à toute forme de nationalisme. Mais en 1989, lorsqu'il est physiquement confronté aux pressions des Albanais contre les Serbes du Kosovo, largement minoritaires en nombre, il décide que certains nationalismes valent mieux que d'autres : bien utilisés, ils peuvent asseoir un pouvoir politique. Le national-communisme serbe vient de naître dans l'esprit de Slobodan Milošević. « Après Tito, Tito », devisaient les proches du leader communiste au moment de son agonie. Soit, soyons le nouveau Tito, raisonne l'homme que les Serbes croient reconnaître comme un des leurs. Sauvons l'idée et la nation yougoslaves ! Coûte que coûte, à n'importe quel prix : même celui de la guerre. Et de la défaite. Et du déshonneur.

Avec l'avènement de Slobodan Milošević s'ouvre pour Belgrade et la Serbie une ère sombre. Capitale relativement rayonnante d'une Yougoslavie riche et célèbre au milieu des années 1980, la Ville blanche est clouée au pilori de la diplomatie internationale. Son nom devient pendant une longue décennie un mot mal famé. N'abrite-t-elle pas le tyran ayant provoqué la guerre civile yougoslave ? N'est-elle pas le lieu où a été l'ordre de procéder aux pires massacres de la fin du XXe siècle en Europe ?

« Serais-tu aussi chaste que la glace et aussi pure que la neige, tu n'échapperais pas à la calomnie », fait dire Shakespeare à Hamlet. Il y aurait beaucoup à dire ou à corriger sur la Belgrade des années 1990-2000. On pourrait parler de souffrances, de malheurs, de honte, de peur, de mort. Raconter la folie parfois contagieuse d'un homme et d'un système. Narrer, comme quelques cinéastes fameux, les conséquences d'un terrible embargo international sur la vie quotidienne des Belgradois – une population contrainte de faire ses courses avec des brouettes de billets comme à Weimar dans les années 1920 et réduite à faire preuve de débrouillardise en toutes circonstances. Ou encore décrire les bastonnades de la police contre les opposants durant les années de guerre ou contre la jeunesse serbe en 1996-1997 – j'y étais –, puis en 2000 – j'y étais aussi. Evoquer les trois mois de bombardements de l'Otan sur des cibles civiles et militaires de la ville – j'y étais encore – et dire en quoi ils ont constitué un traumatisme ineffaçable chez tous les Serbes amoureux de la France et de son peuple dont ils se sentent si proches. À des pages qui eussent été sombres comme une nuit d'hiver au bord de la Save, j'ai préféré ces lignes évoquant une lumière qui brilla dans la ville durant les années noires.

Pavle fut, pendant deux décennies et jusqu'à sa disparition en novembre 2009, le charismatique patriarche de l'Eglise orthodoxe serbe. Né dans les premières années du début du XXe siècle, l'ancien évêque du Kosovo a traversé les éprouvantes années 1990 dans la dignité. Son action fut la preuve que Dieu n'avait pas totalement abandonné les Serbes, dont il sauva l'honneur par son attitude vis-à-vis du régime de Milošević. Aux sirènes hypocrites du leader national-communiste jamais il ne céda, au contraire de certains de ses fidèles, voire de responsables orthodoxes leurrés par les talents manipulateurs de l'athée Milo qui avait compris comment utiliser le sentiment religieux national dans un pays croyant à 95 %.

Pavle fut une personnalité respectée dans tout le pays comme à l'étranger. D'aucuns l'estiment même digne d'être proclamé saint. Il fut aussi une véritable figure de Belgrade, où il résidait après son accession à la tête de l'Eglise serbe. Dans la vieille ville, rares sont ceux qui n'ont jamais croisé son regard ou approché de près sa frêle silhouette – petite taille et longue barbe blanche. Non que les habitants de la ville aient tous assisté un jour à une liturgie célébrée par ses soins, mais il a toujours mené une vie simple, faite de rencontres avec ses ouailles et de promenades quotidiennes dans la rue, parmi les brebis dont il s'estimait l'humble berger. Les anecdotes sont légion, qui renvoient de lui l'image d'un saint homme qui aura su se rendre populaire par son humilité et son sens de la repartie[7].

Dès les premiers jours de son ministère, Pavle décida de privilégier les déplacements à pied ou dans les transports publics, au contraire de nombre de ses

7. Ces anecdotes sont réunies par Jovan Janjić dans *Soyons des hommes*, Belgrade, 2008, traduit du serbe par Kosta Christitch et Lioubomir Mihailovitch.

lieutenants aimant rouler dans de grosses et confortables voitures aux vitres teintées qui n'ont rien à envier à celles de certains chefs mafieux. Un jour qu'un pope l'a fait monter dans une Mercedes neuve alors qu'il se rendait à pied dans la vieille cathédrale de la ville, il ordonne qu'on le laisse descendre après avoir appris que la voiture appartenait au prêtre. « Dieu vous vienne en aide », lui lance-t-il, d'une voix glaciale en s'éloignant du véhicule. Une autre fois, stupéfait par le nombre de limousines garées devant le patriarcat et appartenant aux évêques venus se réunir à Belgrade, il s'exclame, un sourire en coin : « Quel type de voitures utiliseraient-ils s'ils n'avaient pas fait vœu d'humilité ? » Un autre jour, un diacre un peu paresseux lui propose de se rendre à une célébration en voiture. « Plutôt en autobus, répond Pavle. – Mais c'est l'été, rétorque son interlocuteur, que la perspective de marcher de longues minutes sous le soleil effraie. Dans le bus, nous verrons beaucoup de gens peu vêtus. Ce n'est pas convenable. – Vous savez, tranche le patriarche, chacun voit ce qu'il veut voir ! »

L'humour dont fait preuve en toutes circonstances Pavle fait le bonheur des Belgradois, qui se racontent ses bons mots, cinglants, mais jamais blessants. On se raconte en famille ou au café ses formules comme des bonnes blagues. « Tu connais la dernière de Pavle ? » L'ayant invité à poser pour une séance photos, un photographe célèbre peu porté sur la chose religieuse a oublié de quelle manière il doit lui adresser la parole. « Votre Lumière… », tente-t-il piteusement. « Si je suis la lumière, à quoi sert votre flash ? » s'entend-il répondre. Une dernière ? C'est une des plus belles. Après avoir repéré dans le chœur un séminariste chantant faux, Pavle s'approche de lui et, d'une voix douce, lui glisse : « Mon petit, faites attention, vous n'êtes pas tout à fait dans le ton. » Vexé, le garçon répond, presque insolemment : « Chaque oiseau chante à sa façon. » Sourire du patriarche : « Oui : dans les bois. Mais ici, nous sommes à l'église. »

Ite missa est. Paix à son âme.

CHRONOLOGIE

7 000 ans av. J.-C.	Premier peuplement néolithique.
600 ans av. J.-C.	Arrivée dans la région de tribus de Thraces et de Scythes.
279 ans av. J.-C.	Première mention de Singidunum, cité fondée par la tribu celte des Scordisques.
91 ans av. J.-C.	Les Romains occupent Singidunum qui devient le quartier-général de la IVe légion Flavia Felix. Dans les années qui suivent, un futur empereur voit le jour dans la cité (Jovien) et un pont reliant les deux rives du Danube est construit.
378	Les Goths rasent Singidunum.
395	L'empire romain est divisé et Singidunum intégré au sein de l'empire romain d'Orient.
441	Les Huns conquièrent Singidunum.
450	Les Sarmates conquièrent Singidunum.
470	Les Goths conquièrent Singidunum.
488	Les Gépides conquièrent Singidunum.
504	Les Goths reprennent Singidunum.
510	L'empire byzantin s'empare de Singidunum au terme d'un traité de paix.

535	L'empereur byzantin Justinien Ier ordonne de faire rebâtir la ville.
584	Les Avars conquièrent Singidunum.
592	L'empereur byzantin reprend la ville.
630	Les Slaves conquièrent Singidunum.
827	Les Bulgares conquièrent Singidunum.
16 avril 878	Première mention du nom slave de Singidunum – Belgrade, la Ville blanche – dans une lettre du pape Jean VIII au prince bulgare Boris Ier pour l'informer qu'il démet de ses fonctions l'évêque de la ville coupable de débauche.
896	Les Hongrois attaquent Belgrade.
971	Les armées byzantines s'emparent à nouveau de la ville.
976	L'empereur macédonien Samuilo s'empare de Belgrade.
1018	Belgrade est reprise par Byzance.
1096	Les Hongrois détruisent Belgrade qui reste sous l'autorité de Byzance. La même année, la ville voit passer sous ses murs les armées des Croisés.
1127	Les Hongrois détruisent la ville pierre par pierre afin de construire, sur la rive gauche de la Save, la forteresse de Zemun.
1147	Les Croisés traversent à nouveau Belgrade.
1154	Les troupes byzantines détruisent Zemun et ramènent à Belgrade les pierres nécessaires à la reconstruction de la forteresse.
1166	Stefan Nemanja se proclame grand prince des Serbes, crée un Etat serbe indépen-

	dant et fonde la dynastie des Nemanjić. Il est couronné roi des Serbes par le pape.
1182	Les Hongrois conquièrent à nouveau Belgrade.
1185	Byzance reprend Belgrade après des négociations diplomatiques.
1189	Sur la route de la Troisième Croisade, Frédéric Barberousse traverse Belgrade.
1219	L'Eglise orthodoxe serbe devient indépendante.
1230	Les Bulgares s'emparent de Belgrade.
1232	Les Hongrois s'emparent de Belgrade.
1236	Mort de saint Sava.
1284	Le roi Stefan Dragutin se voit offrir Belgrade par la Hongrie : c'est la première fois que Belgrade passe sous autorité serbe.
1316	Le roi Stefan Milutin brûle Belgrade au cours du conflit qui l'oppose à son frère Dragutin.
1319	Belgrade repasse aux mains des Hongrois.
1346	Le roi Stefan Dušan Nemanjić est couronné empereur des Serbes et des Grecs.
1371	Eclatement de l'empire serbe après la mort d'Uroš.
28 juin 1389	Bataille de Kosovo.
1402	La Hongrie offre Belgrade au despote Stefan Lazarević qui reconstruit la ville et en fait la capitale de la Serbie.
19 juillet 1427	Mort du despote Stefan.
1440	Le sultan Murad II assiège Belgrade avec cent mille hommes et deux cents bateaux. La ville est encerclée et les Ottomans

	tentent d'y pénétrer par des tunnels. Grâce à l'aide de chevaliers hongrois, l'assaut est repoussé.
Juillet 1456	Le sultan Mehmed II assiège Belgrade avec cent cinquante mille hommes. Les Ottomans sont à nouveau vaincus et le sultan blessé.
1521	Soliman le Magnifique s'empare de Belgrade avec trois cent mille hommes et fait déporter la population mâle à Constantinople. Belgrade est désormais sous occupation ottomane.
27 avril 1594	Le vizir Sinan Pacha fait brûler les reliques de saint Sava sur un bûcher installé sur la colline de Vračar.
1660	Début de la construction de la plus haute mosquée de Belgrade, Bajrakli.
1688	Les armées autrichiennes conquièrent Belgrade qu'elles pillent après que celle-ci a été pillée par les Ottomans au moment de leur départ.
1690	Les Turcs reprennent Belgrade. Début de grands mouvements d'émigration de familles belgradoises dans les confins militaires autrichiens (Voïvodine et Slavonie) ou en Russie.
1717	L'armée autrichienne commandée par le prince Eugène de Savoie reprend Belgrade aux Ottomans. La ville est reconstruite et la forteresse, agrandie et renforcée.
1719	Début du « règne » local de Charles-Alexandre de Wurtemberg.
1723	Le colonel suisse Nicolas Doxat de Demoret construit un système de défense militaire de la ville à la Vauban.

1726	Les familles serbes sont chassées du quartier allemand de Belgrade.
20 mars 1738	Exécution de Demoret devant les fortifications qu'il a lui-même fait bâtir.
1739	L'empire ottoman reprend Belgrade au terme d'un nouveau traité de paix.
7 octobre 1789	Commandée par le maréchal Laudon, l'armée autrichienne reconquiert Belgrade.
1791	Belgrade est rendue à l'empire ottoman par le traité de Sistova.
1798	Le poète grec Rhigas Velestinlis est écartelé en place publique.
1801	Les janissaires sèment la terreur dans Belgrade. Lors du « massacre des Princes », des dizaines de nobles serbes sont tués. Le pacha lui-même est étranglé.
1804	Première insurrection contre les Ottomans en Serbie menée par Djordje Petrović, dit Karadjordje (Georges le Noir).
27 déc. 1806	Belgrade est libérée et devient la capitale de la Serbie. Création de la première grande école (la future université). Fondation de la dynastie Karadjordjević.
1811	Karadjordje est choisi comme souverain héréditaire de la Serbie.
1813	Les Ottomans reprennent Belgrade, Karadjordje s'enfuit.
Printemps 1815	Miloš Obrenović prend la tête de la Seconde Insurrection. La Serbie se voit offrir une autonomie politique partielle.
1817	Karadjordje revient en Serbie où il est assassiné sur ordre de Miloš Obrenović, reconnu comme le prince héréditaire de la Serbie par la Skupština.

1821 Début de la publication des contes populaires serbes réunis par Vuk Karadžić, réformateur de la langue serbe.

1823 Construction de la maison d'un seigneur serbe qui deviendra la taverne « ? », aujourd'hui le plus vieil établissement de Belgrade.

1830 La Serbie est reconnue autonome.

1840 Ouverture du premier bureau de poste à Belgrade.

1841 Construction de la cathédrale Saint-Michel.

1844 Fondation du Musée national.

1862 Le meurtre d'un jeune garçon serbe par des soldats ottomans près de la fontaine Čukur provoque des émeutes.

1867 Les Ottomans quittent Belgrade. Les clés de la forteresse du Kalemegdan sont remises à Miloš Obrenović.

1868 Réforme de l'alphabet et de la grammaire serbes. 28 mai : assassinat de Michel Obrenović dans le parc de Topčider.

1876 Guerre serbo-turque. « On assassine un peuple », enrage Victor Hugo.

1877 Le sud-est de la Serbie est libéré du joug ottoman.

1878 Le congrès de Berlin reconnaît l'indépendance de la Serbie.

1882 Proclamation du royaume de Serbie sous le règne de Milan Obrenović.

1883 Ouverture de la première ligne téléphonique à Belgrade.

1893 Premières lumières électriques à Belgrade qui compte cinquante mille habitants.

	13 avril : Alexandre Obrenović met fin à la régence et s'empare du pouvoir.
1894	Premier tramway électrique. Début de la construction de la cathédrale Saint-Sava qui sera achevée au début du XXIe siècle.
1900	Alexandre Obrenović épouse Draga Mašin.
10 juin 1903	Assassinat du roi Alexandre, dernier représentant de la dynastie Obrenović. Pierre Karadjordjević est rappelé de son exil suisse et monte sur le trône.
22 sept. 1904	Couronnement de Pierre Ier de Serbie à Belgrade.
1912	Première Guerre balkanique : Serbie, Grèce et Bulgarie attaquent les terres européennes de l'empire ottoman.
1913	Deuxième Guerre balkanique opposant la Serbie et la Grèce à la Bulgarie. Le Kosovo est libéré.
1914	Malade, Pierre cède secrètement le pouvoir à son fils Alexandre qui prend la tête des armées. Après l'assassinat de l'archiduc François-Ferdinand à Sarajevo, l'armée austro-hongroise attaque la Serbie. Belgrade est prise puis libérée après la contre-offensive de Cer (première victoire alliée de la Grande Guerre).
1915	Nouvelle offensive des armées des empires centraux. 8 octobre : Belgrade tombe aux mains des Austro-Hongrois. Ses habitants quittent la ville par milliers pour un grand exode vers l'Albanie où les troupes françaises accueillent les rescapés. Conduits à Corfou et en Tunisie, ils rejoignent ensuite le front d'Orient français.

1918	Belgrade est libérée le 1er novembre et devient la capitale du Royaume des Serbes, Croates et Slovènes, proclamé le 1er décembre.
Juin 1920	Naissance du parti communiste yougoslave, qui sera interdit dès l'année suivante.
17 août 1921	Mort du roi Pierre Ier. Son fils Alexandre monte officiellement sur le trône.
8 juin 1922	Mariage d'Alexandre Ier Karadjordjević et Marie de Roumanie.
1923	Extension de la ligne aérienne Paris-Budapest jusqu'à Belgrade. Introduction du basket-ball en Serbie.
1924	Construction de la résidence royale sur la colline de Dedinje.
1927	Inauguration de l'aéroport de Belgrade.
1928	Un député monténégrin abat cinq députés croates en plein Parlement.
1929	Proclamation de la « dictature royale ». Le Royaume des Serbes, Croates et Slovènes devient la Yougoslavie. Naissance de la première station de radio de Belgrade.
1933	Une statue de Lamartine est inaugurée dans un parc de la ville.
19 octobre 1934	Obsèques du roi Alexandre de Yougoslavie assassiné à Marseille par des oustachis croates. En attendant la majorité de son fils aîné Pierre, une régence est instituée.
1935	Construction du pont de Pančevo qui relie les deux rives du Danube à l'est de Belgrade.
3 sept. 1939	Grand prix automobile et motocycliste autour de la forteresse du Kalemegdan.

25 mars 1941	La Yougoslavie adhère au Pacte tripartite et devient alliée de l'Allemagne nazie.
27 mars 1941	Un coup d'Etat de l'armée renverse le prince Paul et installe Pierre II sur le trône. Manifestations de joie dans tout Belgrade.
6 avril 1941	Hitler lance l'opération Châtiment et fait bombarder Belgrade, pourtant proclamée ville ouverte. Invasion de la Yougoslavie.
12 avril 1941	Les troupes allemandes entrent dans Belgrade.
17 avril 1941	Capitulation de la Yougoslavie.
9 mai 1941	Refusant la capitulation, Draža Mihailović installe le quartier-général de la résistance royaliste tchetnik à Ravna Gora.
18 août 1941	Première diffusion, sur Radio-Belgrade, de la chanson « Lili Marleen ».
29 août 1941	Le général Nedić forme un gouvernement en Serbie occupée.
Novembre 1941	Début de la guerre civile entre monarchistes et communistes.
Mai 1942	Belgrade est proclamée « *Judenfrei* » par les autorités allemandes.
Juin 1943	Sur les murs de Belgrade sont placardées des affiches promettant cent mille Reichsmark-or à qui remettra le général Mihailović aux autorités d'occupation.
16 avril 1944	Le bombardement de Belgrade par les Alliés fait un millier de morts.
20 octobre 1944	Libération de Belgrade par les partisans de Tito et l'Armée rouge.
7 mars 1945	Tito est nommé Premier ministre de la Yougoslavie.

11 nov. 1945	Tito est élu président de la République fédérale de Yougoslavie après la victoire du parti communiste aux élections générales.
13 mars 1946	Capture de Mihailović par les Partisans.
10 juin 1946	Début à Belgrade du procès Mihailović.
17 juillet 1946	Exécution du général Mihailović. Des milliers de ses partisans s'enfuient en Occident.
1948	Rupture entre Tito et Staline. Arrestations et emprisonnements de nombreux cadres du parti communiste yougoslave.
1958	Naissance de TV-Belgrade.
1961	Première conférence des pays non alignés à Belgrade.
1962	Début du tournage de *La Fabuleuse aventure de Marco Polo* de Christian-Jaque avec Alain Delon, Bernard Blier et Michel Simon.
Eté 1968	Manifestation étudiante contre la bureaucratie communiste yougoslave. Grand mouvement de protestation contre l'invasion de la Tchécoslovaquie par l'Armée rouge.
Août 1979	Au volant de sa Porsche blanche, le « fantôme de Belgrade » sème pendant dix jours la panique au sein de la police de Belgrade.
4 mai 1980	Mort de Tito.
8 mai 1980	Enterrement de Tito à Belgrade. Cent vingt-six nations envoient un représentant à ses funérailles.
1987	Slobodan Milošević s'empare du pouvoir au sein du parti communiste you-

	goslave et débute son ascension politique au sein de l'Etat dont il devient bientôt le président.
13 mai 1990	À Zagreb, un match de foot entre l'Etoile rouge de Belgrade et le Dynamo de Zagreb dégénère. Dans les semaines qui suivent, multiplication des incidents entre Serbes et Croates.
9 mars 1991	Grand mouvement de protestation contre le régime de Milošević. La police et les chars de l'armée rétablissent l'ordre dans Belgrade (deux morts).
1992	L'indépendance de la Croatie et de la Bosnie est reconnue par l'Europe, un embargo est instauré contre Belgrade qui soutient les sécessionnistes serbes de Croatie et de Bosnie.
1993	Début du mouvement d'hyperinflation économique, un billet de cinq cents milliards de dinars est imprimé à Belgrade.
1995	Chassés de Croatie par les troupes du général Gotovina, des dizaines de milliers de réfugiés serbes gagnent Belgrade. Inauguration de la première rame de métro.
Hiver 1996-1997	Manifestations de masse contre Milošević à Belgrade.
Mars-juin 1999	Bombardement de Belgrade par les forces de l'Otan, guerre du Kosovo.
5 octobre 2000	Coup d'Etat contre Milošević.
2003	Assassinat à Belgrade du Premier ministre serbe pro-occidental Zoran Djindjić. La République fédérale de Yougoslavie devient l'Union de la Serbie et du Monténégro.
2006	Séparation de la Serbie et du Monténégro.

9 sept. 2009	Lors du match de qualification pour la Coupe du monde 2010 qui doit se jouer en Afrique du Sud, la Serbie réussit le match nul 1-1 contre la France. En battant la Roumanie quelques semaines plus tard, elle obtient son ticket pour la phase finale (11 juin-11 juillet 2010).
Décembre 2009	Le président Boris Tadić dépose officiellement la demande d'intégration de la Serbie à l'Union européenne.
Décembre 2010	Pour la première fois de son histoire, la Serbie remporte la Coupe Davis après avoir battu la France en finale, à Belgrade.
20 juillet 2011	Deux mois après Ratko Mladić, la police serbe arrête le dernier criminel de guerre serbe présumé encore en fuite, Goran Hadzić.
1er mars 2012	La Serbie obtient le statut de candidat à l'adhésion à l'Union européenne.

BIBLIOGRAPHIE

Tous les livres sans mention d'éditeur et suivis d'un astérisque sont disponibles et ont été consultés à la Bibliothèque nationale de France à Paris.

Nous avons respecté l'orthographe des noms serbes choisie par les auteurs des livres publiés.

ABOUT Edmond, *De Pontoise à Stamboul*, Hachette, 1884.

ALBAHARI David, *L'Appât*, Gallimard, 1999.

ANDONOVIĆ Milan, *Suvobor et Avala, l'épopée serbe en 1914*, Delaspre, 1915.

ANDRIĆ Ivo, *Signes au bord du chemin*, L'Age d'Homme, 1997.

D'AVRIL Adolphe (traduit par), *La Bataille de Kossovo*, Un Infini cercle bleu, 2006.

BARBY Henri,

— *L'Epopée serbe, l'agonie d'un peuple*, Berger-Levrault, 1916.

— *La Guerre mondiale. Avec l'armée serbe*, Albin Michel, 1918.

BATAKOVIĆ Dušan T.,

— *Kosovo, la spirale de la haine*, L'Age d'Homme, 1993.

— *Yougoslavie, nations, idéologies, religions*, L'Age d'Homme, 1994.

— « Belgrade in the nineteenth century, a historical survey », in *Journal of the North American Society for Serbian Studies*, vol.16 (2), 2002.

— *Histoire du peuple serbe*, L'Age d'Homme, 2005.

— *Kosovo, un conflit sans fin ?*, L'Age d'Homme, 2008.

Belgrade d'après les gravures anciennes, 1950*.

BESSON Patrick,

— *Les frères de la consolation*, Grasset, 1998.

— *Belgrade 1999*, suivi de *Les Calomniateurs de la Serbie*, L'Age d'Homme, 1999.

BOBOT Rajko (sous la direction de), *Serbie*, Revue yougoslave, 1985.

BOGDAN Henry, *Histoire des pays de l'Est*, Perrin, 1990.

BOUDON-LASHERMES Albert, *Voyage en Orient du Premier ministre du roi de Chosson*, 1911*.

BOUVIER Nicolas, *L'Usage du monde*, Editions Zoé, 1963.

BUISSON Jean-Christophe,
— *Héros trahi par les Alliés, le général Mihailović*, Perrin, 1999 et tempus, 2011.
— *Le Goût de Belgrade*, Mercure de France, 2001.

CAHEN François, *1918, Forteresses*, Editions Jean-Paul Bayol, 2009.

CASTELLAN Georges,
— *La Vie quotidienne en Serbie au seuil de l'indépendance, 1815-1839*, Hachette, 1967.
— *Histoire des Balkans*, Fayard, 1991.

CERDA Alexandre de La, *Nathalie de Serbie : la reine errante*, Atlantica, 2000.

CEROVIC Stanko, *Dans les griffes des humanistes*, Climats, 2001.

CHARTIER Jean, *Chronique française de Charles VII roi de France*, tome III, *La Bataille de Belgrade*, Imprimerie royale, 1456.

CHRISTIE Agatha, *Le Crime de l'Orient-Express*, Librairie des Champs-Elysées, 1934.

CHRISTITCH Kosta,
— *Les faux frères, mirages et réalités yougoslaves*, Flammarion, 1996.
— *La Résistance serbe*, L'Age d'Homme, 1999.

ĆIRKOVIĆ Sima,
— *La Serbie au Moyen Age*, Zodiaque, 1992.
— *The Serbs*, Blackwell Publishing, 2004.

COLOMBANI Roger et LAPLAYNE Jean-René, *La Mort d'un roi*, Albin Michel, 1971.

CRNJANSKI Miloš,
— *Belgrade*, Bureau central de presse, 1936.
— *Migrations*, Julliard/L'Age d'Homme, 1986.
— *Lamento pour Belgrade*, L'Age d'Homme, 1994.

CVIJIĆ Jovan, *La Péninsule balkanique. Géographie humaine*, Armand Colin, 1918.

DANILOVIĆ Ljubiša et MAUME Aline, *Avoir 20 ans à Belgrade*, Editions alternatives, 2003.

DANOILITCH Milovan, *Lettres d'un village serbe*, L'Age d'Homme, 1990.

DEBRAYE Henri, *Autour de la Yougoslavie*, Arthaud, 1931.
DEDIJER Vladimir, *Tito parle*, Gallimard, 1953.
DE FER Nicolas, *Belgrade, ville considérable de la Serbie*, 1688*.
DEN DOLAARD A.,
— *Quatre mois chez les comitadjis*, Pierre Bossuet, 1934.
— *Orient-Express*, Albin Michel, 1936.
DÉON Michel, *Tout l'amour du monde*, Plon, 1955.
DEVAS Georges, *La Nouvelle Serbie*, Berger-Levrault, 1918.
DE WITTE Jehan Gaspard Marie, *Des Alpes bavaroises aux Balkans*, Plon-Nourrit, 1903.
DIMITRIJEVIĆ Vladimir,
— *Personne déplacée*, L'Age d'Homme, 1986.
— *La Vie est un ballon rond*, Editions de Fallois, 1998.
DJILAS Milovan, *Ecrits politiques*, Belfond, 1983.
DJURIĆ Ivan, *Le Crépuscule de Byzance*, Maisonneuve et Larose, 1996.
DJURIĆIĆ Vojin M. (sous la direction de), *Beograd*, Institut balkanique, 1940.
DUCASSE André, *Balkans 14-18 ou Le chaudron du diable*, Robert Laffont, 1964.
DUKANAC Boško, *Comme des marionnettes au bout d'un fil*, L'Age d'Homme, 2002.
DURRELL Lawrence,
— *Les Aigles blancs de Serbie*, Gallimard, 1989.
— *Esprit de corps*, NiL, 1994.
— *Affaires urgentes*, NiL, 2004.
EMMERT Thomas Allan, *Serbian Golgotha. Kosovo, 1389*, Columbia University Press, 1990.
ETEROVIĆ Ivo, *Belgrade aujourd'hui*, Prometej, 2001.
FAURE-BIGUET J.-N., *Le Roi Alexandre Ier de Yougoslavie*, Plon, 1936.
FORAN DE SAINT-BAR Thomas,
— *Portrait d'un roi, Pierre II de Yougoslavie*, Serg, 1973.
— *Les Karageorges rois de Serbie et de Yougoslavie*, Christian, 1999.
GAUVAIN Auguste, *La Question yougoslave*, Bossard, 1918.
GAUTHIER Guy, *Les Aigles et les Lions, histoire des monarchies balkaniques*, France Empire, 1996.
GAVRILOVIĆ Bor, *Beograd vu par les étrangers*, Editions contemporaines de France, 1935.
GOLUBOVIĆ Vidoje D. et NIKOLIĆ Zoran Lj., *Beograd ispod Beograd*, Javno Preduzeće Službeni List SCG, 2003.

GORD Ana, *Parfum de pluie sur les Balkans, roman séfarade*, L'Age d'Homme, 2000.
GUIKOVATY Emile, *Tito*, Hachette Littérature, 1979.
HAUMANT Emile, *La Yougoslavie, études et souvenirs*, Bossard, 1927.
HAUSSONVILLE comte d', « De Salonique à Belgrade », in *La Revue des deux mondes*, livraison du 15 janvier 1888.
HENDERSON Nicholas, *Le Prince Eugène de Savoie*, Tallandier, 1980.
HERVE Georges, « Un anthropologiste français chez les Serbo-Croates », in *La Revue anthropologique* n° 9, septembre 1915.
HESSE Hermann, *Le Voyage en Orient*, Librairie générale française, 1984.
HITZEL Frédéric, *L'Empire ottoman* XVe-XVIIIe *siècles*, Les Belles Lettres, 2001.
HOMEL David, *L'Analyste*, Leméac, 2003.
HOPTNER Jakob, *Yugoslavia in Crisis 1934-1941*, Columbia University Press, 1962.
HUGO Victor,
— *Les Orientales*, 1829*.
— *Choses vues*, 1833*.
— *Pour la Serbie*, 1876*.
HUSSARD Jean, *Vu en Yougoslavie*, Editions du Haut-Pays, 1945.
ICHAC Pierre, « Le Drame yougoslave », in *L'Illustration*, n° 5017, 29 avril 1939.
INALCIK Halil, *The Ottoman Empire. The Classical Age 1300-1600*, Phoenix, 1994.
IVIĆ Pavle, *History of Serbian Culture*, Porthill Inc., 1995.
IRVING John, *Liberté pour les ours*, Le Seuil, 1991.
JANJIĆ Jovan, *Soyons des hommes*, Diocèse orthodoxe serbe d'Europe occidentale, 2008.
JOVANOVIĆ Milan, *Le régime absolu yougoslave institué le 6 janvier 1929*, Bossuet, 1930.
JOVANOVIĆ Slobodan,
— *Druga vlada Miloša i Mihaila 1858-1868*, Geca Kon, 1923.
— *Vlada Alexandra Obrenovića*, Geca Kon, 1934.
— *Vlada Milana Obrenovića*, Geca Kon, 1934.
KAPOR Momo, *Le Mystère Chlomovitch*, Xenia, 2006.
KALIĆ Jovanka, *Srbi u poznom srednjem veku*, Institut des études balkaniques, 1994.
KARADŽIĆ Vuk (recueillis par), *Contes populaires serbes*, Editions internationales, 1934.

KNEŽEVIĆ Radoje et Zivan, *Sloboda ili smrt*, Seattle, 1981.
KOVACH Tom R., « Ottoman-Hungarian Wars : Siege of Belgrade in 1456 », in *Military History Magazine*, août 1996.
LAMARTINE Alphonse de,
— *Voyage en Orient*, 1850*.
— *La Yougoslavie, la France et les Serbes. Histoire de la Turquie*, 1854*.
LAMPE John, *Yugoslavia As History*, Cambridge University Press, 1996.
LANUX Pierre de, *La Yougoslavie*, Payot, 1916.
LAZITCH Branko,
— *La Tragédie du général Mihailovitch*, Editions du Haut-Pays, 1946.
— *Tito et la révolution yougoslave 1937-1956*, Fasquelle, 1957.
LEVENTAL Zdenko, *Rodolphe Archibald Reiss, criminaliste et moraliste de la Grande Guerre*, L'Age d'Homme, 1992.
LONDRES Albert, *Les Comitadjis*, Albin Michel, 1932.
MACKENZIE David,
— *Apis, the Congenital Conspirator : the Life of Colonel Dragutin T. Dimitrijević*, Columbia University Press, 1985.
— *Ilija Garašanin, Balkan Bismarck*, Columbia University Press, 1985.
MAGRIS Claudio, *Danube*, Gallimard, 1998.
MALLAT Joseph, *La Serbie contemporaine. Etudes, enquêtes statistiques*, Maisonneuve, 1902.
MANTRAN Robert, *Histoire de l'empire ottoman*, Fayard, 1989.
MARJANOVIĆ-DUŠANIĆ, *Vladarska ideologija Nemanjića : diplomatička studija*, Srpska književna druga & Clio, 1997.
MARKOVIĆ Lazar, *Le Désarmement de la politique de Belgrade*, SGIE, 1932.
MERIMÉE Prosper, *La Guzla*, 1827*.
MIHAILOVIĆ Dragoslav, *Quand les courges étaient en fleurs*, Gallimard, 1972.
MILJUŠ Branko, *La Révolution yougoslave*, L'Age d'Homme, 1982.
MIOKOVATS Srbislav M., *La Yougoslavie sous le knout*, Nouvelles éditions latines, 1948.
MITROVIĆ Andrej, *Serbia's Great War*, C. Hurst & Co, 2007.
MIQUEL Pierre, *Les Poilus d'Orient*, Fayard, 1998.
MOUSSET Albert,
— *Belgrade capitale des Serbes, Croates et Slovènes*, Collemant, 1922.
— *Le Royaume des Serbes, Croates et Slovènes*, Bossard, 1926.

— *Belgrade 1914-1926-1928*, Editions de la revue *Affaires étrangères*, 1939.

MOUSSET Jean, *La Serbie et son Eglise, 1830-1904*, Institut d'études slaves, 1938.

NORRIS David A., *Belgrade, a Cultural History*, Oxford University Press, 2008.

OBOLENSKY Dimitri, *The Byzantine Commonwealth. Eastern Europe 500-1453*, Praeger Publisher, 1971.

OGRIZEK Doré, *La Yougoslavie*, Odé, 1955.

ORFER (d') Léo, *L'Epopée serbe*, F. Rouff éditions, 1918.

OSTROGORSKY Georges, *Histoire de l'empire byzantin*, Payot, 1983.

OUDARD Georges, « L'Armée yougoslave », in *L'Illustration*, n° 5070, 4 mai 1940.

PAVIĆ Milorad, *A Short History of Belgrade*, Dereta, 2001.

PAVLOWIĆ St. Kosta,

— *The Improbable Survivor, Yugoslavia and its problems 1918-1988*, C. Hurst & Co, 1988.

— *Hitler's New Disorder, The Second World War In Yugoslavia*, Columbia University Press, 2008.

PETROVICH Michael Boro, *A History Of Modern Serbia 1804-1918*, Harcourt Brace Jovanovich, 1976.

PICHON Jules-Eugène, *Le Complot de Sarajevo, étude sur les origines de la guerre*, Bossard, 1918.

PIŠTALO Vladimir, *Millénaire à Belgrade*, Phébus, 2008.

POLYDORE Cyprien (abbé), *Voyage en Orient, XIVe pèlerinage populaire de pénitence à Jérusalem, décembre-janvier 1894-1895*, Cassard, 1895.

PRIBIĆEVIĆ Svetozar, *La Dictature du roi Alexandre*, Bossuet, 1933.

PROTIĆ Milan St.,

— « La question serbe », in *Hérodote*, n° 67, 1992.

— *Uspon i pad serpske ideje*, Institut des études balkaniques, 1994.

RADAN Peter et PAVKOVIĆ Aleksandar, *The Serbs and Their Leaders in the Twentieth Century*, Ashgate, 1997.

RADOMAN Vladan,

— *Les Filles de Belgrade ne m'ont jamais aimé*, La Table ronde, 1991.

— *Le Sourire de l'accordéoniste*, La Table ronde, 1993.

RAJIC Négovan, *Vers l'autre rive, adieu Belgrade*, L'Age d'Homme, 2000.

RANKE Leopold von, *History of Servia and the Servian Revolution*, 1853*.

REDSLOB Robert, *A travers la vieille Serbie, l'Attique et l'Argolide*, Berger-Levrault, 1930.

REED John, *La Guerre dans les Balkans*, Le Seuil, 1996.

RISTELHUEBER René, *Histoire des peuples balkaniques*, Fayard, 1950.

RISTIĆ Dragiša Nikola, *Yugoslavia's Revolution of 1941*, Pennsylvania State University Press, 1966.

ROUX Jean-Paul, *Un choc de religions : la longue guerre de l'islam et de la chrétienté 622-2007*, Fayard, 2007.

SAMARDJITCH Radovan, *Mehmed Sokolovitch, le destin d'un grand vizir*, L'Age d'Homme, 1994.

SANSON Nicolas, *Belgrade que les Turcs nomment Biograd*, Mortier, 1696.

SAVARY Michèle, *Sarajevo 1914, Vie et mort de Gavrilo Princip*, L'Age d'Homme, 2004.

SELENIĆ Slobodan, *L'Ombre des aïeux*, Gallimard, 1999.

SEMELIN Jacques, *Sans armes face à Hitler, La résistance civile en Europe 1939-1943*, Payot, 1998.

SFORZA Carlos, *Pachitch et l'union des Yougoslaves*, Gallimard, 1938.

SLIJEPČEVIĆ Djoko, *Istorija srpske pravoslavne crkve*, BIGZ, 1990.

SOULIS George, *The Serbs and Byzantium During the Reign of Tsar Stephen Dušan, 1331-1355*, 1995*.

STANOJEVIĆ Gligor, *Srbija u vreme Bečkog rata 1683-1699*, Nolit, 1976.

STEVANOVIĆ Vidosav, *Milosevic, une épitaphe*, Fayard, 2000.

STOJADINOVIĆ Milan, *La Yougoslavie entre les deux guerres*, Nouvelles éditions latines, 1979.

SUBOTIĆ Gojko, *L'art médiéval du Kosovo*, Desclée de Brouwer, 1997.

TASIĆ Nikola, *Istorija Beograda*, Institut des études balkaniques/Editions Draganić, 1995.

TCHOSSITCH Dobritsa,

— *Le Temps du mal*, L'Age d'Homme, 1990.

— *Le Temps de la mort*, L'Age d'Homme, 1991.

— *Le Temps du réveil*, précédé de *En route vers Belgrade*, de Jean Toschi Marazzani Visconti, L'Age d'Homme, 1992.

— *Le Temps du pouvoir*, Fallois, 1996.

— *Le Temps de l'imposture ou le roman de Tito*, L'Age d'Homme, 2008.

TEMPERLEY Harold William Vezeille, *History of Serbia*, George Bell & Sons, 1919.

TESLA Nikola, *My Inventions, the Autobiography of Nikola Tesla*, Hart Brothers, 1983.

The Belgrade City Museum Catalogue, 2005.

TODOROVA Ljiljana, *Les Slaves du Sud au XIXe siècle vus par Xavier Marmier*, Publications orientalistes de France, 1980.

TOMAŠEVIĆ Nebošja, *Vie et mort dans les Balkans*, Parangon, 2002.

TOMIĆ Yves, *La Serbie du prince Miloš à Milošević*, Peter Lang, 2003.

TREW Simon, *Britain, Mihailović and the Chetniks, 1941-1942*, Macmillan Press Ltd, 1998.

TROUDE Alexis, *Géopolitique de la Serbie*, Ellipses, 2006.

T'SERSTEVENS Albert, *L'Itinéraire de Yougoslavie*, Grasset, 1938.

VASIC Roland, *Mihailović, entre révolution et restauration*, L'Harmattan, 2009.

VELIMIROVIĆ Nicolas, *Vie de saint Sava*, L'Age d'Homme, 2001.

VELMAR-JANKOVIĆ Svetlana,

— *Dans le noir*, Phébus, 1997.

— *Le Pays de nulle part*, Phébus, 2001.

— *L'Abîme*, Phébus, 2004.

VESNITCH Milenko, *La Serbie à travers la guerre*, Bossard, 1921.

VUCINICH Wayne S., *Serbia Between East and West. The Events of 1903-1908*, Stanford University Press, 1954.

WEST Rebecca, *Agneau noir et faucon gris*, L'Age d'Homme, 2000.

YAKCHITCH Grégoire,

— *L'Europe et la résurrection de la Serbie 1804-1834*, Hachette, 1917.

— « Le Traité secret austro-serbe du 28 juin 1881 et du 9 février 1889 », in *Revue d'histoire diplomatique*, 1937, année 51 et 1938, année 52.

YOUGOSLAVIE Alexandra de, *Pour l'amour de mon roi*, Gallimard, 1957.

YOUGOSLAVIE Pierre II de, *Mémoire d'un roi*, Denoël, 1955.

YOURICHITCH Evguéniyé, *Le Procès Tito-Mihailovic*, Sefi, 1950.

REMERCIEMENTS

Ce livre est le fruit d'une vingtaine de voyages à Belgrade mais aussi de nombreuses rencontres, en France comme en Serbie. Avec plusieurs personnalités politiques, artistiques, économiques ou sportives mais aussi des écrivains, des éditeurs, des journalistes et des photographes qui, par leur verbe, leurs images ou leurs textes, m'ont donné le goût de Belgrade. Et l'envie de le faire partager. Certains d'entre eux sont devenus des amis. Que tous, anonymes ou célèbres, soient ici remerciés.

Jean-Marc Barr, Pierre-Louis Basse, Patrick Besson, Enki Bilal, Dragoslav Bokan, Ceca, Stanko Cerovic, Ljubiša Danilović, Predrag Danilović, Michel Déon, Slobodan Despot, Vladimir Dimitrijević, Božidar Djelić, Zoran Djindjić, Vuk Drašković, Marie-Anne Frances, Gordana Fregel, Bochko Givadinovitch, Neda Glušević, Marijana Komljenović, Vojislav Koštunica, Alexandre Krstić, Dunja Kusturica, Emir Kusturica, Elisabeth Lévy, Joseph Macé-Scaron, Andreï Makine, Eric Martin, Sophie Massalovitch, Aline Maume, Lioubomir Mihailovitch, Dana Milošević, Michko Netchak, Natacha Nisic, Goran Paskaljević, Natacha Pejin, Mihailo Petrović, Dragan Popović, Srdjan Popović, Milan Protić, Noël Quidu, Vladan Radoman, Annick Savić, Michel Savić, Jasminka Simić, Predrag Simić, Simonida Stanković, Alexandre Tomić, Mira Traïkovitch, Alexis Troude, Neda Valčić-Lazović, Slobodan Vitanović, Art Zamur.

Remerciements tout particuliers à Dušan T. Bataković, précieux et attentif lecteur de mon manuscrit.

Pour leur amitié renouvelée chaque jour, à Clara, Jean, Laurence, Nicolas, Raphaël et Valérie.

Pour leur patience et leurs encouragements, à Laure, ma femme ; Bérénice et Jeanne, mes filles, mes anges.

REMERCIEMENTS

[illegible]

[illegible] Aleksandr [illegible] Vassili [illegible] [illegible]

[illegible]

[illegible]

TABLE

collection tempus
Perrin

DÉJÀ PARU

50. *Histoire de l'Allemagne* – Henry Bogdan.
51. *Lieutenant de panzers* – August von Kageneck.
52. *Les hommes de Dien Bien Phu* – Roger Bruge.
53. *Histoire des Français venus d'ailleurs* – Vincent Viet.
54. *La France qui tombe* – Nicolas Baverez.
55. *Histoire du climat* – Pascal Acot.
56. *Charles Quint* – Philippe Erlanger.
57. *Le terrorisme intellectuel* – Jean Sévillia.
58. *La place des bonnes* – Anne Martin-Fugier.
59. *Les grands jours de l'Europe* – Jean-Michel Gaillard.
60. *Georges Pompidou* – Éric Roussel.
61. *Les États-Unis d'aujourd'hui* – André Kaspi.
62. *Le masque de fer* – Jean-Christian Petitfils.
63. *Le voyage d'Italie* – Dominique Fernandez.
64. *1789, l'année sans pareille* – Michel Winock.
65. *Les Français du Jour J* – Georges Fleury.
66. *Padre Pio* – Yves Chiron.
67. *Naissance et mort des Empires.*
68. *Vichy 1940-1944* – Jean-Pierre Azéma, Olivier Wieviorka.
69. *L'Arabie Saoudite en guerre* – Antoine Basbous.
70. *Histoire de l'éducation*, tome III – Françoise Mayeur.
71. *Histoire de l'éducation*, tome IV – Antoine Prost.
72. *La bataille de la Marne* – Pierre Miquel.
73. *Les intellectuels en France* – Pascal Ory, Jean-François Sirinelli.
74. *Dictionnaire des pharaons* – Pascal Vernus, Jean Yoyotte.
75. *La Révolution américaine* – Bernard Cottret.
76. *Voyage dans l'Égypte des Pharaons* – Christian Jacq.
77. *Histoire de la Grande-Bretagne* – Roland Marx, Philippe Chassaigne.
78. *Histoire de la Hongrie* – Miklós Molnar.
79. *Chateaubriand* – Ghislain de Diesbach.
80. *La Libération de la France* – André Kaspi.
81. *L'empire des Plantagenêt* – Martin Aurell.
82. *La Révolution française* – Jean-Paul Bertaud.

83. *Les Vikings* – Régis Boyer.
84. *Examen de conscience* – August von Kageneck.
85. *1905, la séparation des Églises et de l'État.*
86. *Les femmes cathares* – Anne Brenon.
87. *L'Espagne musulmane* – André Clot.
88. *Verdi et son temps* – Pierre Milza.
89. *Sartre* – Denis Bertholet.
90. *L'avorton de Dieu* – Alain Decaux.
91. *La guerre des deux France* – Jacques Marseille.
92. *Honoré d'Estienne d'Orves* – Étienne de Montety.
93. *Gilles de Rais* – Jacques Heers.
94. *Laurent le Magnifique* – Jack Lang.
95. *Histoire de Venise* – Alvise Zorzi.
96. *Le malheur du siècle* – Alain Besançon.
97. *Fouquet* – Jean-Christian Petitfils.
98. *Sissi, impératrice d'Autriche* – Jean des Cars.
99. *Histoire des Tchèques et des Slovaques* – Antoine Marès.
100. *Marie Curie* – Laurent Lemire.
101. *Histoire des Espagnols*, tome I – Bartolomé Bennassar.
102. *Pie XII et la Seconde Guerre mondiale* – Pierre Blet.
103. *Histoire de Rome*, tome I – Marcel Le Glay.
104. *Histoire de Rome*, tome II – Marcel Le Glay.
105. *L'État bourguignon 1363-1477* – Bertrand Schnerb.
106. *L'Impératrice Joséphine* – Françoise Wagener.
107. *Histoire des Habsbourg* – Henry Bogdan.
108. *La Première Guerre mondiale* – John Keegan.
109. *Marguerite de Valois* – Éliane Viennot.
110. *La Bible arrachée aux sables* – Werner Keller.
111. *Le grand gaspillage* – Jacques Marseille.
112. *« Si je reviens comme je l'espère » : lettres du front et de l'Arrière, 1914-1918* – Marthe, Joseph, Lucien et Marcel Papillon.
113. *Le communisme* – Marc Lazar.
114. *La guerre et le vin* – Donald et Petie Kladstrup.
115. *Les chrétiens d'Allah* – Lucile et Bartolomé Bennassar.
116. *L'Égypte de Bonaparte* – Jean-Joël Brégeon.
117. *Les empires nomades* – Gérard Chaliand.
118. *La guerre de Trente Ans* – Henry Bogdan.
119. *La bataille de la Somme* – Alain Denizot.
120. *L'Église des premiers siècles* – Maurice Vallery-Radot.

121. *L'épopée cathare*, tome I, *L'invasion* – Michel Roquebert.
122. *L'homme européen* – Jorge Semprún, Dominique de Villepin.
123. *Mozart* – Pierre-Petit.
124. *La guerre de Crimée* – Alain Gouttman.
125. *Jésus et Marie-Madeleine* – Roland Hureaux.
126. *L'épopée cathare*, tome II, *Muret ou la dépossession* – Michel Roquebert.
127. *De la guerre* – Carl von Clausewitz.
128. *La fabrique d'une nation* – Claude Nicolet.
129. *Quand les catholiques étaient hors la loi* – Jean Sévillia.
130. *Dans le bunker de Hitler* – Bernd Freytag von Loringhoven et François d'Alançon.
131. *Marthe Robin* – Jean-Jacques Antier.
132. *Les empires normands d'Orient* – Pierre Aubé.
133. *La guerre d'Espagne* – Bartolomé Bennassar.
134. *Richelieu* – Philippe Erlanger.
135. *Les Mérovingiennes* – Roger-Xavier Lantéri.
136. *De Gaulle et Roosevelt* – François Kersaudy.
137. *Historiquement correct* – Jean Sévillia.
138. *L'actualité expliquée par l'Histoire.*
139. *Tuez-les tous ! La guerre de religion à travers l'histoire* – Élie Barnavi, Anthony Rowley.
140. *Jean Moulin* – Jean-Pierre Azéma.
141. *Nouveau monde, vieille France* – Nicolas Baverez.
142. *L'Islam et la Raison* – Malek Chebel.
143. *La gauche en France* – Michel Winock.
144. *Malraux* – Curtis Cate.
145. *Une vie pour les autres. L'aventure du père Ceyrac* – Jérôme Cordelier.
146. *Albert Speer* – Joachim Fest.
147. *Du bon usage de la guerre civile en France* – Jacques Marseille.
148. *Raymond Aron* – Nicolas Baverez.
149. *Joyeux Noël* – Christian Carion.
150. *Frères de tranchées* – Marc Ferro.
151. *Histoire des croisades et du royaume franc de Jérusalem*, tome I, *1095-1130, L'anarchie musulmane* – René Grousset.
152. *Histoire des croisades et du royaume franc de Jérusalem*, tome II, *1131-1187, L'équilibre* – René Grousset.
153. *Histoire des croisades et du royaume franc de Jérusalem*, tome III, *1188-1291, L'anarchie franque* – René Grousset.

154. *Napoléon* – Luigi Mascilli Migliorini.
155. *Versailles, le chantier de Louis XIV* – Frédéric Tiberghien.
156. *Le siècle de saint Bernard et Abélard* – Jacques Verger, Jean Jolivet.
157. *Juifs et Arabes au XXe siècle* – Michel Abitbol.
158. *Par le sang versé. La Légion étrangère en Indochine* – Paul Bonnecarrère.
159. *Napoléon III* – Pierre Milza.
160. *Staline et son système* – Nicolas Werth.
161. *Que faire ?* – Nicolas Baverez.
162. *Stratégie* – B. H. Liddell Hart.
163. *Les populismes* (dir. Jean-Pierre Rioux).
164. *De Gaulle, 1890-1945*, tome I – Éric Roussel.
165. *De Gaulle, 1946-1970*, tome II – Éric Roussel.
166. *La Vendée et la Révolution* – Jean-Clément Martin.
167. *Aristocrates et grands bourgeois* – Éric Mension-Rigau.
168. *La campagne d'Italie* – Jean-Christophe Notin.
169. *Lawrence d'Arabie* – Jacques Benoist-Méchin.
170. *Les douze Césars* – Régis F. Martin.
171. *L'épopée cathare*, tome III, *Le lys et la croix* – Michel Roquebert.
172. *L'épopée cathare*, tome IV, *Mourir à Montségur* – Michel Roquebert.
173. *Henri III* – Jean-François Solnon.
174. *Histoires des Antilles françaises* – Paul Butel.
175. *Rodolphe et les secrets de Mayerling* – Jean des Cars.
176. *Oradour, 10 juin 1944* – Sarah Farmer.
177. *Volontaires français sous l'uniforme allemand* – Pierre Giolitto.
178. *Chute et mort de Constantinople* – Jacques Heers.
179. *Nouvelle histoire de l'Homme* – Pascal Picq.
180. *L'écriture. Des hiéroglyphes au numérique.*
181. *C'était Versailles* – Alain Decaux.
182. *De Raspoutine à Poutine* – Vladimir Fedorovski.
183. *Histoire de l'esclavage aux États-Unis* – Claude Fohlen.
184. *Ces papes qui ont fait l'histoire* – Henri Tincq.
185. *Classes laborieuses et classes dangereuses* – Louis Chevalier.
186. *Les enfants soldats* – Alain Louyot.
187. *Premiers ministres et présidents du Conseil* – Benoît Yvert.
188. *Le massacre de Katyn* – Victor Zaslavsky.
189. *Enquête sur les apparitions de la Vierge* – Yves Chiron.

190. *L'épopée cathare*, tome V, *La fin des Amis de Dieu* – Michel Roquebert.
191. *Histoire de la diplomatie française*, tome I.
192. *Histoire de la diplomatie française*, tome II.
193. *Histoire de l'émigration* – Ghislain de Diesbach.
194. *Le monde des Ramsès* – Claire Lalouette.
195. *Bernadette Soubirous* – Anne Bernet.
196. *Cosa Nostra. La mafia sicilienne de 1860 à nos jours* – John Dickie.
197. *Les mensonges de l'Histoire* – Pierre Miquel.
198. *Les négriers en terres d'islam* – Jacques Heers.
199. *Nelson Mandela* – Jack Lang.
200. *Un monde de ressources rares* – Le Cercle des économistes et Érik Orsenna.
201. *L'histoire de l'univers et le sens de la création* – Claude Tresmontant.
202. *Ils étaient sept hommes en guerre* – Marc Ferro.
203. *Précis de l'art de la guerre* – Antoine-Henri Jomini.
204. *Comprendre les États-Unis d'aujourd'hui* – André Kaspi.
205. *Tsahal* – Pierre Razoux.
206. *Pop philosophie* – Mehdi Belahj Kacem, Philippe Nassif.
207. *Le roman de Vienne* – Jean des Cars.
208. *Hélie de Saint Marc* – Laurent Beccaria.
209. *La dénazification* (dir. Marie-Bénédicte Vincent).
210. *La vie mondaine sous le nazisme* – Fabrice d'Almeida.
211. *Comment naissent les révolutions.*
212. *Comprendre la Chine d'aujourd'hui* – Jean-Luc Domenach.
213. *Le second Empire* – Pierre Miquel.
214. *Les papes en Avignon* – Dominique Paladilhe.
215. *Jean Jaurès* – Jean-Pierre Rioux.
216. *La Rome des Flaviens* – Catherine Salles.
217. *6 juin 44* – Jean-Pierre Azéma, Philippe Burrin, Robert O. Paxton.
218. *Eugénie, la dernière impératrice* – Jean des Cars.
219. *L'homme Robespierre* – Max Gallo.
220. *Les Barbaresques* – Jacques Heers.
221. *L'élection présidentielle en France, 1958-2007* – Michel Winock.
222. *Histoire de la Légion étrangère* – Georges Blond.
223. *1 000 ans de jeux Olympiques* – Moses I. Finley, H. W. Pleket.

224. *Quand les Alliés bombardaient la France* – Eddy Florentin.
225. *La crise des années 30 est devant nous* – François Lenglet.
226. *Le royaume wisigoth d'Occitanie* – Joël Schmidt.
227. *L'épuration sauvage* – Philippe Bourdrel.
228. *La révolution de la Croix* – Alain Decaux.
229. *Frédéric de Hohenstaufen* – Jacques Benoist-Méchin.
230. *Savants sous l'Occupation* – Nicolas Chevassus-au-Louis.
231. *Moralement correct* – Jean Sévillia.
232. *Claude Lévi-Strauss, le passeur de sens* – Marcel Hénaff.
233. *Le voyage d'automne* – François Dufay.
234. *Erbo, pilote de chasse* – August von Kageneck.
235. *L'éducation des filles en France au XIXe siècle* – Françoise Mayeur.
236. *Histoire des pays de l'Est* – Henry Bogdan.
237. *Les Capétiens* – François Menant, Hervé Martin, Bernard Merdrignac, Monique Chauvin.
238. *Le roi, l'empereur et le tsar* – Catrine Clay.
239. *Neanderthal* – Marylène Patou-Mathis.
240. *Judas, de l'Évangile à l'Holocauste* – Pierre-Emmanuel Dauzat.
241. *Le roman vrai de la crise financière* – Olivier Pastré, Jean-Marc Sylvestre.
242. *Comment l'Algérie devint française* – Georges Fleury.
243. *Le Moyen Âge, une imposture* – Jacques Heers.
244. *L'île aux cannibales* – Nicolas Werth.
245. *Policiers français sous l'Occupation* – Jean-Marc Berlière.
246. *Histoire secrète de l'Inquisition* – Peter Godman.
247. *La guerre des capitalismes aura lieu* – Le Cercle des économistes (dir. Jean-Hervé Lorenzi).
248. *Les guerres bâtardes* – Arnaud de La Grange, Jean-Marc Balencie.
249. *De la croix de fer à la potence* – August von Kageneck.
250. *Nous voulions tuer Hitler* – Philipp Freiherr von Boeselager.
251. *Le soleil noir de la puissance, 1796-1807* – Dominique de Villepin.
252. *L'aventure des Normands, VIIIe-XIIIe siècle* – François Neveux.
253. *La spectaculaire histoire des rois des Belges* – Patrick Roegiers.
254. *L'islam expliqué par* – Malek Chebel.
255. *Pour en finir avec Dieu* – Richard Dawkins.
256. *La troisième révolution américaine* – Jacques Mistral.
257. *Les dernières heures du libéralisme* – Christian Chavagneux.

258. *La Chine m'inquiète* – Jean-Luc Domenach.
259. *La religion cathare* – Michel Roquebert.
260. *Histoire de la France*, tome I, *1900-1930* – Serge Berstein, Pierre Milza.
261. *Histoire de la France*, tome II, *1930-1958* – Serge Berstein, Pierre Milza.
262. *Histoire de la France*, tome III, *1958 à nos jours* – Serge Berstein, Pierre Milza.
263. *Les Grecs et nous* – Marcel Detienne.
264. *Deleuze* – Alberto Gualandi.
265. *Le réenchantement du monde* – Michel Maffesoli.
266. *Spinoza* – André Scala.
267. *Les Français au quotidien, 1939-1949* – Éric Alary, Bénédicte Vergez-Chaignon, Gilles Gauvin.
268. *Teilhard de Chardin* – Jacques Arnould.
269. *Jeanne d'Arc* – Colette Beaune.
270. *Crises, chaos et fins de monde.*
271. *Auguste* – Pierre Cosme.
272. *Histoire de l'Irlande* – Pierre Joannon.
273. *Les inconnus de Versailles* – Jacques Levron.
274. *Ils ont vécu sous le nazisme* – Laurence Rees.
275. *La nuit au Moyen Âge* – Jean Verdon.
276. *Ce que savaient les Alliés* – Christian Destremau.
277. *François Ier* – Jack Lang.
278. *Alexandre le Grand* – Jacques Benoist-Méchin.
279. *L'Égypte des Mamelouks* – André Clot.
280. *Les valets de chambre de Louis XIV* – Mathieu Da Vinha.
281. *Les grands sages de l'Égypte ancienne* – Christian Jacq.
282. *Armagnacs et Bourguignons* – Bertrand Schnerb.
283. *La révolution des Templiers* – Simonetta Cerrini.
284. *Les crises du capitalisme.*
285. *Communisme et totalitarisme* – Stéphane Courtois.
286. *Les chasseurs noirs* – Christian Ingrao.
287. *Averroès* – Ali Benmakhlouf.
288. *Les guerres préhistoriques* – Lawrence H. Keeley.
289. *Devenir de Gaulle* – Jean-Luc Barré.
290. *Lyautey* – Arnaud Teyssier.
291. *Fin de monde ou sortie de crise?* – Le Cercle des économistes (dir. Pierre Dockès et Jean-Hervé Lorenzi).

292. *Madame de Montespan* – Jean-Christian Petitfils.
293. *L'extrême gauche plurielle* – Philippe Raynaud.
294. *La guerre d'indépendance des Algériens* (prés. Raphaëlle Branche).
295. *La France de la Renaissance* – Arlette Jouanna.
296. *Verdun 1916* – Malcolm Brown.
297. *Lyotard* – Alberto Gualandi.
298. *Catherine de Médicis* – Jean-François Solnon.
299. *Le XXe siècle idéologique et politique* – Michel Winock.
300. *L'art nouveau en Europe* – Roger-Henri Guerrand.
301. *Les salons de la IIIe République* – Anne Martin-Fugier.
302. *Lutèce* – Joël Schmidt.
303. *Les aventurières de Dieu* – Elisabeth Dufourcq.
304. *Chiisme et politique au Moyen-Orient* – Laurence Louër.
305. *La chute ou l'Empire de la solitude 1807-1814* – Dominique de Villepin.
306. *Louis II de Bavière* – Jean des Cars.
307. *L'Égypte des grands pharaons* – Christian Jacq.
308. *La Deuxième Guerre mondiale* – John Keegan.
309. *Histoire du libertinage* – Didier Foucault.
310. *L'affaire Cicéron* – François Kersaudy.
311. *Les Gaulois contre les Romains* – Joël Schmidt.
312. *Le soufre et le moisi* – François Dufay.
313. *Histoire des Étrusques* – Jean-Marc Irollo.
314. *Le plaisir au Moyen Âge* – Jean Verdon.
315. *Cro Magnon* – Marcel Otte.
316. *La ligne de démarcation* – Éric Alary.
317. *Histoires de Berlin* – Bernard Oudin, Michèle Georges.
318. *Histoire de l'armée allemande* – Philippe Masson.
319. *La guerre de Cent Ans* – Georges Minois.
320. *La santé de Louis XIV* – Stanis Perez.
321. *La mémoire des pieds-noirs* – Joëlle Hureau.
322. *Pascal* – Francesco Paolo Adorno.
323. *Dictionnaire culturel de la Bible.*
324. *Levinas* – François-David Sebbah.
325. *Histoire de la réforme protestante* – Bernard Cottret.
326. *Chronologie commentée de la Seconde Guerre mondiale* – André Kaspi.
327. *Chronologie commentée du Moyen Âge français* – Laurent Theis.
328. *Histoire de l'ordre de Malte* – Bertrand Galimard Flavigny.

329. *Histoire ignorée de la marine française* – Étienne Taillemite.
330. *Erich von Manstein* – Benoît Lemay.
331. *L'argent des Français* – Jacques Marseille.
332. *Leclerc* – Jean-Christophe Notin.
333. *Radio Londres* – Aurélie Luneau.
334. *Louis XII* – Didier Le Fur.
335. *Le chouan du Tyrol* – Jean Sévillia.
336. *Cléopâtre* – Jacques Benoist-Méchin.
337. *Les noirs américains* – Nicole Bacharan.
338. *Que sont les grands hommes devenus ?* – Jacques Julliard.
339. *La cour de Versailles aux* XVII*e* *et* XVIII*e* *siècles* – Jacques Levron.
340. *Simon de Montfort* – Michel Roquebert.
341. *Les deux terres promises* – Michel Abitbol.
342. *Histoire des instituteurs et des professeurs* – Béatrice Compagnon, Anne Thévenin.
343. *Baudouin IV de Jérusalem* – Pierre Aubé.
344. *Monet* – Pascal Bonafoux.
345. *La moisson des dieux* – Jean-Jacques Fiechter.
346. *La Terre est plate* – Thomas L. Friedman.
347. *La société d'indifférence* – Alain-Gérard Slama.
348. *Gaston Fébus* – Claudine Pailhès.
349. *La France perd la mémoire* – Jean-Pierre Rioux.
350. *Mémoires accessoires,* tome I, *1921-1946* – Philippe de Gaulle.
351. *Mémoires accessoires,* tome II, *1946-1982* – Philippe de Gaulle.
352. *11 novembre 1942, l'invasion de la zone libre* – Eddy Florentin.
353. *L'homme du* Monde, *la vie d'Hubert Beuve-Méry* – Laurent Greilsamer.
354. *Staline, la cour du tsar rouge,* tome I, *1929-1941* – Simon Sebag Montefiore.
355. *Staline, la cour du tsar rouge,* tome II, *1941-1953* – Simon Sebag Montefiore.
356. *Le 18 Brumaire* – Thierry Lentz.
357. *Louis XVI,* tome I, *1754-1786* – Jean-Christian Petitfils.
358. *Louis XVI,* tome II, *1786-1793* – Jean-Christian Petitfils.
359. *Histoire de la cuisine et de la gastronomie françaises* – Patrick Rambourg.
360. *L'Amérique des néo-conservateurs, l'illusion messianique* – Alain Frachon, Daniel Vernet.
361. *Du fascisme* – Pascal Ory.
362. *Histoire de la gendarmerie* – Éric Alary.

363. *Clemenceau* – Michel Winock.
364. *Le modèle suisse* – François Garçon.
365. *Une journée dans l'affaire Dreyfus, « J'accuse », 13 janvier 1898* – Alain Pagès.
366. *Ribbentrop* – Michael Bloch.
367. *Voyage au cœur de l'OAS* – Olivier Dard.
368. *Splendeurs et misères du fait divers* – Louis Chevalier.
369. *Christianisme et paganisme du IVe au VIIIe siècle* – Ramsay MacMullen.
370. *Mihailović, héros trahi par les Alliés (1893-1946)* – Jean-Christophe Buisson.
371. *La guerre civile européenne. National-socialisme et bolchevisme, 1917-1945* – Ernst Nolte.
372. *Rome et Jérusalem* – Martin Goodman.
373. *La chute de Saigon* – Olivier Todd.
374. *Les secrets du Vatican* – Bernard Lecomte.
375. *Madame de Staël* – Ghislain de Diesbach.
376. *L'irrésistible ascension de l'argent* – Niall Ferguson.
377. *Erwin Rommel* – Benoît Lemay.
378. *Histoire des Espagnols*, tome II – Bartolomé Bennassar.
379. *Les généraux allemands parlent* – Basil H. Liddell Hart.
380. *Google et le nouveau monde* – Bruno Racine.
381. *Histoire de France* – Jacques Bainville.
382. *Après le déluge* – Nicolas Baverez.
383. *Histoires de la Révolution et de l'Empire* – Patrice Gueniffey.
384. *Mille ans de langue française*, tome I, *Des origines au français moderne* – Alain Rey, Frédéric Duval, Gilles Siouffi.
385. *Mille ans de langue française*, tome II, *Nouveaux destins* – Alain Rey, Frédéric Duval, Gilles Siouffi.
386. *Juliette Gréco, une vie en liberté* – Bertrand Dicale.
387. *Le grand jeu de dupes* – Gabriel Gorodetsky.
388. *Des cendres en héritage. L'histoire de la CIA* – Tim Weiner.
389. *La Bastoche. Une histoire du Paris populaire et criminel* – Claude Dubois.
390. *Les Mitterrand* – Robert Schneider.
391. *L'étrange voyage de Rudolf Hess* – Martin Allen.
392. *Le monde post-américain* – Fareed Zakaria.
393. *Enquête sur les béatifications et les canonisations* – Yves Chiron.
394. *Histoire des paradis* – Pierre-Antoine Bernheim, Guy Stavridès.

395. *Margaret Thatcher* – Jean-Louis Thiériot.
396. *L'art de la guerre* – Nicolas Machiavel.
397. *Caligula* – Pierre Renucci.
398. *L'épopée du Normandie-Niémen* – Roland de la Poype.
399. *Stefan Zweig* – Dominique Bona.
400. *Louise de La Vallière* – Jean-Christian Petitfils.
401. *La saga des Grimaldi* – Jean des Cars.
402. *Jacques Pilhan, le sorcier de l'Élysée* – François Bazin.
403. *François-Joseph* – Jean-Paul Bled.
404. *La gauche à l'épreuve 1968-2011* – Jean-Pierre Le Goff.
405. *La vie élégante* – Anne Martin-Fugier.
406. *Le mur de Berlin* – Frederick Taylor.
407. *Naissance de la police moderne* – Jean-Marc Berlière.
408. *La guerre du Mexique* – Alain Gouttman.
409. *Les conflits du Proche-Orient* – Xavier Baron.
410. *L'Action française* – François Huguenin.
411. *Le duel, une passion française* – Jean-Joël Jeanneney.
412. *La bataille de Moscou* – Andrew Nagorski.
413. *Jean-Jacques Rousseau* – Monique et Bernard Cottret.
414. *Louis Massignon* – Christian Destremau, Jean Moncelon.
415. *Histoire politique de la Ve République* – Arnaud Teyssier.
416. *Le peuple de la nuit* – Diana Cooper-Richet.
417. *François-Ferdinand d'Autriche* – Jean-Louis Thiériot.
418. *Les dossiers secrets du XXe siècle* – Alain Decaux.
419. *Histoire de la papauté* – Yves Bruley.
420. *Anti*-Prince – François Sauzey.
421. *Jeanne d'Arc, vérités et légendes* – Colette Beaune.
422. *Heydrich et la solution finale* – Édouard Husson.
423. *Sainte Geneviève* – Joël Schmidt.
424. *Malesherbes* – Jean des Cars.
425. *Histoire de la Méditerranée* – John Julius Norwich.
426. *La guerre secrète*, tome I, *Origines des moyens spéciaux et premières victoires alliées* – Anthony Cave Brown.
427. *La guerre secrète*, tome II, *Le jour J et la fin du IIIe Reich* – Anthony Cave Brown.
428. *La droite, hier et aujourd'hui* – Michel Winock.
429. *L'obsession des frontières* – Michel Foucher.
430. *L'impardonnable défaite* – Claude Quétel.
431. *Le dernier empereur* – Jean Sévillia.
432. *Lucie Aubrac* – Laurent Douzou.

433. *Le déclin de Rome et la corruption du pouvoir* – Ramsay MacMullen.
434. *Le donjon et le clocher* – Éric Mension-Rigau.
435. *Histoire de l'Atlantique* – Paul Butel.
436. *Skorzeny, chef des commandos de Hitler* – Glenn B. Infield.
437. *Une histoire du XXe siècle*, tome I – Raymond Aron.
438. *Une histoire du XXe siècle*, tome II – Raymond Aron.
439. *Versailles après les rois* – Franck Ferrand.
440. *Précis de l'histoire de France* – Jules Michelet.
441. *L'assassinat d'Henri IV* – Jean-Christian Petitfils.
442. *De l'esprit de cour* – Dominique de Villepin.
443. *Figures de proue* – René Grousset.
444. *La saga des Hachémites* – Rémy Kauffer.
445. *Jacques et Raïssa Maritain* – Jean-Luc Barré.
446. *La chevalerie* – Dominique Barthélemy.
447. *Histoire de Rome* – Jean-Yves Boriaud.
448. *De Gaulle et l'Algérie française* – Michèle Cointet.
449. *Le clan des Médicis* – Jacques Heers.
450. *Histoire des grands-parents* – Vincent Gourdon.
451. *Histoire des grands scientifiques français* – Éric Sartori.
452. *Bir Hakeim* – François Broche.
453. *La mort de Napoléon* – Thierry Lentz.
454. *L'épopée de l'archéologie* – Jean-Claude Simoën.
455. *L'Égypte ancienne au jour le jour* – Christian Jacq.
456. *Histoire de Beyrouth* – Samir Kassir.
457. *Vaincre ou mourir à Stalingrad* – William Craig.
458. *Franklin D. Roosevelt* – André Kaspi.
459. *Louis-Philippe et sa famille* – Anne Martin-Fugier.
460. *Dans la Grèce d'Hitler* – Mark Mazower.
461. *Malaise dans la civilité ?* – Claude Habib, Philippe Raynaud (dir.).
462. *Comprendre la guerre. Histoire et notions* – Laurent Henninger, Thierry Widemann.
463. *Le guide des élections américaines* – Nicole Bacharan, Dominique Simonnet.
464. *Malaparte* – Maurizio Serra.
465. *L'Algérie des passions, 1870-1939* – Pierre Darmon.
466. *Le roman de Marrakech* – Anne-Marie Corre.
467. *René Char* – Laurent Greilsamer.
468. *Marie-Thérèse d'Autriche* – Jean-Paul Bled.

469. *La synarchie, le mythe du complot permanent* – Olivier Dard.
470. *Le Versailles de Louis XIV* – Mathieu Da Vinha.
471. *Norbert Elias et le* XX*e siècle* (dir. Quentin Deluermoz).
472. *La reine Astrid* – Pascal Dayez-Burgeon.
473. *Le Chemin des Dames* (dir. Nicolas Offenstadt).
474. *Encyclopédie de la Grande Guerre*, tome I (dir. Stéphane Audoin-Rouzeau et Jean-Jacques Becker).
475. *Encyclopédie de la Grande Guerre*, tome II (dir. Stéphane Audoin-Rouzeau et Jean-Jacques Becker).
476. *Hitler*, tome I, *20 avril 1889-octobre 1938* – John Toland.
477. *Hitler*, tome II, *Novembre 1938-30 avril 1945* – John Toland.
478. *Jacques Cœur* – Jacques Heers.
479. *Les maréchaux soviétiques parlent* (prés. Laurent Henninger).
480. *La vie des Huns* – Marcel Brion.
481. *Histoire de Belgrade* – Jean-Christophe Buisson.

À PARAÎTRE

Allemagne IIIe Reich – Mathilde Aycard, Pierre Vallaud.
Le Moyen Age, ombres et lumières – Jean Verdon.

Composition Nord Compo
à Villeneuve-d'Ascq (Nord)

Cet ouvrage a été imprimé en France par

CPI
BUSSIÈRE

à Saint-Amand-Montrond (Cher)
en janvier 2013
pour le compte des Editions Perrin
76, rue Bonaparte 75006 Paris

N° d'édition : 2891 – N° d'impression : 124601
Dépôt légal : janvier 2013
K03988/01